U0452779

THE ANCIENT WARRIOR
古代战士

[英]马丁·J.多尔蒂 著 郑泽麟 译

广东人民出版社
·广州·

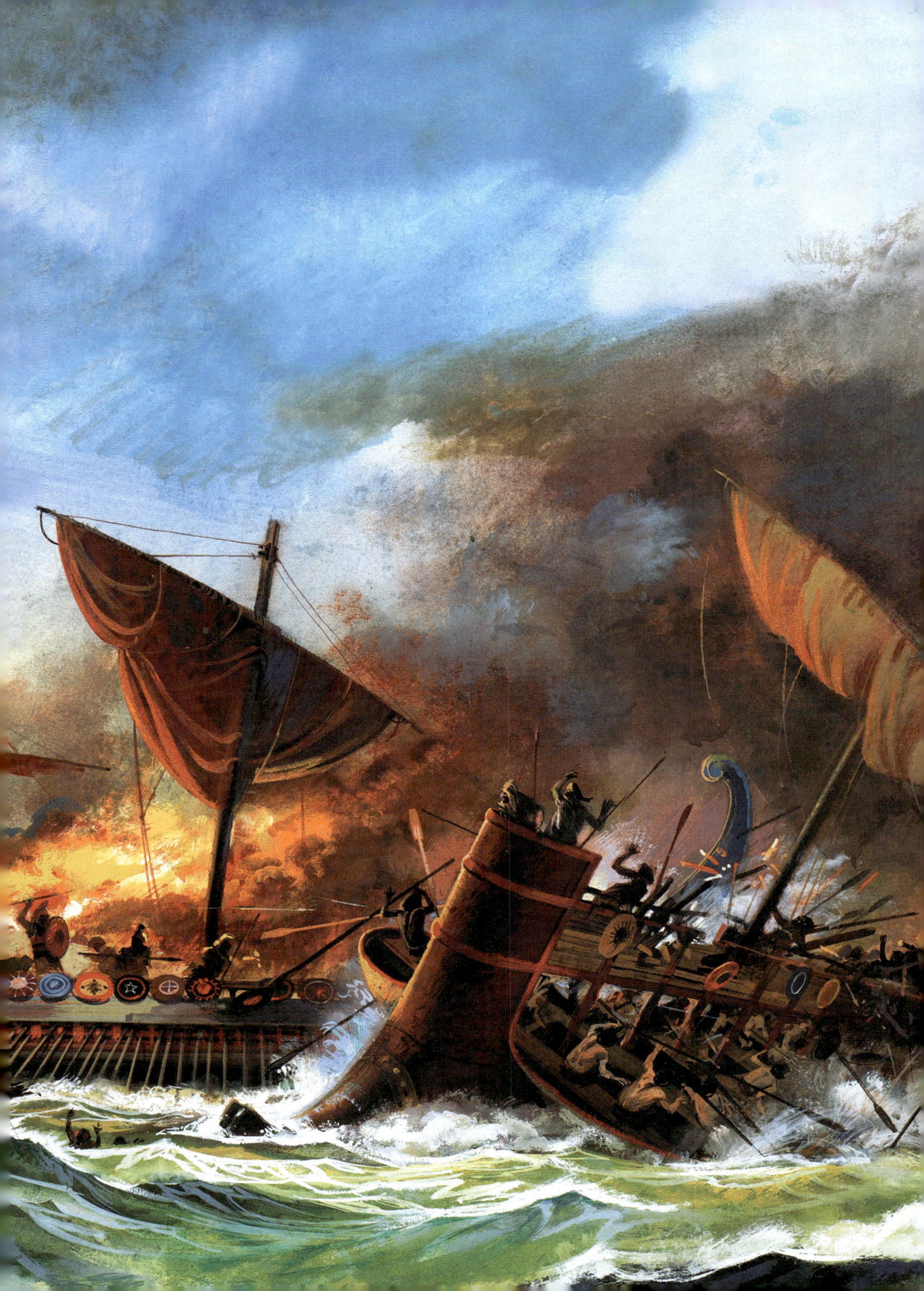

目录

绪 论 　　　　　　　　　　　　　　　　001

第一章　美索不达米亚：战士的摇篮　009

第二章　古埃及和巴勒斯坦的战士　　067

第三章　古希腊的战士　　　　　　　　109

第四章　罗马的战士　　　　　　　165

第五章　后罗马时代的战士　　　　221

尾　声　迈向中世纪　　　　　　　252

绪 论
INTRODUCTION

　　无论能否在史书上找到记载，人类历来都冲突不断。两万年前，末次冰盛期来临，冰原面积扩展至最大。为求生存，人类大多忙于与环境做斗争。那时，人类的数量很少，因此即使到了冲突无法避免时，也没有形成一个特殊的社会阶层承担与人作战的责任。

随着冰河时期结束，冰川逐渐退缩，大部分环境开始变得更为宜居，人类数量有所增长。此外，人们获得食物的途径也有所增加，一段时间内，社会秩序并未产生变化。狩猎在当时是重中之重，狩猎用具及狩猎技巧既可用来对付动物，也可用来攻击人类。

随着不同群体间资源争夺（比如优质猎场）的加剧，冲突逐渐增加。人类在相互争斗时使用的战斗方法和狩猎时所用的别无二致。一个人可能会先埋伏起来，然后投矛或用弓箭攻击敌人。在白刃战中，双方会使用石头、木柄制成的矛或简陋的战锤（mace）作战。

岩画是流传至今的人类最辉煌的艺术遗产之一，不仅描绘了人们用这类武器战斗的场景，甚至还绘有运用防御手段的场景。在有的图画里，人们穿着树皮或毛皮制成的护具，护具起类似铠甲的作用，人们手上还持有像是盾牌的装备。

这些防御手段引起我们极大的兴趣，因为它们无关狩猎，专为战争而生。一个人可能为了狩猎才去获取或制造矛、棍、刀、弓这些武器，之后才转而用于战斗，但在大自然里，几乎没有能用盾牌或原始铠甲抵挡住的攻击。如此看来，这些护具肯定是用于防御其他部落士兵的攻击。人类不会花费时间和精力去制造自己不太可能用得上的东西。

因此，我们有理由认为，在完成这些岩画时，也就是在大概一万到五千年前的这段时间里，人类间的冲突已经普遍到了需要使用专门作战工具的程度。

但是，游猎部落可没法养活一群只负责作战的人。猎人会为部落提供食物，但要想有士兵，就必须专门匀出一定量的食物来养活他们，而就算掠夺其他部落的资源，也不太可能满足这一要求。因此，这些士兵同时也是猎人，偶尔会担任与人作战的角色。

从猎人到士兵

随着人类开始定居，转而靠发展农业养活自己，人们慢慢有了适量的剩余食物。不过，这一发展也使聚落成为劫掠者的目标，因为比起自己种植，直接窃取所需的食物可要省事得多。具有讽刺意味的是，随着人类把重心从狩猎转向农业，大部分社群都不再使用弓和矛作战。在此之前，猎人都是凭借弓、矛作战的本领和其他部落战斗的。随着农业的发展，大部分人整日忙于耕种或手工制作，无暇练习使用弓、矛的本领。

一般来说，石器时代晚期或青铜时代早期的农民不需要学习如何掷矛射箭，就算确实遭受侵略，他们也有太多事情要忙，抽不出时间参与防守。在这种情况下，有几种办法有助于保护农田，其中一种是搭建某种防御工事，让敌人更难攻进定居点。可以挖沟渠、立围栏、设路障，也可以往河床里打桩，再在上方建立起定居点。

这些被动的防御措施给了定居点内的居民一定的安全感，但敌人志在劫掠，光设障碍，无人防守，无法吓退他们。当然，在不反抗就意味着惨死的情况下，任谁都会特别有动力地随手抄起东西参与战斗。不过，大部分社会还是发展出了一个新的社会阶层，他们的职责包括（在有的社会里仅限于）保护自己的居住地及进攻他人的居住地。

在许多社会里，这些人的出现为未来武士贵族的产生打下了基础，原因或许不过是他们有能力通过武力将自己的意志强加于他人。虽然不同地区的具体情况大不相同，不过定居点内的军事组织大多都由一小批配有精良装备的人员构成。

下图 这些北非岩画描绘了公元前 4000 年两支弓箭手部队交战的场景。他们很有可能是狩猎部队或战斗部队在为争夺资源或领土而战。

右图 公元前7000年新石器时代的岩画，画中战士用长矛和盾牌作战。

他们会参与某种军事训练，作战时，定居点内其他装备较差的人员会成为他们的后盾，保证他们能尽其所能地在战场厮杀。

并非所有文明都形成了战士作为保护者和统治者的模式，但随着人口的增加，拥有多个农业定居点的组织开始出现，这一模式成为许多新兴国家立国的基础。

战争的发动

战士的职责自然是击败对手，不过，如果要防止他们恣意开战、引发混乱的话，一定还要让他们服务于更宏大的使命。战士最明显、最直接的使命就是击退侵略者或袭击者。这一行为或许不应被视作战争，因为击退来犯之敌与其说是军事活动，不如说是自卫之举。

然而，一旦积累了一定的军事能力，就有可能为达成战略目标而动用武力。这可能包括从其他定居点夺取资源，控制某个关键地区，俘获奴隶或通过摧毁其他群体的军事组织和经济能力来消除威胁。

发动战争可以实现两个目的——增强本社群的地位和削弱另一个社群。一般而言，这两者在某种程度上是重叠的，因为在削弱对手实力之后，一个社群就可以把注意力转到其他方面，不必太担心自身的安全问题。

战争和外交相辅相成。如果某个社群完全有能力击退入侵者，也可以派遣军队向周围发动进攻，那他们便不太需要操心自己会遭遇袭击；他们派出的特使，说话也更有分量。相反，弱小的社群则很可能成为掠夺者的目标，即使运气再好，也逃不过实力更甚的邻居颐指气使，对自己提出严苛繁重的要求。

在军事冲突发生后，不论以何种形式进行谈判，失利的一方都会变为谈判桌上的筹码。但战争很少只是为击败敌人而发动的，更常见的目标是掠夺一切可以带走的东西，并摧毁不能带走的东西，这在古代社会尤为普遍。

这种"抄家"的手段在古代战役中十分常见，背后动机并非只有怨恨，还有精明的战略考量。焚毁庄稼、杀人越货的行为可以打击敌人的经济基础，直接削弱他们发动战争的能力。以这种方式惩罚敌人，也能让觊觎自己财产的敌人再考虑一下发动战争的后果。

如果你觉得这种战略似乎有些原始的话，或许该做这么个类比：现代国家也会利用空袭和巡航导弹削弱他国的工业能力。这两者背后的原理其实并无不同，摧毁敌人设施可以削弱敌人武装和支援前线军事部队的能力，而速战速决也能带来长远的战略利益。

当然，鉴于古代社会的许多首领都是战士，社群必须消耗资源才能维持军事实力，他们自然想利用军队寻求一些额外回报。取得回报的方式包括突袭抢劫、征服领土或要求上贡。因此，由精英战士组建的国家往往会想方设法地将自己的军事实力转换为实际利益。在战斗中获胜能进一步增长实力，如此反复，国家实

青铜时代的武器

新石器时代到青铜时代早期武器的头部，包括公元前2500—前1000年丹麦的燧石叶片形匕首、斯堪的纳维亚地区的石制矛头。

下图 塞琉古重甲步兵被训练成马其顿式方阵。不过，从装备上还是能看出古希腊和古罗马的影响：方阵士兵不再使用传统的小盾牌，而是改用一种仿造罗马重盾的圆形盾牌。

力才会不断增强。不过，世道无常，古代世界的军事强国总会不可避免地遭遇比自己更为强大的国家，而后便国运日衰，直至湮灭无闻。

军事力量的本质

所有军事力量都是社会、经济、政治、科技多方面共同作用的产物。可用的武器及潜在威胁的性质会决定一支军事力量的总体特点，而经济及社会因素则会决定其形式。

一些社群倾向于让一小群专业人员掌控兵权。这群人要么一般来自统治阶层，要么至少是既得利益者，有维持军事力量的需要。这类社群倾向于培养一小群训练有素的战士，为他们配备尽可能好的武器，让装备不良、战力有限的大部队作为后盾。

在其他地区，平民士兵的概念则已深入人心。这一模式能带来多方面的好处，比如能培养规模较大的军队。而且如果每名士兵都自己解决武器的问题，那么对经济总体的消耗就会很小。不过，这些士兵未经过专业训练，水平永远不可能很高，也不可能长期远离自己的农田和工作场所。漫长的战役不仅会对个人产生毁灭性影响，对于国家经济的打击也同样巨大。

武器和装备的选择往往是由科技和经济因素决定的，比如斧头要比剑刃更容易生产。武器和装备的选择可能还受其他因素影响，如果缺乏训练的士兵被冲散至战场各处，便可能军心溃散，临阵脱逃；而士兵紧紧聚在一起时，则更可能选择坚守阵地，继续战斗。矛是近战部队的得力武器，近战部队选择矛或长矛作战可能并不是因为这一武器如何无往不胜、所向无敌，更可能是由部队的性质决定的，或者也可能仅仅是因为矛价格低廉，易于制造。

比如，古希腊城邦的重甲步兵之所以排成方阵作战，并不是因为战术设计者认为这一阵型可以所向披靡。根本原因是方阵作战的形式脱胎于当时的社会和经济因素。城邦间的

冲突不容久拖，因为平民士兵需要很快重新投入日常的经济活动中。受希腊地形限制，军队行军能选择的路线有限，所以守军可以拦截入侵者，快速决出胜负，之后便回归日常生活，把对经济的影响减到最小。

平民兵役制既满足了募集兵力的需求，也不必开展高强度的军事训练。不过，这也意味着平民士兵的组织和战术必须简单。长矛兵方阵的作战手段不仅对组织和战术的要求低，还有极大的机会击败以同样方式作战的另一个方阵。因为能抵挡住方阵正面冲锋的，也只有另一个同等规模的方阵了。

只要将所有人都排成方阵作战，那么冲锋最勇猛、能不断将对手逼退的一方便能最终取胜，这是方阵对战的铁律。不过，如果对手排成不同的阵型作战，方阵便可能落败。当然，没有任何一个希腊城邦会选择方阵以外的阵型，因为他们的战术选择都受相同因素的限制，不得不将方阵作战当作首选。

古希腊以外的士兵们也有自己的作战方式。比如，罗马军团如果和方阵正面冲突，试图抵挡住方阵的冲击，则必然会以惨败收场。相反，如果军团的指挥官发挥自己的优势，便可利用战术打散并摧毁方阵。这样看来，在有指挥官的情况下，若是方阵和军团兵戎相见，孰强孰弱就很明显了。不过，这并不是说古希腊人选择了一套低劣的战斗体系，这套体系不过是在当时各种因素的影响下，为适应古希腊人战斗需要演化而成的。

不止古希腊，古代世界的所有军事体系都是如此。这些体系受内部因素影响演化而来，又根据敌人性质等外部因素修正改变。拥有最合适军事系统的国家将占据主导地位，直至内部因素导致该国衰落，被下一个大国取代。

左图 公元前9世纪起，亚述人开始使用骑兵，主要让他们充当侦察兵和散兵的角色。美索不达米亚人和古埃及人对战车青睐有加，在公元前4世纪西徐亚王国弓骑兵出现后，骑兵才成为古代战场上的一支重要力量。

第一章
美索不达米亚：战士的摇篮

MESOPOTAMIA: BIRTHPLACE OF THE WARRIOR

　　美索不达米亚无愧于"文明的摇篮"之名，世界上第一个有组织的军事系统也同样诞生于此。创造军事系统并非人类野蛮的天性使然，相反，有效运转的军事系统是伟大文明诞生的必要条件。

010　古代战士

随着人类从游牧生活转向定居生活，一些物资出现剩余，人们得以搭建更加庞大的社会结构。与游牧群体相比，建立定居点不仅能支撑更多的人口，还能与其他定居点之间相互建立联系。

当然，游牧群体也会时不时碰头。有证据表明，出于宗教和社会原因，也为满足交易和通婚的需求，原始游牧民族每年或每隔数年都会安排碰面。不过，人类建立定居点之后，正式贸易才真正成为可能。

定居点的建立，能促进定期或不定期贸易的进行。更重要的是，因为定居后只能开发当地的资源，任何当地缺乏的物品都必须从其他地方获得。起初，贸易只是为了满足定居点的生存需求，但如果某个定居点能为其他地区提供缺乏的物资，在贸易时多行明智之举，便能走上繁荣兴旺、不断壮大的道路。

早期文明的军事力量

早期的文明是建立在贸易的基础上的，即便是那些单刀直入选择通过劫掠、征服等方式获取物资的文明，也需要把得到的物资运往各地。即使在最好斗的社会群体中也仍有贸易存在。

商路需要受到保护，以抵御劫掠者或敌对势力的攻击。这样一来，即使是对征服与扩张毫无兴趣的国家，也越来越需要建立起某种军事系统。

因此，军事力量往往与文明的发展相伴而行。虽然农业盈余和必需品贸易能让一个社会发展到处于生存线以上的水

跨页图 鹫碑（Stele of Vultures，约公元前 2600 年）出土于恩吉苏（Ngirsu），是由苏美尔石灰岩制成的浅浮雕。其中一部分描绘了苏美尔方阵，士兵们配有长矛，还有头盔、盾牌护体。他们紧挨彼此，将敌人活活踩死。

下图 图中的赫梯石碑描绘了一位商人,从他手中的秤便可推断出他的身份。早期军队的一项重要任务便是保证贸易路线畅通无阻。

平,但为求生存,军事力量仍必不可少。战士可以击退敌对势力的入侵,保护商路和定居点,并执行统治者的意志。

当然,除非派战士不断掠夺其他地区的资源,否则他们并不能带来直接的经济利益,但他们的贡献也是实实在在的。拥有一定的军事力量并愿意动用它,这有助于维持社会稳定,这对农业、手工业和商业贸易等经济事务至关重要。

然而,有一群武装人员待命应战是一回事,怎么把这些军事力量部署好则是另一回事。与小聚落相比,早期文明具有的一个关键优势,便是能够集中力量解决问题,并在问题解决后继续应对别的问题。

要做到这点,仅仅为战士提供训练和像样的武器还不够,军队还需要解决组织、指挥和后勤问题,这就意味着要建立起军事系统(即军队、支持机构、行政机构的结合体),而不是单纯把一群装备了武器的士兵集结起来。

这一发展是合乎历史逻辑的,影响也十分明显。社会发展不仅会增加对战士的需求,还会催生更有效的军事系统,以便部署和支持这些兵力。反过来,这些需求又催生了新想法、新技术,让整个社会受益。为支持军队而修建的道路、仓库和工坊往往也能给人民群众带来便利。因此,除了能防止侵略者烧毁自己的田地和房屋,或是不让人民丧命于刺刀之下这些公认的优势外,一个好的军事系统还能带来其他许多益处。

在面临突袭或军事行动威胁时,社群和国家往往会在城市或定居点周围建造防御设施保护自己。如果战斗看起来已无法取胜,防守方还可以回撤,躲在安全的城墙之后。因此,随着早期文明的军事能力不断增强,人们不得不转而将建造防御工事作为反击的起点。

城防

即使是相当小的定居点，也有能力建立起某种程度上的防御工事，而大城市则往往有相当宽大的城墙和其他防御工事保护。对于一小群劫掠者而言，进攻一座设有城防的城市最可能的结果便是付出大量伤亡却一无所获，这显然是得不偿失的。牢固的城墙虽可以吓退劫掠者，但若是两个城市或国家开战则要另当别论了。政治上的需要或是对征服的渴望，都可能会迫使一个国家对围有城墙的城市发动攻击。

若敌人在受到攻击时躲在堡垒里，而在条件合适时又出来发动袭击，将对己方构成严重的威胁，只有通过攻克堡垒才能将敌人消灭。如果要避免造成过多的伤亡，拥有发动围城战的能力是必不可少的。

把城里的人饿到就范，或是通过潜行、收买敌人的方式潜入城内也是可行的方法，除此之外，剩下的唯一方法便是强攻了。人们必须想办法提升战术水平，以削弱城市的防御，或从上方、下方绕开堡垒，或是直接穿过防御工事。围城战成为早期军事能力的重要组成部分，用来对付那些拒绝出城投降的敌人尤为关键。

上图　随着有组织的军队的崛起，防御工事为落户安居的社群提供安全保障。图中的遗迹是乌尔古城墙的一部分。

然而，围城战意味着军事组织和后勤保障需要提高到全新的水平。参与围城战的军队需要在战场上停留很长时间，并在面对敌人的情况下进行大规模的工程建设。这对组织标准的要求远远高于与敌对部落或其他城镇的劫掠者进行小规模战斗时所需的要求。

因此，军事系统的有效发展在很大程度上是一个新兴文明的标志。即使是最不尚武的社会，其崛起也与军事系统的发展密不可分。古代战士不仅仅是一支庞大的、有组织的战斗力量的一部分，还是这些新兴国家的政治工具，对于任何想求得生存的文明来说都必不可少的。

在很大程度上，军事系统对早期文明的重要性不亚于其他任何因素。

苏美尔的崛起

最伟大的早期文明发源于底格里斯－幼发拉底河水系、印度河和尼罗河三条水系附近的肥沃土地，而在其他河谷诞生的社会则规模较小。比如，如今巴基斯坦和伊拉克一带的大多河流附近，都曾存在过某种可被称为小型文明的社会，然而这些社会孤立于大型的经济或军事系统之外，在世界第一批伟大文明逐渐崛起的过程中，它们的重要性一直十分有限。

人们普遍认为，世界上第一个文明是在美索不达米亚南部产生的。到了公元前3500年时，这一地区已经出现城市化人口，他们有书面文字，也有足够的资源

右图 许多部落民族钟爱杀伤力强的远程武器。这些埃兰人手握弹弓，弹弓可以用于狩猎、保护牧群，达到一定熟练程度后还可以用于作战。

可以建造并非服务于眼下生存需求的大型建筑，他们便是苏美尔人。在几个世纪之前，他们作为游牧民族来到这个地区，并逐步取代了当地的居民。

苏美尔人从以前的居民那习得了一套灌溉体系，并以此为基础加以改进。改进后的灌溉体系不仅提高了他们的农业水平，还能帮助运输农业产品。这套体系为一个以十几个大城市为基础的文明奠定了基础，让每个城市都能成为外围地区里小城镇和村庄的枢纽。

从公元前 3000 年往后的大约 700 年时间里，苏美尔几乎一直战乱不休，要么是爆发了内部冲突，要么是在抵抗外敌入侵。萨尔贡大帝（Sargon the Great）结束了苏美尔的内乱，他统一了苏美尔，建立了近乎军事独裁的政权。

埃兰人（Elamites，其活跃在今伊朗北部的地区）是苏美尔的敌人之一。虽然第一次有文字记录的冲突发生在公元前 2700 年，但在此之前，冲突可能已经持续了数个世纪之久。频繁的战争推动了战争技术和技巧的迅速进步。据公元前 2600 年的文字记载，苏美尔城邦的国王拥有一支由几百名职业士兵组成的常备部队，并配有统一装备，且均由国王出资支持，士兵不必自掏腰包。

上图　这面乌尔旗帜的历史可以追溯到公元前 2600—前 2400 年。它描绘的是由盔甲护身的轻甲步兵驾驶早期战车的场景。随着时间推移，出现了更轻便、速度更快的战车。

下图 图中展示了埃兰人用的剑和匕首。带有刀刃的小兵器是理想的副武器，既方便携带，又足以在近身作战中杀敌致命。

装备与军事组织

公元前2525年的壁画记载了拉加什（Lagash）和乌玛（Umma）两个城邦之间的冲突。在壁画里，拉加什国王乘坐战车，手持战斧，但值得注意的是，当时苏美尔军仍以步兵为主。那时，战车还是一项新发明，士兵还无法在战车上和敌人战斗，因此主要战力仍是步兵。

据记载，苏美尔的城邦保持着拥有几百名职业士兵的常备军，但在需要时他们还能够组建起规模更大的军队。不过，当时标准的战术队形是结成紧密方阵作战，即每排八人，排成六排迎敌。只有受过正式训练的士兵才能以这种队形作战，因此，未受过训练的士兵则很可能轻装上阵，为职业士兵提供支持，而不会模仿他们的战术。

职业步兵用长矛或长枪作战，靠铜制盔甲和带皮垫的铜制头盔防御。在早期，盔甲不过是缝有金属圆片的斗篷。虽然以后世的标准看，这种斗篷盔甲的质量很差，但在当时仍能提供良好的保护。

事实上，这种相对粗糙的盔甲催生了武器设计的革命。在石器时代，简单把石块（可能被磨成类似尖头或刀刃形）绑在棍子上就能当作武器。随着金属加工的盛行，带有金属头的矛或带有金属刃的斧头取代了石块制成的武器。

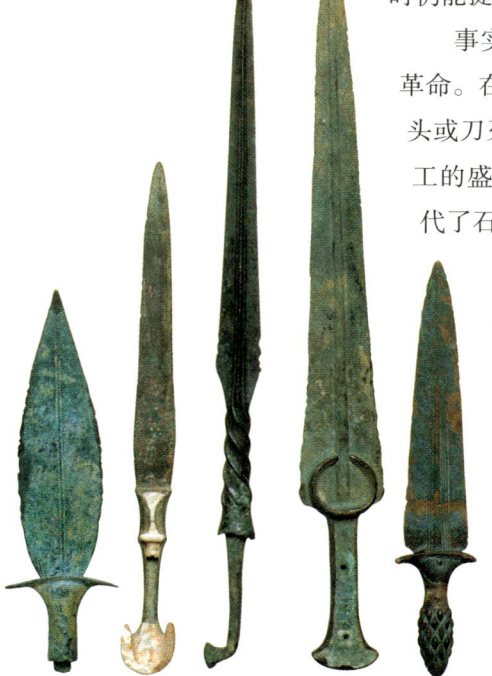

不同种类的斧头

在一开始，金属斧的斧刃以捆绑的方式固定在斧柄上，而不是嵌入斧柄的凹槽里。这种斧头足以把没有盔甲保护的敌人打得骨头碎裂、脑袋开花，但当金属盔甲和头盔流行开来，这些斧头就成了摆设，因为它们无法穿透盔甲——确切说来，斧刃一旦接触硬

苏美尔斧头兵和斧模

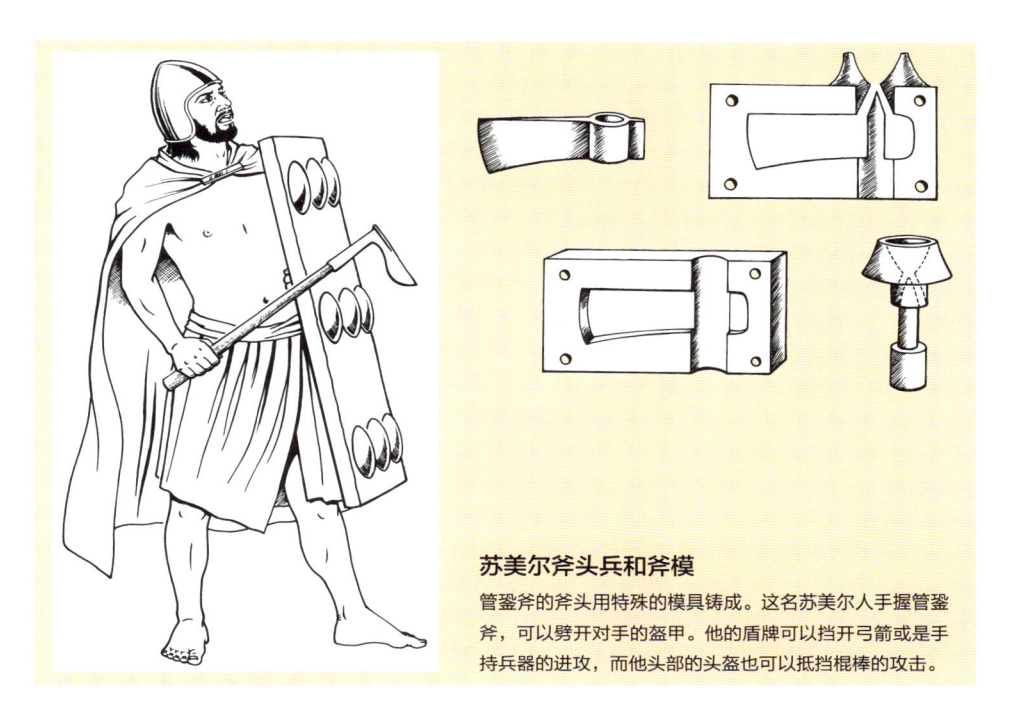

管銎斧的斧头用特殊的模具铸成。这名苏美尔人手握管銎斧,可以劈开对手的盔甲。他的盾牌可以挡开弓箭或是手持兵器的进攻,而他头部的头盔也可以抵挡棍棒的攻击。

物,就很容易从斧柄脱落。

公元前2500年左右,苏美尔人发明了管銎斧,这在当时可以算得上是超级武器。管銎斧的斧刃不靠皮带固定,而是牢牢地嵌在石制斧柄里。此外,斧刃的形状也有改变,使得劈砍的力量能稳定地集中在斧刃上,在击中盔甲时也不会从斧柄脱落。

这类斧头能穿透盔甲,在几千年的时间里一直是近战标配的武器。从基本设计来看,撒克逊禁卫军和中世纪骑士所用的武器几乎别无二致。为防御手斧的攻击,人们开发了新的防具,而为击穿新的防具,人们又对手斧进行了升级。进攻和防御的武器科技之间永远在你追我赶,而手斧可能便是世界上第一个能反映这种竞争的例子。

苏美尔城邦的军队在盔甲的保护下,以长矛和管銎斧为武器,既相互内斗,也对外发动侵略。由于战俘可被奴役,因此城邦常常专为蓄奴而发动袭击。

苏美尔城邦的许多对手的科技都比较落后。作为世界上最早的文明,苏美尔文明相对其他文明有着巨大的优势,既有明显的更为高超的武器水平和军事组织能力,又有更加丰富的资源。苏美尔城邦有能力发动一场有战术组织的战役,而相比之下,文明程度较低的社会则只能进行战术组织简单的劫掠和部落战争。

从这一角度来看,苏美尔正在创造一种全新的战争形式。在处于新石器时代或未开化的青铜时代社会里,冲突往往牵涉整个部落或社群,需要大量人民尽其所能

上图 苏美尔持矛士兵

苏美尔持矛士兵以紧凑队形作战，其攻击覆盖范围大于大多数敌人。即便敌军在足够近的距离作战，也将面临难题——即便许多士兵能够越过盾墙，他们的手持武器也不能穿透苏美尔人的盔甲和头盔。

右图 苏美尔战车

苏美尔战车更像是四轮马车，而非行驶迅速的战车。后来的战车只有一个车轴和几个辐条轮，更加轻便。不用四只牲畜，只需两只便能使其全速前进。

地战斗，但组织往往比较混乱。相比之下，代表苏美尔出战的是训练有素、组织严密的专业士兵小队。城邦其余的人口当然也会参与其中，但他们的参与形式是继续从事自己的日常工作，为城邦提供资源，用于支持军队。

这种做法的优势之一，便是每个苏美尔战士都比那些临时参军的部落成员有更为强大的作战能力。苏美尔的军队训练有素，经验丰富，且习惯团队作战。若再考虑他们在技术上的优势，他们在与边境上无组织的部落人民交手时，几乎可以做到战无不胜。

当然，冲突也让苏美尔附近的民族学到了一些军事技术。之后，苏美尔人的军事科技又逐渐越过国境，传向了更广阔的世界。但至少在文明发展的最初期，大多数邻国还缺乏资源，无法利用这些知识。

萨尔贡大帝和阿卡德人

以"舒鲁帕克泥板"（the Tablets of Shuruppak，即舒鲁帕克城的泥板，上有文字记录。舒鲁帕克城可能是美索不达米亚最大的粮食储存中心，公元前2350年左右的一场大火将泥板"烤"硬了，这一史料才得以保存下来）为代表的史料表明，算上外围的定居点和农庄，苏美尔城邦可以居住3万到3.5万左右的人口。如此规模的人口足以组建一支具有相当规模的军队，但苏美尔城邦却只保持了一支小型常备部队。不过，在需要时他们或许也会组建起规模更大的军队，并可能有一套相应的征兵系统。

到了公元前2400年时，国王和神职人员的职能已经被区分开来，前者负责统治公民，后者扮演精神领袖和顾问的角色。以前，国王需要负责宗教事务，而现在这些事务逐渐转由正式的神职人员负责。统治者除了管理商业、工业外，还要处理战争方面的事务。

作为统治者和战争领袖，乌玛王卢伽尔扎吉西（Lugalzagesi）统治了苏美尔。建立起帝国后，苏美尔并没有发生任何大规模的变化，城邦也都保留了各自的基本特征和生活方式。

公元前2270年左右，萨尔贡崛起，对卢伽尔扎吉西的统治构成挑战。萨尔贡出身神秘，他的母亲似乎是女祭司，虽然有的史料曾提及他父亲的名字，但更多史料则明确表示其

上图 国王麦斯卡拉姆杜格（Mes-Kalam-Dug）的金银合金头盔可以追溯到公元前2500—前2400年。那时，国王主要是政治和军事领袖，对宗教的影响已经减弱。

下图 纳拉姆辛石碑上描绘了一次胜利的围攻。进攻者似乎打算搭建攻城坡来击溃守军,这在古代世界是一种常规操作。

父亲的身份不明。长大后,萨尔贡供职于基什(Kish)宫廷,并最终通过一些至今不为人知的手段登上了王座。萨尔贡正是以基什国王的身份,开始了对卢伽尔扎吉西帝国的征讨。他的第一个目标是乌鲁克(Uruk)。

据史料记载,萨尔贡在征服乌鲁克后拆除了该城的城墙。在很短的时间内,萨尔贡又征服了许多城市。以其扩张的速度判断,他用的不是把守军饿到就范的战术,而是有攻破城墙的绝对手段。换句话说,他拥有某种攻城车,也懂得如何发动围城战。

萨尔贡一路把战火烧到了波斯湾,并赢得了对整个苏美尔地区的统治权。有的城市被夷为平地,有的则被纳入了帝国的版图。史学家将阿卡德城的建立归在了萨尔贡名下,不过也有资料称阿卡德城在萨尔贡之前就已经存在。如果该资料属实,那么萨尔贡则可能是对城市进行了扩建,目的也许是准备定都于此。不管怎样,后世都习惯将萨尔贡称为阿卡德的萨尔贡,而他的人民则被称为阿卡德人。

萨尔贡通过武力扩张帝国版图,统一了美索不达米亚地区。他把自己帝国的版图扩张到了地中海和安纳托利亚一带,甚至远及今天阿曼的南部。阿卡德帝国由萨尔贡直接统治,并设有运行高效的官僚系统监督领地。阿卡德军队是萨尔贡的政治工具,因为这支军队,他的帝国可能是世界上第一个军事独裁政权。

据史料记载,萨尔贡在位55年,共参加了34场战争。起初,战争的目的是征服和扩张,后来,冲突则大都是为了保护阿卡德人的财产或商路。

萨尔贡的帝国拥有良好的经济基础,

河流、海洋和陆地贸易给国家带来了大量的收入。阿卡德人并未忽视对经济基础的保护，他们建立了一系列堡垒保护主要的谷物种植区。这种对贸易和生产活动的重视，为帝国官僚机构的建立提供了额外的推动力。

阿卡德帝国文化丰富，语言种类多样，有数个具有突出的地方特色的地区和城邦。阿卡德语是贸易和外交的通用语言，而官僚机构则能帮助维持社会秩序和稳定。

因此，帝国组织井然有序，有足够的能力应对任何威胁，也能让大多数国民感到满意——至少在大多数情况下如此。其实，帝国面临的威胁并不算少，既有外族入侵，也有内部叛乱。在生命的最后几年里，萨尔贡被大规模叛军围困在首都。他最终击败了叛军，成功维护了社会稳定，直到他生命的最后时刻，国内再没有叛乱发生。学界一般认为，萨尔贡于公元前 2215 年逝世。

阿卡德弓箭手

大量轻甲非正规军成为阿卡德军队的核心。他们中有许多人使用弓箭或投枪，但没有人接受过训练，他们只是将狩猎技巧带到了战场中，作为散兵作战。

装备与军事组织

萨尔贡沿袭了当时典型的军事体系，即派出一群身穿盔甲、头戴头盔、手持长矛、训练有素的职业士兵结成紧密的方阵作战。而壮丁或义务兵则扮演后援的角色，他们使用的武器相对不那么专业。

在萨尔贡对外征服的过程中，部队能很快积累作战经验，但即便如此，他们的人数也不足以满足帝国不断扩张的需要。萨尔贡很可能还从被征服的城邦中招募了军队，借以补充兵力，这种做法也被后世的帝国效仿。一个地区的军队可能被

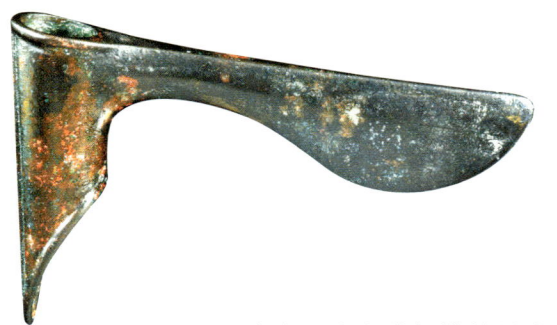

上图 阿卡德斧子的设计可以将力量集中于头部后方,无论目标物有何种保护,都会被深深击穿。

派往另一个地区服役或驻扎,以减少叛乱的可能。

一些资料显示,萨尔贡大帝麾下有一支5400人的常备军,这远远超过了任何一个城邦能够长期维持的规模。不过,城邦也有可能在短期内临时组建出一支这种规模的军队。但这样的临时部队,不论是在训练、作战经验还是装备方面,都无法与萨尔贡的老兵相提并论。

阿卡德军队必须分散到各地区的部队中,这些部队可以在需要时向野战军提供兵力。装备、维持和调动这些部队需要相当大的后勤投入,幸而阿卡德人有一套完善的官僚机构,既可扩大官员队伍,又可做出各种调整,以适应军事帝国的各种需要。

许多城市设有城防,阿卡德人因此不得不发动了大量的围城战。事实上,在这一时期的著作中,围城作战的能力被认为是治国才能的体现,这意味着阿卡德不论内政或外交,几乎都和战争难舍难分。

在某一时期,阿卡德人发明了一种颠覆性新武器——复合弓。这一武器的发明可能发生在萨尔贡孙子纳拉姆辛(Naram-Sin)的统治时期。虽然弓已经在战争中使用了几个世纪,但复合弓技术更为先进,射程更远,可达百米以上,且能穿透当时的盔甲。

阿卡德人采用机动作战的方式。面对对手排出的密集长矛阵,轻装作战的弓箭手通过进攻制造出空隙,近卫步兵则从空隙中突破,冲击、击败敌人。

因为苏美尔步兵习惯排成紧密的队形作战,用这一战术对付他们非常有效。此前,这一阵型还是战场上克敌制胜的创举,在一段时间内,唯一的破阵方法便是派出规模相当的近战装甲步兵应战。复合弓的技术革新,让阿卡德人能够使用不同类型的武器作战，在战场上占据显著优势。

要将火力和突击完美结合，需要经过高强度的训练，而阿卡德的军队正是由久经沙场的专业士兵组成的。从组织、后勤、战术、武器和个人防护方面看，阿卡德的军队代表了军事发展的一个高峰。事实上，一直到火枪和刺刀被发明出来，"矛与弓"或"矛与枪"结合的步兵作战模式才真正过时，而这已经是3500多年后的事情了。

阿卡德的陨落与巴比伦帝国的崛起

萨尔贡死后，阿卡德帝国叛乱纷起，各个地区都想寻求独立，或意图利用乱局谋利。不过，萨尔贡的子孙们成功平叛，逐渐恢复了帝国的稳定。然而，从公元前2150年左右开始，古蒂人［Gutians，可能发源于扎格罗斯山脉（Zagros）①］开始占领阿卡德帝国。

古蒂人并没有入侵和征服阿卡德，而是在多年时间里发动了一系列袭击。他们避免与实力更胜一筹的阿卡德部队正面交战，而是通过掠夺和夷平城市的方式给他们造成经济损失。这其实是部落战争中相当常见的战术，如果某个部落的土地肥力较差，无法支撑部落发展，那么这一部落就会被慢慢削弱，并最终可能遭遇征服或驱逐，即使逃过一劫，其实力也会在至少一代人左右的时间里（约为30年）被削弱。

很可能在这个时候，阿卡德就已经因为瘟疫或饥荒而国力受挫。甚至在阿卡德帝国建立前，苏美尔人就已经遭受农田盐碱化的困扰，而阿卡德人不得不继续为这个问题头疼。此外，劫掠和帝国内部可能爆发的叛乱造成的混乱和经济损失，使阿卡德实力日颓，古蒂人随即攻占了其北部大部分领土。

阿卡德城最终被毁，现代考古学家一直未能确定该城的确切位置。后来，古蒂人征服了美索不达米亚北部的大部分地区，但也仍有一些城邦保持独立。在南部，以前属于苏美尔的城邦用贡品买通了入侵者，实力有所恢复。

从公元前2050年左右开始，苏美尔有过一阵短暂的复兴。他们向古蒂人开战，将古蒂人赶出了美索不达米亚北部。但随后，他们又遭遇了西部亚摩利人（Amorites）和东部埃兰人的攻击。公元前1950年，随着苏美尔的城市被入侵者洗

---

① 位于今伊朗西南部。

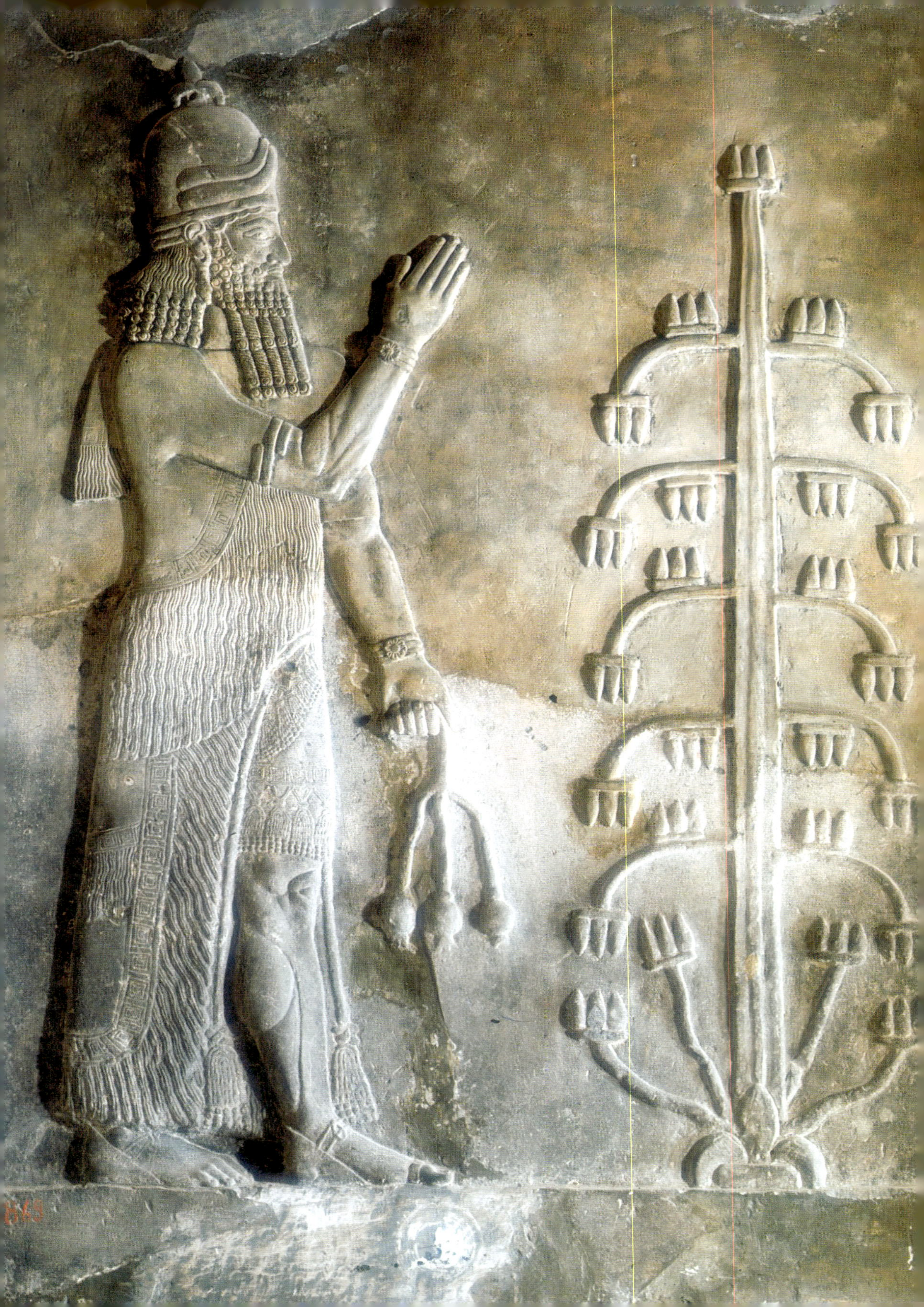

劫一空，苏美尔时代正式走向终结。

亚摩利是游牧民族，但有的亚摩利人也在幼发拉底河畔定居，并因此与巴比伦城有了联系。此时，由于农业条件恶化，美索不达米亚的人口已大大减少。

有一学说认为巴比伦为萨尔贡大帝所建，但该理论似乎不太站得住脚。这里说的"萨尔贡"还有可能是指新亚述（Assyria）帝国的萨尔贡二世，他在后来承担了城市的修复工作。由于人们一直未能找到萨尔贡的首都阿卡德，所以有的推测称，巴比伦是在阿卡德的基础上建立的，阿卡德的废墟就在巴比伦城下。

一种更为可信的说法认为，巴比伦城是由幼发拉底河畔的肥沃土地上的一个不起眼的小城逐渐发展而来的。公元前2300年，巴比伦已经是一个大城市，但像大部分地区一样，该城市被亚摩利人占领，其中一些亚摩利人在此定居。

统治过巴比伦的亚摩利人包括因颁发法典而闻名的汉谟拉比国王（Hammurabi，约前1792—前1750年在位）。汉谟拉比曾与拉尔萨（Larsa）结盟，共同抵御埃兰人的入侵。之后，他背叛了盟友，反戈击败了拉尔萨。随后，汉谟拉比又与马里（Mari）结盟，击败了亚述。战后，巴比伦又立即叛变，将马里纳入了帝国的版图。随后，巴比伦与美索不达米亚其他城邦和其他部落的战役接踵而至。巴比伦最终变成了一个从波斯湾一路延伸到哈兰（Harran）①的帝国。

这些征服带来了新的问题。巴比伦与北方的赫梯帝国划定了边界，但双方冲突却就此加剧。同时，巴比伦南部的独立王国和扎格罗斯山脉的部落也都对巴比伦发动了袭击。就这样，巴比伦的军事力量逐渐减弱。公元前1595年左右，赫梯人沿着幼发拉底河进军，洗劫了巴比伦城。

巴比伦随后成为加喜特人（Kassites）的领地，他们继承了大量巴比伦文化，并逐渐演变成新一代的巴比伦人。在接

上页图 萨尔贡大帝站在生命之树前。美索不达米亚的国王们不仅被视为有权力的人，更被看作是超越凡人的形象，能得到众神的支持。

---

① 今土耳其东南部。

下来的几百年里，巴比伦一直默默无闻，虽能保持独立，但影响力十分有限。

赫梯人

赫梯人在安纳托利亚和叙利亚建立了帝国，随后与美索不达米亚文明发生了冲突。虽处青铜时代，但赫梯人早在公元前2000年就已经有能力制造少量的铁制品。不过，赫梯战士还是和对手一样用青铜武器作战，因为铁的造价太昂贵了。

赫梯历史的第一个时期通常被称为古王国时期（前1750—前1500年）。在这一时期临近结束时，赫梯人已有足够的实力在美索不达米亚扩张，并最终洗劫了巴比伦，不过他们并没能一直保持对巴比伦的统治。赫梯历史第二个时期的起止时间为公元前1500—前1430年，为中王国时期。在这一时期，赫梯的实力相对薄弱。

新王国时期（前1430—前1180年）见证了赫梯国力的复苏。在这一时期，赫梯向叙利亚和迦南（即今天的巴勒斯坦）地区扩张，与古埃及发生冲突，最受瞩目的战役是公元前1274年的卡迭石（Kadesh）之战①。在这一时期，赫梯也被内乱削弱，还受到海上民族袭击。之后，赫梯帝国逐渐瓦解，只剩一些残余的国家在长期生存，并最终被纳入亚述版图。

赫梯人是利用战车的好手。当时的马匹还不够强壮，士兵无法骑马作战（有时信使会骑马送信）。虽然马匹力量有限，但两匹小马也能拉动战车。

亚摩利贵族

亚摩利人统治巴比伦后，创造了世界首个正式的法律系统，并发展出了极有组织、十分繁荣的城市文明。他们还发明了王国的概念，让几个城市统一由王国管理，一改以前松散城邦集合的模式。

---

① 关于卡迭石之战的时间，说法不一，也有学者认为其发生在公元前1285年。

战车的重要性主要在于机动性。有了战车，赫梯军队可以闪击敌军薄弱点，在战局不利的情况下撤退，在战场上转移辎重，而相比步兵部队，战车也更方便把握战机。

赫梯可能是第一个在战争中使用战车的国家，不过，战车很快就被埃及、迦南和美索不达米亚的军队采用。而骑兵出现后，战车就遭遇了大规模弃用，因为骑兵具有战车所有的优势，相比之下，战车需要额外的后勤维护才能保持良好的工作状态。

装备与军事组织

战车手是赫梯军的主要进攻力量。在前1380—前1180年，战场上使用的是轻型战车，通常载有一名车夫和一名弓箭手或投枪手。这种战车的功能和后世骑射手的作用十分类似，他们都能快速推进到射击范围内，发动远程攻击，然后在敌人反击前加速离开。

另一种战车则载有一名车夫和一名长矛兵，主要任务是骚扰敌军和应对小规模

赫梯战车

赫梯战车迅速而坚固，除了驾车者还能再搭载两名士兵。辐条轮在极大程度上使车更加轻便。多年的实践证明，将车轴安装在车辆后部比安装在中间效率更高。

赫梯步兵

这些赫梯士兵按照某些标准来说是轻甲士兵。他们行军时更像是一个有组织的整体，而非一群散兵。缺乏作战经验的敌军看到训练有素的编队时，便会心生胆怯。

作战，采用随战随走的战术。战斗的方式往往类似于飞车攻击：长矛兵利用武器长度，从敌人的攻击范围外发动攻击，完成进攻后，战车会在敌人做出反应前逃至相对安全的地方。

在战车达到一定数量时，战车上的长矛兵可以制造极大的混乱：在抛起尘土后，战车从烟尘中飞驰而出，发动攻击，然后又消失不见。这种攻击方式可以扰乱敌军部署，大挫其士气，在避免己方承担巨大风险的情况下消耗敌军部队。

不过，在公元前1380年到前1180年左右，赫梯人又转而使用战车发动突击。当时使用的是一种更重的战车，除载有一名车夫外，还有两名长矛兵或者一名长矛兵和一名持盾兵。赫梯人用这些战车发动大规模攻击，凭借数量穿透敌人防线。在理想的情况下，每辆战车都能突破敌军阵线，再由车上的士兵攻击周围的敌军部署，而后撤离到安全位置，再准备进行下一次冲锋。如果不迅速撤离的话，陷入敌阵的战车就可能会遭到敌军步兵的围攻。

步兵并不是赫梯的常规兵种。赫梯人只在两种情况下派出步兵：要么在开阔地带支援战车，要么在崎岖地形上替代战车。步兵是青铜时代的典型兵种，这个时期的步兵包括长矛兵、投枪兵或弓箭手，以及装备镰状剑的士兵。镰状剑是该时期的常规副武器。

步兵可以在战车被逼退时掩护战车，抵挡敌军进攻，为战车后撤、重整队形争取时间，也可以利用战车冲锋打开的空隙进攻。

胡里人

与赫梯人一样，胡里人（Hurrians）也被一些人认为是首先将战车运用在战争中的民族。有历史学家指出，赫梯人是为了对抗胡里人的战车，才建立了自己的战车部队。还有一种说法认为，是胡里人在公元前2000年左右将马匹引入美索不达米亚一带的。

胡里人在公元前2500年左右来到了美索不达米亚北部，可能是向南迁徙而来。在阿卡德帝国时期，他们已经在这一地区站稳了脚跟，建立起了一些小王国和城邦。他们与赫梯人、亚摩利人和其他对手冲突不断，经济状况也因此不稳定。

最初，该地区的胡里部落和城邦之间并不团结，彼此常常兵戎相见。不过，在巴比伦遇劫和苏美尔城邦普遍衰落之后，胡里人变得更加团结，并趁地区衰颓之际发展了起来。

胡里人建立的王国中，影响最大的是米坦尼（Mitanni）王国，其存续时间为大约公元前1500—前1300年，统治地区主要集中在今天的叙利亚。与当时的许多国家一样，米坦尼实行封建制，由武士贵族掌握权柄，并在战争时期统军作战。在实力巅峰的时期，米坦尼人控制了底格里斯河和幼发拉底河沿岸的核心商路，将影响力向南远扩至美索不达米亚地区。

除了北部的赫梯尚能遏制米坦尼的进攻，其他地区均已基本落入米坦尼之手，如亚述与其邻国就都成了米坦尼的附庸国。后来埃及入侵这一地区，产生了一系列冲突，其中在史册上留下最浓墨重彩一笔的，便是美吉多（Megiddo）之战。

虽然米坦尼人最终兵败美吉多，但他们并没有把统治权让给埃及人。尽管有的地区成了埃及的领土，但米坦尼人的势力并未减弱。事实上，米坦尼人通过发动对外征服，又控

上图 图中的赫梯弓箭手戴着头盔，装备着剑和弓。因此，他更可能是正规军，而不是散兵游勇。

制了更多领土。最终，米坦尼与古埃及媾和，还与法老进行了王朝联姻。

与赫梯人一样，战车是米坦尼人的主要进攻武器。由于许多国家和部落的军队以步兵为主，战车的使用让米坦尼人在战争中得以占据上风。不过，在和军事科技先进的埃及和赫梯军队作战时，米坦尼人的优势就要少得多了。

米坦尼的势力被王位争夺引发的内战瓦解，使赫梯人得以击败国境北方的米坦尼，征服了自己曾经的宗主国。以亚述和赫梯为代表的外国势力的影响也加剧了米坦尼的内乱，在这种情况下，赫梯军最终攻陷了米坦尼的首都。

上图 一位赫梯国王驾着战车，用车轮碾过敌人。这不只是一种象征，当时统治者和贵族确实会亲自率领战车部队出战。

部落战争

随着人类从石器时代进入青铜时代，人们开始有能力为部队提供更强力的武器和防具。就算是游牧部落，也有能力获取或制造金属工具和武器，不过这些工具和武器不管是质量或是数量都很有限。

要想打造先进的盔甲和武器，就需要开展程序复杂的大规模金属加工，而这又需要大量人口的支持。有了大量的人口，才能支持金属加工工人建设起运输原材料的基础设施。美索不达米亚及其北部、西部地区的许多人都过着部落生活，他们建立了小城镇和村庄，相互开展贸易，但社会仍缺乏组织，算不上是真正的国家。因此，虽然该地区的城邦和国家能够生产质量良好的盔甲和武器，但这些小的部落文明却不具备这种能力。此外，他们一般也无法买到先进的武器装备，即使有，数量也极其稀少。

武器

虽然部落首领和他的护卫可能有很好的武器，也备有一定程度的防具，但普通村民或部落成员的武器都十分简陋。最常见的武器是青铜短矛。矛便宜易制，能让大多数手持武器的战士在攻击范围之外对敌人完成致命一击。

从许多方面来看，矛都是非常基础的武器，但这一点都不意味着它的杀伤力不足。一般说来，刺击武器比砍击式或粉碎式武器的威力更胜一筹。不过，刺击武器的攻击可能会被完全躲开，而挥舞式武器再不济也还能稍微擦伤敌人。在近距离作战时，矛比匕首或手斧更难使用。

匕首和刀子经常被用作工具，但也可以充当殊死一搏的最后武器。虽然攻击范围有限，但匕首的刺击可以和矛一样致命，而且在近距离作战的情况下更容易击杀敌人。

手斧和镰状剑也是常用的副武器。镰状剑是一种类似斧头的武器，其金属刀身弯曲，在靠近顶端处鼓起再折回。它虽不能用于刺击，但在挥砍时杀伤力很强。镰状剑的攻击模式虽然有点类似斧头，但镰状剑更多以切割或挥砍的方式进攻，而不是像斧头那样用力劈开敌人。

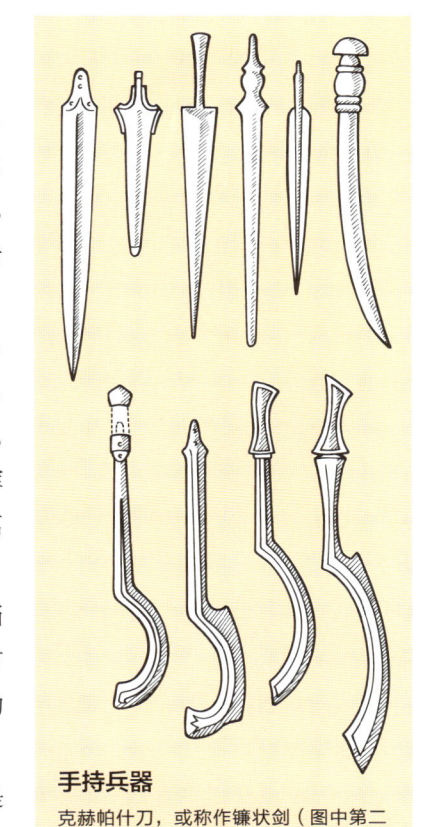

镰状剑几乎不必训练就可以直接上手，因此城邦和部落的士兵都常常使用这一武器。虽然镰状剑无法刺穿盔甲，但考虑到对手也是非正规军，很难有什么好的防御装备，所以这并不算什么大的缺点。

投枪、弓和弹弓是常见的远程武器。这些武器都适用于狩猎，所以小村庄和部落中都可能至少有一些能熟练使用这些武器的人。

投枪攻击距离不远，但能给敌人造成致命伤，主要缺点

手持兵器

克赫帕什刀，或称作镰状剑（图中第二排），更常当作斧子使用，而非作为真正的刀剑用。随着冶金技术的发展，从基本短剑形状（如图中第一排所示）衍生而来的铁制手持武器代替了镰状剑。

右图 持矛士兵

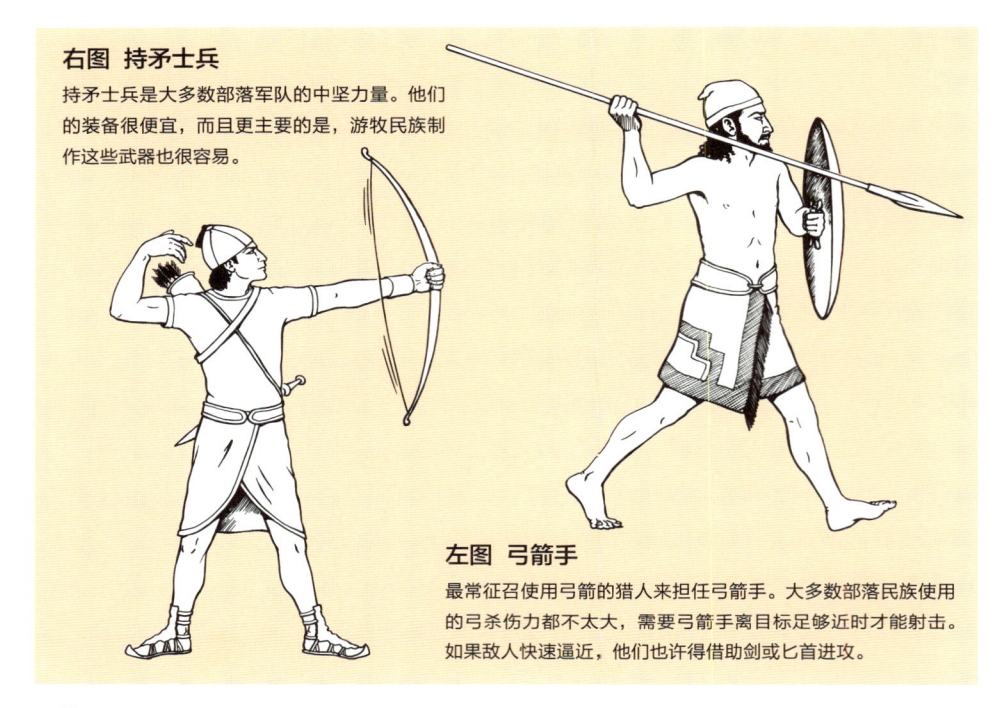

持矛士兵是大多数部落军队的中坚力量。他们的装备很便宜，而且更主要的是，游牧民族制作这些武器也很容易。

左图 弓箭手

最常征召使用弓箭的猎人来担任弓箭手。大多数部落民族使用的弓杀伤力都不太大，需要弓箭手离目标足够近时才能射击。如果敌人快速逼近，他们也许得借助剑或匕首进攻。

是体积相对较大。一个人最多只能携带两到三支投枪，在助跑投掷时，还必须先把一部分投枪扔或插在地上。投枪体积较大，攻击速度较慢，且容易快速耗尽。尽管如此，投枪兵还是战场上常见的兵种，战斗力也相当可观。

就杀伤力而言，弓箭和弹弓之间差距明显。两种武器的使用方式有很大不同，弹弓可折叠，更易携带，而且任何大小适当的石头都可以充当弹药。

弹弓的使用，对技巧的要求较高，但为了保护自己的牧群、赶走前来捕食的动物，很多人还是掌握了弹弓的使用方法。弹弓的弹道是一条直线，只能直接射击敌人，因此在战场上，战士们不可能越过己方的长矛兵射击，也不可能发动齐射。不过这些战术技巧本身对部落战士来说就不可行，更适合训练有素的专业士兵。

部落在战争中使用的弓，基本上都是把原先的狩猎工具拿来攻击人类。这种弓射程有限，威力不大，但也完全有可能致残或造成致命的伤害。弓箭手就算带上了弓和一定数量的弓箭，负重也相对较小，因此相比投枪兵，具有持续性强的优势。

虽然盔甲还并不常见，但许多战士会用盾牌保护自己。盾牌的设计多种多样，尺寸各异，形状各异，长方形、椭圆形和圆形盾牌都很常见。盾牌对投掷物和手持武器都有很好的防御作用。此外，盾牌也能用于进攻，可以把敌人的武器推到一边，或者猛烈撞击敌人，迫使敌人后退。

战术和科技

论战斗风格，部落战士极其喜欢单打独斗。弓箭手、投枪兵和弹弓兵并不组成协调一致的团队，一齐向敌人发动进攻。相反，他们喜欢单兵作战，在选定好目标后只身赴敌。同样地，其他战士进行的也可以说是大规模的一对一单挑。士兵们可能会互相帮助，或偷袭正和别人单挑的敌人，但他们无法完成复杂的机动，各兵种也没有战术可言。

尽管部落民族发动战争的方式相当原始，毫无战术可言，但与那些战术组织更精良的国家一样，大家兴兵发难的原因并没有多少不同。他们都不是为了打败敌人而打仗，相反，只有获胜能换来战略优势时，这场仗才值得打。

如果部落遭遇入侵，那么赶走入侵者显然就是战争的目标。如果能大败入侵者，就能把他们赶出领土，而侵略者今后在袭击或入侵时就更可能避开自己，转而挑选更弱的目标下手。

如果战争是在敌人的领土里发生，那么通常的目标是让敌人没有能力或不愿意再和自己发生冲突。夷平城市的做法不仅仅是为了泄愤，通过破坏食物供给、烧毁村庄，敌人的力量将被大大削弱。在遭遇入侵、家园尽毁后，敌人忙于恢复住所，便不太可能再对自己构成威胁；而如果城市曾被夷为平地，那敌人便可能会因为害怕再次承受这样的后果而不敢再挑起新的冲突。

有的部落会发动征服战争，将敌人的土地占为己有；而有的部落则选择不对外扩张（有时是出于宗教原因）。但不管怎样，掠夺几乎是每一场战争的共同特点。牲畜、财宝，有时甚至是人丁，都可以抢来发展部落。城市往往有丰富的战利品可供掠夺，而相比之下，敌对部落的村庄除了各种牲畜和一些奴隶外，就再没法提供更多的战利品了。

因此，部落在受到威胁、发生宗教分歧，或者在发现自己可以通过战争捞上一笔时，就会选择开战。在一般情况下，双方会派出轻装上阵的战士相互混战，这些战士虽然基本无法决定战局，却是掠夺城镇、夷平土地的主力军。

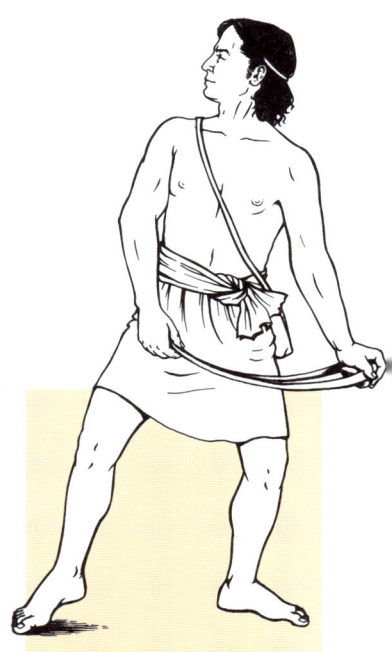

弹弓兵

在一个部落里，许多男人都用弹弓防身或是打猎。弹弓和弓的作用相当，在操作熟练的情况下，能产生同样的杀伤力。但是，它最大的不足在于子弹不能越过障碍物或前军。

米伦水边之战（约前1400年）

希伯来人在许多方面都是中东地区部落民族的典型。在中东游荡多年后，他们最终北上迦南，与当地人发生了冲突。

迦南虽在名义上是埃及的属地，但在希伯来人来到此地时，埃及对迦南的控制非常宽松。北部的赫梯帝国和东北部的米坦尼王国在该地区也有相当的影响力，这导致这一地区冲突频发。迦南本身是多民族聚居地，他们的技术发展水平在一定程度上落后于相对和平地区的民族。

迦南是一个由部落和小城邦组成的地区。在这里，希伯来人看见了征服土地并建立家园的机会。

希伯来人没来得及站稳脚跟制造武器和护具，所以他们的战士都只有最基础的装备。不过，在希伯来人流浪的大部分时间里，他们与其他民族一直冲突不断。各个民族都把他们视为入侵者，想把他们赶出自己祖先的土地。因此，希伯来将士积累了丰富的作战经验，长年的跋涉也把他们锤炼得坚韧不拔。此外，他们的宗教信仰也支撑着他们前进。

即使抛开希伯来人将迦南视作上天应许的家园这一信仰不谈，宗教信仰也会成为这场冲突中战士的动力。因为希伯来人崇拜耶和华，而迦南人则主张多神崇拜，信仰巴力在内的数个神。两族相遇，信仰的冲突不可避免，而在宗教和政治密不可分的社会里，战争已成定数。

米伦水边之战

希伯来人不顾一切地进攻和敌军的混乱，促成了他们在米伦水边的胜利。面对迦南联盟，他们在其整顿前便发起进攻。许多迦南士兵在交战前便逃走了。

希伯来战士虽然人数较少，但都久经沙场，他们在北迁的过程中击败过数个城邦。他们遵循了当时常见的做法，将部分敌人的土地夷为平地，在有必要时，还会屠杀当地居民。这些做法带来的结果便是一些城市不战而降或与他们结盟，还有的城市则宣布自己将在冲突中保持中立。不过，还是有些城市匆忙结盟，进攻希伯来部落，开始了新一轮的冲突、征服和毁灭。

反希伯来联盟在迦南北部建立，加入的不仅有当地的城市和部落，还有北部赫梯王国的特遣队。虽然联盟内部不存在真正意义上的联合，但他们的部队拥有重要优势——可以派出战车作战。

希伯来人虽没有战车，但他们设法从敌人那里缴获了一些别的军事装备。因此，许多希伯来战士还是拥有与对手实力相当的武器。更重要的是，他们对自己的能力充满信心。即使在人数上处于劣势，且对手还有战车压阵的情况下，他们还是决定趁敌人在米伦水边扎营时发动进攻。

上图 处决战败方的国王和领袖是为了警告其余人，防止他们再集合多方力量。这种处决行为十分常见。希伯来人也非常残忍，不会比当时其他任何部落多一丝仁慈。

迦南军由各国特遣队组成，缺乏明确的指挥领导，这就导致军队在备战时出现了一定程度的混乱。这是希伯来人绝佳的进攻机会。

希伯来人迅速推进，把胜负都押在了这一次攻势上，向仍处于混乱状态的迦南人发起进攻。战斗中，希伯来人的领袖约书亚与强大的夏琐王单挑，将其斩于刀下。在这种战争中，领袖的表现是相当重要的。首领之死与敌人的猛烈攻势让迦南人大受挫折，斗志尽失。

迦南军队溃败而逃，希伯来人则穷追不舍。在古代战争中，一方溃逃后的伤亡数永远要比战斗本身中的伤亡数高得多。希伯来人的追杀尤为猛烈，最终夏琐城被夷为平地，居民也遭到屠杀，这向其他考虑与希伯来人开战的人释放了警告信号。之后，联盟中的其他城市也被占领，人口惨遭屠戮。不过，希伯来人最终选择将这些城市据为己有，而没有将城市夷为平地。

战胜北方联盟后，希伯来人控制了迦南的大部分地区。在征讨完那些选择不与他们结盟的城市后，希伯来人的统治地位最终得以确立。不过，尽管他们占领了几座城市，但直到多年后他们才终于建立了中央集权的王国。此时，希伯来人仍然是一个没有什么中央组织的部落民族，并继续以部落民族的方式进行战争。

跨页图 亚述弓箭手。每个弓箭手都有持盾兵保护，如图中左侧所示。盾顶端向内弯曲是为了防止下冲的箭伤人。

下图 这种有特色的圆锥头盔常由铁制成，内侧镶有铜，甚至头盔的内里全部铜制。头盔的形状能够转移打击力量，也能使人看起来更高，更让敌人畏惧。

亚述帝国

在底格里斯河上游一带，有一个通常被称为亚述的地区，该地区有数个城邦和小王国，其中影响力最大的便是同名的亚述。从公元前 2000 年左右开始，亚述成为该地区的主导力量，古亚述时期（约前 2000—前 1500 年）就此开始。

亚述靠贸易起家，其政治制度也反映了这一点。亚述的权力集中在少数富有且极具影响力的长老身上，并由一位世袭的统治者负责执行长老们的决定。另外一个职位由每年抽签选出的人担任，负责处理经济事务。亚述与美索不达米亚和安纳托利亚的城市保持着贸易关系，依靠贸易逐渐成长为地区的主要力量。亚述虽从亚摩利人部落的征服中幸存下来，但后来还是被巴比伦击败，成为巴比伦的附庸国。

在巴比伦被加喜特王朝征服后，亚述成为胡里人的属地。公元前 1300 年左右，米坦尼王国倾覆，亚述重获独立，中亚述时期（约前 1300—前 911 年）开始。亚述以赫梯为主要目标，开展了一系列军事行动，扩大了自己的领土和威望。

赫梯帝国崩溃后，其威胁迅速减少，亚述随即与巴比伦展开了对亚摩利占领的地区的争夺。在这一时期，提格拉特帕拉沙尔一世（Tiglath-Pileser I，前 1115—前 1077 在位）登上了亚述王位。

学界一般将提格拉特帕拉沙尔一世视作亚述帝国的创始人。他对外征战，将战火一路烧至地中海沿岸，而他更是声称自己打到了黑海一带。在这一时期，亚述与巴比伦冲突频仍，在两次击败巴比伦后，提格拉特帕拉沙尔一世自称苏美尔与阿卡德之王，这是一个古老的称谓，意味着整个地区都已经落入他的控制之下。

亚述对所有男性公民实行强制兵役制，利用高效的官僚体系管理领土。不过，

上图 图中描绘了公元前701年拉吉之围中的亚述王辛那赫里布。当国王出征时，一个强大的官僚机构会继续统治帝国。但是，无论国王身在何处，重要事务都必须呈给国王过目。

由于亚述与巴比伦的竞争仍在继续，亚述的财富也因此在一段时间内有所减少。

一般认为，公元前911年是新亚述时期的开始。这一年，阿达德尼拉里（Adad Niari）接过了权柄。在他的领导下，亚述开始再次扩张。到公元前670—前620年时，亚述已经控制了整个美索不达米亚。

公元前745年，提格拉特帕拉沙尔三世在登上亚述王位后对帝国进行了改革。改革后，权力集中在各省，并设置地区官僚机构监督所有事务。每个省都需要服从代表国王的中央政权，并向国王进贡。

公元前674年，亚述军队进军古埃及，占领了都城孟菲斯，并一路向南继续推进，抵达底比斯。但不到十年，亚述人就被赶出了古埃及。另一方面，与埃兰人的长期战争也耗尽了帝国的资源。

新亚述帝国陨落的速度较快。在国力已被外战和内乱削弱的情况下，亚述受到斯基泰人（Scythians）、米底人（Medes）和埃及人的进攻，而且重新崛起的巴比伦也在寻求独立。种种因素让新亚述帝国最终崩溃，迁至尼尼微（Nineveh）的首都于公元前612年陷落。

公元前611年，亚述的最后一位皇帝阿舒尔-乌巴里特二世（Ashur-Uballit II）在哈兰登基，并在米底人和巴比伦人的进攻下坚持了三年（前611—前609年）。公元前609年，哈兰最终陷落，亚述帝国走向终结，巴比伦崛起的新时期就此开始。

装备与军事组织

亚述是第一个在战争中大规模使用铁制武器的国家，这给了他们巨大的优势：他们武器的刀刃更锋利，耐久度也更高。此外，铁制武器比铜制武器更轻便耐用。军靴也是亚述军队的一大关键优势。亚述士兵穿的不是对脚没有保护作用的凉鞋，而是鞋底装有防打滑平头钉的过膝长靴。在经过崎

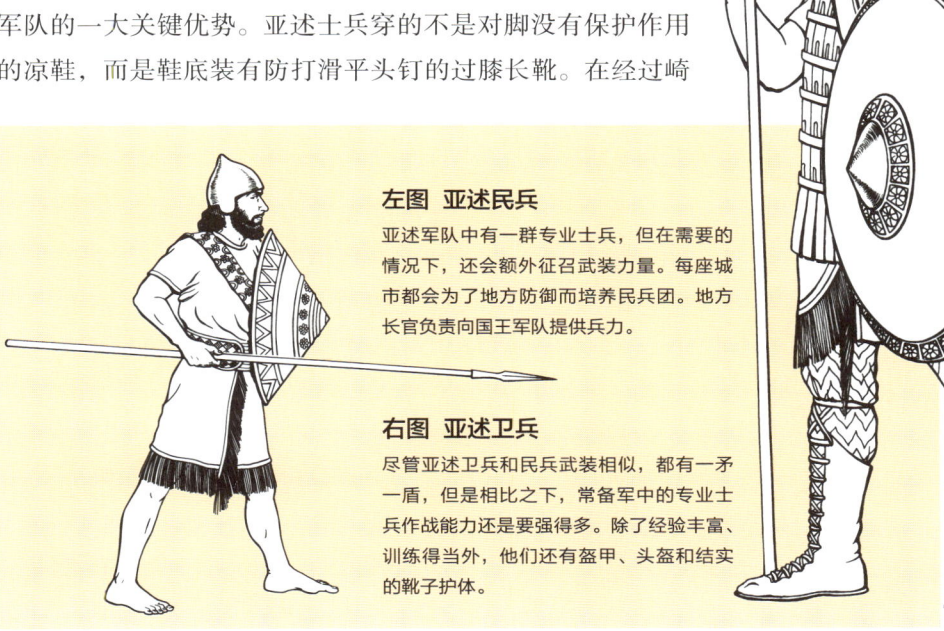

左图 亚述民兵

亚述军队中有一群专业士兵，但在需要的情况下，还会额外征召武装力量。每座城市都会为了地方防御而培养民兵团。地方长官负责向国王军队提供兵力。

右图 亚述卫兵

尽管亚述卫兵和民兵武装相似，都有一矛一盾，但是相比之下，常备军中的专业士兵作战能力还是要强得多。除了经验丰富、训练得当外，他们还有盔甲、头盔和结实的靴子护体。

岖地形时，军靴可以为士兵的脚踝提供支撑，保护双脚免受地面沙石伤害；在作战过程中或近距离机动时，还可以避免脚部被踩踏。此外，军靴也能为小腿提供一定程度的保护。军靴的使用，让亚述军队即使在非常崎岖的地形和恶劣的天气下也能保持机动性，避免因脚部受伤而造成伤亡。

亚述人的盔甲和护具也比敌人更好。铁片甲（lamllar armor）防御效果非常好，但只有精英部队有配备。即使是普通士兵，也还是有比敌人更好的防具，这使亚述人在战争中获益不少。

后勤优势

亚述人会用攻城锤击破敌人的堡垒。最初的攻城锤并不是后世军队用来击穿墙壁的那种笨重武器，更像一把长矛，矛尖可以凿于墙壁表面。这样的武器虽凿不开石墙，但却可以凿穿泥墙。铁制矛尖更加坚硬，自然比铜制矛尖攻击力更强。后来，随着城市堡垒变得越来越坚固，亚述人将后世更为熟悉的重型战锤搬上了战场。

除围城战外，亚述人的军事能力还体现在其他方面。亚述人善于架设浮桥跨越水道，也懂得将充满空气的袋子绑在身上制造浮力。

亚述攻城锤
一开始，攻城锤是相对不怎么结实的物件，只能用来削掉或是刮掉一点泥砖墙。石制防御工事普及后，攻城锤成了重型武器，重重的锤头可以顶掉墙中的石头。亚述帝国围城经验丰富，几乎没有堡垒能够抵御他们的围城战。

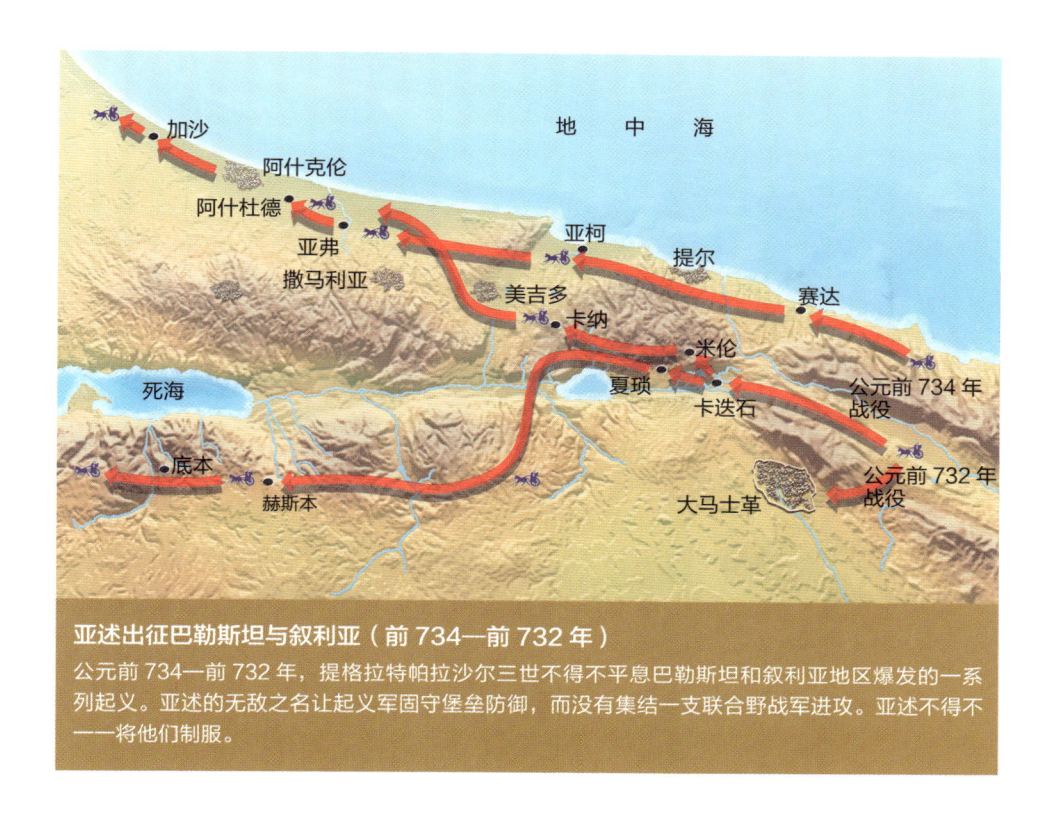

亚述出征巴勒斯坦与叙利亚（前 734—前 732 年）

公元前 734—前 732 年，提格拉特帕拉沙尔三世不得不平息巴勒斯坦和叙利亚地区爆发的一系列起义。亚述的无敌之名让起义军固守堡垒防御，而没有集结一支联合野战军进攻。亚述不得不一一将他们制服。

另外，亚述军之所以能成为当时的主导力量，靠的不仅是技术上的优势。亚述军训练有素，且有完备的后勤系统支持，这一系统能确保战争开始时，野战军有足够的武器、食物和衣物供应。

亚述是第一个利用骆驼进行后勤运输的民族。他们还建立了一套信使系统，让信使骑着骆驼传信，在道路沿线还设有可以更换坐骑的哨所。这样一来，命令和消息都能迅速传入或传出首都，能更及时地对叛乱、危机或入侵做出反应。

亚述改革

在提格拉特帕拉沙尔三世接过帝国权柄前，亚述的军事模式在该地区相当典型，他们的军队包括一支由专业士兵组成的小型常备军，在需要时会再增派部队予以支持。这种制度的主要缺点是大部分士兵只能得到较为有限的训练。在战役结束后，士兵不得不返乡收割庄稼，这时训练不足的情况就尤为严重。

提格拉特帕拉沙尔三世将亚述军改革成完全职业化的部队，吸纳了大量外国士兵。虽然有些士兵是作为贡品或应附庸国兵役要求加入的，但大部分还是从美索不达米亚、亚洲其他地区甚至古希腊招募来的职业士兵。外国特遣队主要由步兵构成，他们与亚述步兵一同作战。

亚述的大多数步兵是长矛兵，他们装备盔甲和头盔，排成紧密的队形作战。弓箭手会为长矛兵提供支援，他们使用的弓设计精良，优于大部分对手的装备。此外，铁制箭镞也让弓箭手在射程和攻击力上都占有优势。

军队的机动部分主要以战车为主。亚述使用轻型战车，每车载两名士兵。后来，又增设了少量支援战车部队的骑兵。骑兵往往是贵族出身，作战效率高，但数量不多。

战车部队的主要任务是冲破防线，之后由步兵从漏洞发起进攻。在战车突击时，弓箭手会提供支援。这样的一支联合部队在当时所向披靡。

亚述人的另一项创新是将弹弓兵和弓箭手结合起来。弹弓兵射出的石弹飞行轨迹相对较直，敌人需要将盾牌举在身前才能保护自己。此时，弓箭手再往高处射击，弓箭就可以绕开盾牌从上方击中敌人。这样的战术反之亦然——敌人若把盾牌举过头顶，虽可防住落下的箭矢，却无法阻挡弹弓兵的直线射击。

亚述战车

战车除了用于交战外，还可以是重要官员移动指挥的交通工具。战车是一个作战的平台，也同样是身份的象征。亚述人的设计十分精妙，让车轴位于后方的最佳位置。

> **亚述弓**
>
> 亚述军队的主要武器是弓，亚述弓使用复合结构，与其他地方使用的武器相比杀伤力更强。弓臂为反曲结构，弓杆往远离持弓人的方向弯曲。这样一来，在弓弦长度一定的情况下，弓便可释放出更多能量，让亚述人的弓箭射得又远又有力。

由于亚述人是战场上的霸主，许多敌人会直接避免与他们正面对决，转而退守在城市的围墙之后。大规模的防御工事在当时并不罕见，对手需要利用专业技术才能攻破。

亚述军队部署了一系列围城武器，包括攻城锤、装有轮子的攻城塔和可以保护弓箭手的移动盾牌，士兵也为围城作战进行了大规模训练。步兵在城墙被攻破、准备发动全面攻势前无事可做，所以会先举盾保护弓箭手或工程师，让他们得以建造斜坡，把攻城锤和攻城塔送到城墙附近。

心理战也在战术和战略层面上得到应用。亚述军会通过屠杀和大规模驱逐人口迫使城市放弃抵抗，选择投降。亚述人还会利用自己战无不胜的传言打击即将和自己开战的敌人，让敌人在实际战斗发生前就丧失士气。许多敌人干脆拒绝出城战斗，在亚述军准备围城作战时蜷缩在防御工事中，这种消极态度意味着他们几乎败局已定。

新亚述帝国成功的一个关键，便是让全国都做好战争准备。地区总督有责任为集结作战的军队提供一定数量的后勤支持，若未能提供支持将被视作叛乱，会招致严重后果。贡品和战争中掠夺来的财富促进了经济发展，而这些收益又被重新投入到维持一支训练有素的职业军队所需的军费中。

迦勒底人和新巴比伦帝国

在受加喜特人统治四个世纪后，巴比伦在新王朝的统治下迎来了短暂的复兴。在尼布甲尼撒（Nebuchadnezzar，前1126—前1104年在位）的领导下，巴比伦大败埃兰。战后，巴比伦不仅威望大振，还收回了大量财富，比如几年前埃兰人夺走的马杜克（Marduk）神像①。

然而，这种复兴是在一个衰颓的历史大背景下发生的。繁荣时期的书面记录会更为丰富，而相比之下，这一时期留下的记录很少。美索不达米亚的大部分地区迎来了一个有时被称为"黑暗时代"的时期，在这一时期，城市衰落，国家四分五裂。迦勒底人（Chaldeans）在这一时期来到了美索不达米亚，随后被巴比伦接纳。巴比伦开始恢复其旧有的力量。

虽然遭到亚述统治，但巴比伦仍享有盛誉，不仅有圣地之美名，还是亚述帝国中最重要的城市之一。巴比伦很清楚自己的重要性，总爱挑起事端，曾多次发动叛变。有时，通过妥协或类似于贿赂的手段就足以让巴比伦重新服从亚述的统治，但有时亚述也不得不出兵巴比伦。

公元前626年，巴比伦再次起义，但此时的亚述帝国正处动荡之中，无法做出有效反应。亚述国王亚述巴尼拔（Ashurbanipal）的死亡引发了权力斗争，再加上外部冲突的冲击，国力大减，迦勒底人出身的贵族那波帕拉萨尔（Nabopolassar）领导巴比伦成功独立。

巴比伦与米底结盟，在长期鏖战后击败了亚述，于公元前612年占领了首都尼尼微。三年后，亚述彻底战败，巴比伦重新崛起，成为地区强国。在鼎盛时期，新巴比伦帝国的领土从红海沿岸向北一路延伸至叙利亚，向东南延伸至犹太和阿拉伯，国家版图呈新月形。

上图 这个公元前7世纪的浮雕描绘的是亚述弹弓兵。尽管相较于弓箭手，弹弓兵没有那么重要，但他们的作用也是亚述军中不容忽视的一部分，有时候他们会与弓箭手联合作战。

① 马杜克为巴比伦主神，巴比伦人视其为众神之王。

上图 巴比伦战车（前 7 世纪）
从这驾巴比伦战车可以看出战车部队的低效。要和每人一马的两位士兵有相同的战斗力需要四匹马和四个人（一人驾车，一人持盾，一人持矛，一人射箭）。此外，建造和维护战车的成本很高。

左图 新亚述弓骑兵
弓骑兵既善于移动，又有实力，能够让战士击退敌军的同时快速和敌人拉开距离，防止对方反击。骑兵与战车相比确实更划算，在马匹有能力载着士兵作战并且数量足够时，骑兵便可以取代战车部队。

  新巴比伦是相对短命的王朝。从公元前549年开始，居鲁士大帝建立的新帝国开始在波斯一带崛起。公元前539年，居鲁士的军队向巴比伦推进。兵败俄庇斯（Opis）后，巴比伦军投降，巴比伦成为波斯帝国版图中的行省。由于巴比伦意义非凡，居鲁士采用了巴比伦国王的头衔，来帮助他对该地区的统治合法化。

  巴比伦本性不改，数次反抗波斯统治，后续引发的战争让城市遭到了破坏。随着在巴比伦神庙祭祀的传统被波斯统治者废弃，巴比伦逐渐淡出了人们的视线，波斯将新的地区首府建立在了塞琉西亚（Seleucia）。

米底人与波斯帝国

古希腊人将美索不达米亚东部地区称为米底。米底的大部分历史并不太为人所知，最早的明确记载可以追溯到公元前 836 年，当时米底被埃兰人所统治。米底的西部地区虽被亚述征服，但仍叛乱不休。

一直到亚述帝国衰亡时，米底很可能都还不是统一的民族。许多部落、城镇和地区似乎都曾在米底存在过。古希腊史学家希罗多德认为，米底在公元前 715 年左右建立了统一王国，不过，现代学者认为其建立时间更可能是在公元前 625 年。

随着亚述国力衰落，米底人开始西迁。公元前 616 年，他们占领了与亚述结盟的马纳（Mannae），并与巴比伦结盟，一同摧毁了亚述帝国。这场征服战争让米底人得以统治美索不达米亚北部的大部分地区。在一段时间内，巴比伦和米底人和谐共处，双方只爆发过小规模冲突。

公元前 553 年，波斯国王居鲁士大帝起兵反叛米底，俘虏了国王阿斯提阿格斯

犹太王国的衰落（前 588—前 568 年）

犹太王国在公元前 597 年反叛巴比伦，在公元前 591 年联合古埃及联盟又一次发动起义。犹太人在堡垒中避难，希望得到古埃及的援助，但在援军被击败后被迫折返。在攻陷了几个城市后，巴比伦军队围困耶路撒冷整整 18 个月后才最终将其占领。耶路撒冷沦陷后，犹太不再是一个独立的国家。

（Astyages，前 585—前 550 年在位）。后来，米底虽被波斯吞并，但其影响力不减。米底的许多习俗被波斯吸收，波斯帝国的很大一部分官员也是米底贵族。

居鲁士大帝及其继承者治下的波斯帝国被现代学者称为阿契美尼德波斯帝国。在居鲁士继任者的统治下，帝国影响力继续扩大。他们向吕底亚（Lydia）、色雷斯和埃及起兵，甚至一路征战至印度河流域东部。公元前 490 年，波斯试图入侵古希腊，但最终兵败马拉松海岸。之后，波斯继续出兵古希腊，导致了公元前 480 年温泉关（Thermopylae）战役和萨拉米斯（Salamis）海战的爆发。

波斯帝国对领地内的不同文化传统十分宽容，允许被征服地区的人民延续其传统生活方式。这一举措缓解了帝国内部的紧张态势，使国内爆发的叛乱远少于其他帝国。波斯还进行了道路改造，促进了各地区间的通信和贸易。然而，波斯的统一程度仍不如以前，这可能成为战争中的不利因素。

与亚历山大大帝治下马其顿帝国的冲突暴露了波斯体系的弱点。波斯虽然规模庞大，但其军队存在指挥和控制方面的问题，一直无法发挥全力。波斯帝国被迅速征服，在公元前 330 年成为马其顿属地。几年之后，波斯在亚历山大部下将军的统治下，以继承国的身份重新崛起。

装备和军事组织

阿契美尼德波斯帝国的军队最初以波斯和米底的部队为班底，通过从征服地区招募或使其提供的部队以及雇佣兵补强兵力。这些前来补强兵力的部队使用的装备非常不同，大多数士兵延续各自传统的作战风格，使用的武器和防具都相当原始。最常见的兵种是投枪兵和弓箭手，他们几乎不携带任何额外装备，一般充当散兵的角色。

波斯"不死军"

"不死军"有许多特权，比如可以带着妻子参加战役。有了特权的吸引，波斯能招募到足够的新兵补全队伍。与历史上的其他精锐部队一样，"不死军"有高昂的士气，是令敌人望而生畏的武装力量。

左图 这把波斯匕首是仿照标准战斗武器制造的纯金摆件。它的结构非常简单,只有一个宽刀片,没有护手。人们将匕首用作工具和餐具。在没有更好的替代品时,匕首也可以作为武器使用。

右图 面对敌人从上而下的重击,波斯的圆锥形头盔能够使冲击力向外偏离头部,提供良好的保护。然而,对于针对头部或颈部的横向刺击或砍击,头盔的防御作用有限。

许多雇佣兵都是古希腊的重甲步兵。他们手持长矛盾牌,身穿盔甲头盔,排成紧密队形作战。一般来说,这些士兵甚至愿意对自己的希腊同胞刀刃相向。其他雇佣兵则来自西徐亚(Scythian),那儿诞生了许多有名望的弓箭手。有些西徐亚弓箭手还被聘为波斯军的射箭教官。

帝国的专业士兵都有统一的装备。步兵统一佩备长矛和盾牌,身穿棉布甲或附在棉坎肩上的鳞片甲。军队中还有专业弓箭手,不过他们并不装备盔甲。

军队的单位按十进制编排,十人、百人、千人和万人的军团依次由更高级别的军官指挥。军衔晋升的依据是战绩或战斗中表现出的勇气,不过平民最高只能成为千人指挥官,等级更高的军衔只能由贵族担任。

在军队中,像"不死军"(Immortals)[1]这样的军团享有很高的声望。"不死军"并不是指该部队的士兵能长生不死(他们在战斗中的伤亡往往很严重),而是指该军团能从其他部队调来士兵,从而一直保持战斗力。"不死军"能定期获得军饷,

---

[1] 不死军由1万人组成。每当出现减员,便会有新的战士加入补足人数,将数量一直控制在1万人整,似乎根本无法消灭,部队因此得名"不死军"。

并享有其他特权,例如允许他们带着妻妾一起出征。因此,士兵都渴望能加入"不死军"。

波斯军队对战车的使用方式比较有限,只是把它当作高级军官的移动指挥所。只有镰刀式战车是个例外,这种战车本身就是武器,士兵并不站在上面作战。车夫会站在一个有点像布道坛的木架上控制战车,车轮上和木架下的刀片让战车看起来非常可怕。不过,这种战车的作战能力还有待商榷,因为波斯人鲜少将它派上战场。

阿契美尼德王朝的波斯人也使用了专事作战的攻城塔。从本质上讲,这种攻城塔就是装有轮子的牛车,可以用来运输和部署围城器械。它也可以作为制高点,用于在主战线之后部署弓箭手。

下图 镰刀式战车旨在通过附着在车轮上的刀片和投入的数量来瓦解敌人的阵型。尽管波斯军队很重视这种战车,但是它没有得到广泛使用。

左注：下图 浮雕描绘了亚述士兵的防御工事。在战斗中，高度是一个非常重要的优势。高度优秀让使用手持武器的攻方无法攻击守方，还为守方的弓箭增加了射程。

围城战

任何建筑都可以作为临时堡垒使用。为阻挡动物、遮风避雨而造的墙壁也能用于阻挡敌人的攻击。因此，一旦人类学会了为自己建造掩体，他们也就走上了建造防御工事的道路。

用带刺的灌木可以建造出最基础的防御工事：既可以通过切割、拖动灌木来设置路障，也可以通过种植灌木制造出障碍物。而栅栏如果能修得比圈养牲畜时更为坚固，就可以用来保护定居点。这类防御工事建造很容易，攻破也不太难。小村庄里的居民可能造不了除灌木、栅栏外更多的防御工事，因为花在建造这些可能派不上用场的防御工事的时间每多一秒，花在放牧、照料田地这些更紧迫工作上的时间就少一秒。

不过，组织良好的城镇能很好地利用分工来建造更强大的防御工事。

设计较好的防御工事会利用峡谷、水道、山丘等地形地貌。高度之于防御工事十分重要，因为它不仅会增加进攻的难度，也让防守方能从上往下攻击。因此，防御工事的选址很重要，好的地形地貌不仅可以提升防御力，在上面修筑起防御工事也更为省力。

城墙或其他防御工事前的沟渠能发挥多种功能：如果沟渠靠近城墙，就能增加城墙的有效防御高度；即使沟渠不靠近城墙，也使敌人在进攻时必须快速爬下沟渠，再从另一侧爬上来，延缓进攻的节奏；在沟渠中灌水或设置其他障碍物可以给敌人制造更多麻烦；沟渠还能让敌人难以将攻城器械移动到城墙附近，保护城墙不被攻破。沟渠的形式多样，可以是人工简单挖成的沟壑，也可以进行设计，使沟渠服务更具体的战术目标。依据目的不同，可以将沟渠的一侧挖得比另一侧坡度更大。比如，守军可以挖掘一种"进攻型"沟渠，在攻方向城墙移动时，他们可以相对容易地通过沟渠，但如果他们想后退或撤退去取箭矢、攻城梯等装备，他们就得面对陡峭的斜坡，这会让他们难以再走出沟渠，无法远离城墙。相反，朝向守军一侧的斜坡坡度较小，守军拥有更清晰的进攻视野，可以用箭矢和投枪杀死更多敌人。

相反，"防守型"沟渠则把陡峭的一面设置在靠近城墙的一面，这会最大化进攻方接近城墙并发动进攻的难度。一些防御工事的建造者按防守型、进攻型的顺序，把沟渠挖掘成同心圆的样子，从而最大化防守方的优势。

上图 亚述军队正在攻击一座堡垒，同时一辆攻城车正沿着攻城坡前进，准备攻击城墙。从背景中被刺穿的敌人能看出，恐吓是亚述人的另一个关键武器。

美索不达米亚攻城锤

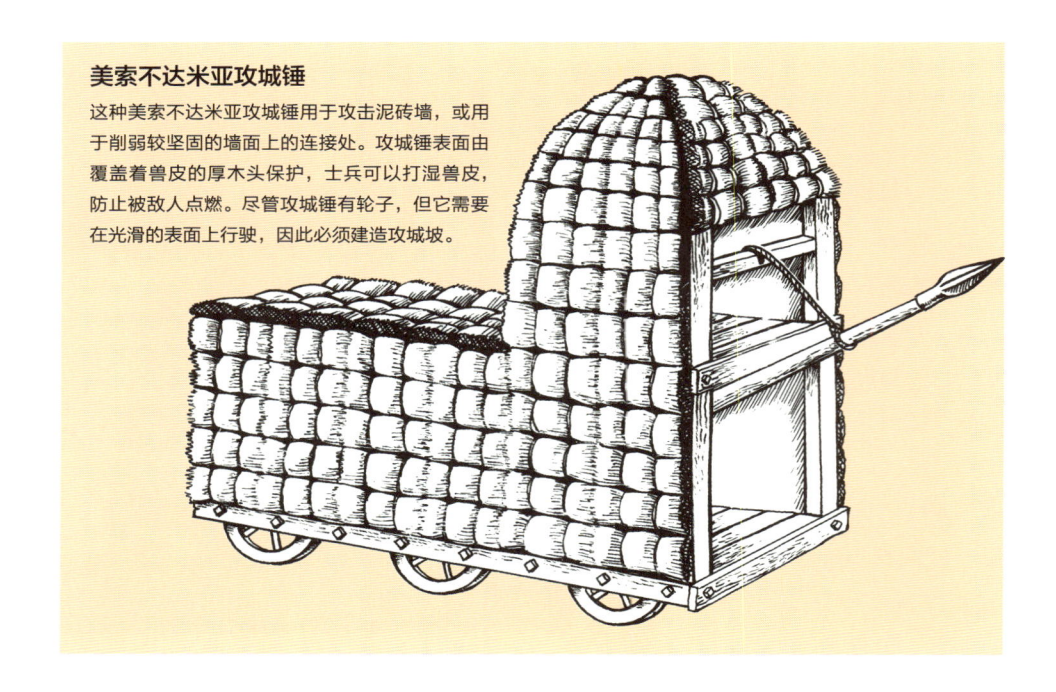

这种美索不达米亚攻城锤用于攻击泥砖墙,或用于削弱较坚固的墙面上的连接处。攻城锤表面由覆盖着兽皮的厚木头保护,士兵可以打湿兽皮,防止被敌人点燃。尽管攻城锤有轮子,但它需要在光滑的表面上行驶,因此必须建造攻城坡。

  沟渠里挖出来的土可以堆成土堆或建造防御墙,上方可以再围上简单制成的围栏或栅栏增加有效防御高度。不过,这样的障碍物比较容易被斧头砍破,也容易被火烧掉。因此,能有一堵坚固的城墙才是最好的。

  城墙最初是用泥砖建造的。泥砖容易制造,但相对比较脆弱。相比之下,尽管建造石墙需要更多的开销和人工,但最终还是成为主流。

  当然,防御工事若是无人驻防,也只能发挥路障的作用。因此,城墙上必须留出位置,让士兵得以在上面战斗退敌,最好还能给他们提供一定程度的保护,因为城墙上的士兵会完全暴露自己,很容易成为敌人集中火力攻击的目标。以弓箭手为主的远程攻击部队可以从远处打击敌人,是防御工事的核心。城墙或塔楼让弓箭手比那些攻击他的敌人拥有更远的射程,而且让他至少可以避开敌人的大部分攻击。

  大多数防御工事在建造时都考虑到了远程攻击部队。城墙上向外凸出的塔楼让弓箭手可以射杀那些试图破坏地基、操作攻城机或是参与进攻的敌军。

  如果城墙被攻破,或者敌人发动了攻击,那么就需要派出配备肉搏武器的部队退敌,封堵城墙上的缺口。但是,如果真的发展到了需要以赤膊战形式保护城墙的地步,那情况就真的很糟糕了。

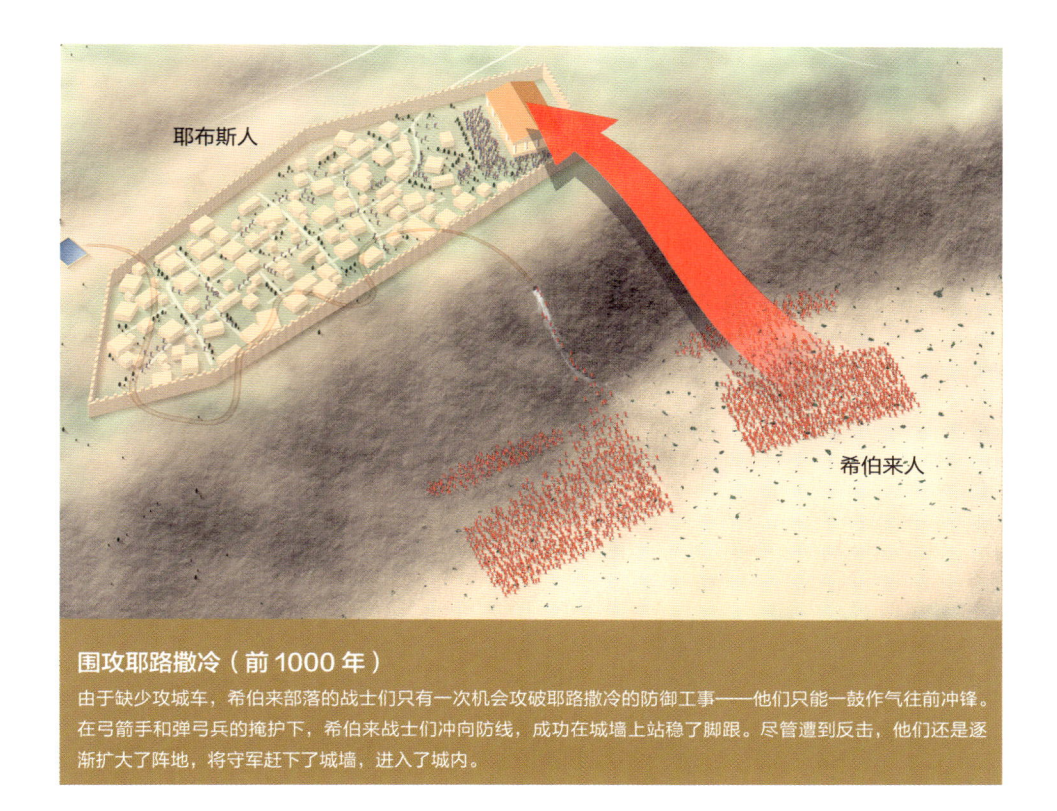

围攻耶路撒冷（前 1000 年）
由于缺少攻城车，希伯来部落的战士们只有一次机会攻破耶路撒冷的防御工事——他们只能一鼓作气往前冲锋。在弓箭手和弹弓兵的掩护下，希伯来战士们冲向防线，成功在城墙上站稳了脚跟。尽管遭到反击，他们还是逐渐扩大了阵地，将守军赶下了城墙，进入了城内。

攻破设防城市的方法

面对坚固的防御工事，进攻方任务艰巨。即使进攻成功，也意味着要付出巨大的代价。因此，要对付一座防御坚固的城市，理想方法是让它不战而降。进攻方主要有外交、策反、欺诈和饥饿胁迫等几种手段。

进入城市的方法之一是说服守方，使其相信允许攻方入城才符合他们的最大利益。正向引诱的方式包括直接进行贿赂、提供特惠贸易、提供领土，或许诺其他一些通过合作能获得的好处。

另一种方法是激发恐惧，让守军宁愿打开城门来拒绝战斗。因此，许多国家会对反抗者施以暴行。将一个城市的全部人口剜眼致盲或屠杀殆尽的做法并不只是毫无目的的恶行，还是一种在未来说服其他人选择合作的手段。投降就能获得宽大待遇，而抵抗失败则将迎来噩梦般的命运，在面临这样的抉择时，许多城市都会选择规避风险，乖乖合作。

> "因为犹太国王希西家不服我的管束，我便来攻打他，用武力和我强大的力量，夺取他46座防守牢固的城池。"
>
> ——亚述国王辛那赫里布《早期国王编年史》

不管是进行利诱还是激发恐惧，还是两者兼而用之，攻方都需要说服守方，让他们相信自己的防御很可能会被攻破。因此，攻方常常会进行武力展示。一支军队可能会在城市前打着旗帜游行，展示其强大的兵力，或者在要求守方投降前先象征性地发动一次攻击。有些国家强大无比，光是打着自己的名号就能确保敌军投降。

如果外交手段不成功，攻方也可以使用诡计突破防守。他们可能会派出一群看似毫无战力的商人或农民潜入城市，让他们趁着夜色打开或者占领一扇大门，再把门交由快速推进部队控制。

《圣经》中记载的耶利哥（Jericho）之役用的可能就是这种诡计。犹太军队每天绕着城市行走，看起来就像在进行宗教游行一样。最初的几次游行当然吸引了人们的注意，还引发了恐慌，但最终人们对这种行为见怪不怪，因为它并没有对守军构成任何真正的威胁。一旦守军掉以轻心，犹太军就能在"游行"的掩饰下动员军队，在守军没有反应的情况下移动到相当靠近城墙的位置。他们在对方做出有效反应之前吹响进攻号角，发动了快速进攻，最终攻破了耶利哥的城墙。

策反、饥饿胁迫与疾病

策反也是攻方进入城市的途径之一。城市中对统治者心怀不满或受到惊吓的人可能会决定或被诱去打开大门，或告知攻方哪个入口无人看守。策反可能是希伯来人能成功攻下迦南的原因之一。当一部分希伯来人流浪至迦南一带时，有相当数量的希伯来人正在迦南的城市里定居，这些人可能决定了要一起合作。如果真是如此，这就能解释为什么一个装备粗劣的部落民族能在没有攻城车的情况下连续攻下迦南防守坚固的城市。

如果以上这些措施都不奏效，攻方还可以将守军饿到投降为止。攻方通过包围城市、切断食物供应（如果城内没有水源供应的话，有时也还会切断水源），就有机会迫使守军投降。不过，饥饿胁迫的手段可能需要花上很长的时间，因为许多城市都存有足以支撑数个季节的粮食储备。被束缚在围城线上的军队不仅无法进行其他行动，士兵的靴子和其他装备还会磨损，而且也容易感染疾病。

疾病对任何军队而言都是严重的威胁，发动围城战的军队受疾病困扰尤甚。遭遇包围的城市也面临着疾病的威胁，但相对守方，攻方拥有选择是否承担这种风险的主动权。

因此，在围城战中，攻方指挥官必须权衡各种选择。如果其他进入城市的手段均不奏效，而且花上几个月的时间围城也不可取，那么剩下的唯一选择就是武力突破。有的文明非常擅于进行围城作战，亚述就是一个例子。亚述的大多数对手都知道，出城与之交战必败无疑，所以选择固守城墙，这就逼得亚述不得不多次发动围城战。亚述人在战场上所向披靡，远近闻名，但这却逼得他们还不得不精通围城作战。

攻击城门、城墙

任何城市防御的薄弱点都在城门。从设计上讲，城门是要用来打开的，因此任何城门都不可能修得像砖墙或石墙那

下图 像图中所示的尼尼微城墙等防御工事并不能防住一心想要攻破城防的攻方，但对守方来说，它可以发挥让兵力"倍增"的作用。在攻破城墙的过程中，不可避免的重大伤亡可能足以打消攻方攻城的念头。

样坚固，这就意味着守方必须尽全力做好城门的防御工作。弓箭手可以在门楼和塔楼上朝攻击大门的敌人射击，因此通过修筑门楼和塔楼加固城门这一防御薄弱点十分有必要。

即使城门告破，也可以派步兵防守，或从内设置路障。守方通常会分别修筑内城门和外城门，或者从城墙上往外修筑更多防御工事保护城门。如此一来，守方相当于把城门前变成了屠宰场，可以在此尽可能多地消灭攻方士兵。尽管如此危险，城门也永远是攻方的首要目标。一旦城门告破，进入城市就相对容易，城市被毁就已是板上钉钉之事。

当然，对攻方而言，将火力完全集中在城门处是不现实的。在许多情况下，城门的防御措施十分有效，进攻城门与自杀无异。因此，城门也只是攻方的目标之一。

城墙是重要的障碍物，攻方有两种方式越过城墙，他们要么想方法登上墙顶，要么让一部分墙体坍塌。

攻城武器

最简单也是最危险的登墙方法就是搭梯子。攀爬梯子的士兵极易受到来自头顶上方的攻击，有时守方还会使用专业工具对付梯子。

把梯子从墙上推开，使梯子向外掉落的做法可以让正在爬梯子的士兵惊慌失措，但攻方还是可以重新搬动并架起梯子。因此，更有效的防守策略是将梯子拉进城墙的堡垒中，让攻方无法继续使用。在木材相对较少的地区，寻找材料重新制作梯子是相当麻烦的事。守方当然可以抓住梯子，把梯子拉上城墙，但即使敌方只有一名士兵爬上或握住梯子，也会给梯子增加额外的重量，使这一策略变得不切实际。因此，守方有时会用带钩的杆子从侧面扣住梯子，然后把梯子侧着或向上拉进城里。

使用攻城塔是比搭梯子更安全的做法。从本质上讲，攻城塔就是把一长排木箱装在有轮子的车上，木箱内有梯子联通。攻方把攻城塔推到城墙边，攻城部队在塔顶的弓箭手或轻型攻城车提供的火力掩护下冲上城墙顶部。

在大多数情况下，如何将攻城塔推到城墙边是一个大问题。如果城墙造在沟渠后或斜坡上，又或者仅仅只是造在高低不平的地面上，就能让攻城塔无法接近。破解的方法便是修建"攻城坡"或"攻城堤道"，即要么往城墙上搭建一

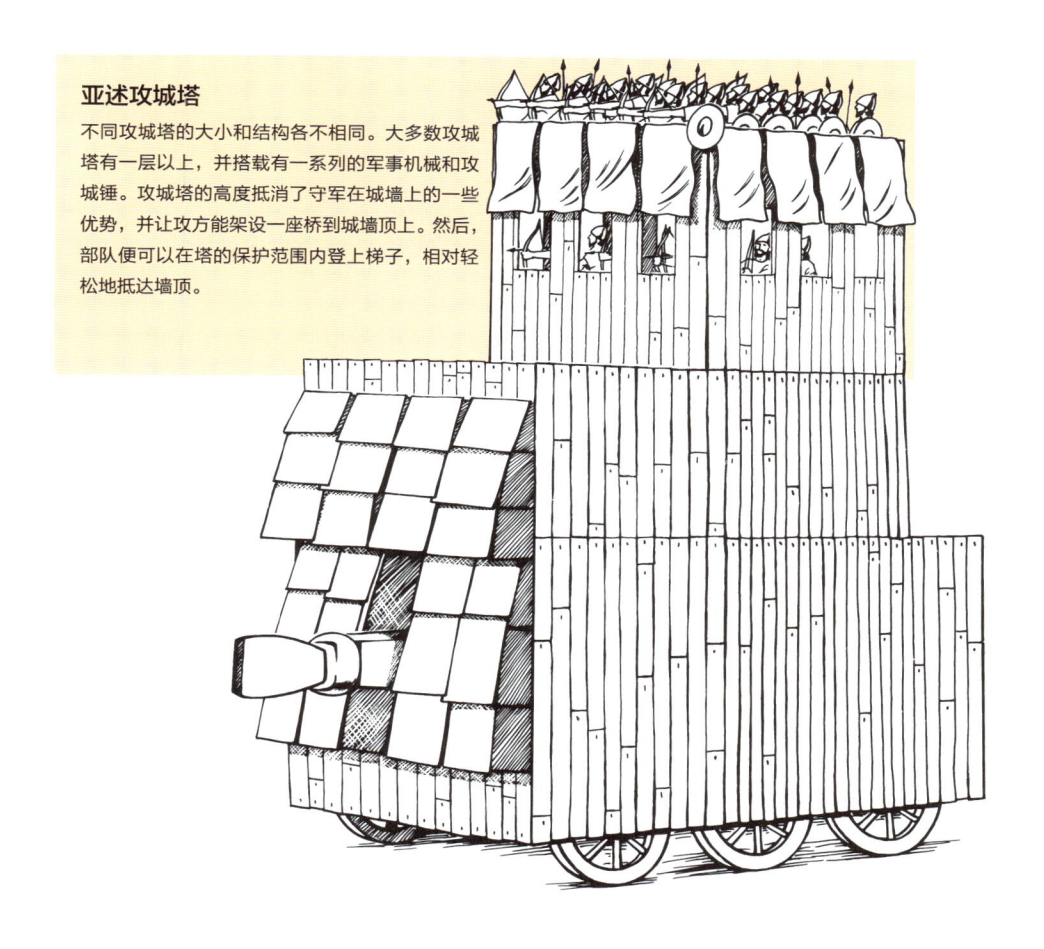

第一章 美索不达米亚：战士的摇篮　　057

> **亚述攻城塔**
>
> 不同攻城塔的大小和结构各不相同。大多数攻城塔有一层以上，并搭载有一系列的军事机械和攻城锤。攻城塔的高度抵消了守军在城墙上的一些优势，并让攻方能架设一座桥到城墙顶上。然后，部队便可以在塔的保护范围内登上梯子，相对轻松地抵达墙顶。

个光滑的斜坡，要么想办法平整地面。这种方法也能使攻城塔与城墙的高度相匹配。

当然，修筑攻城坡是一项非常艰巨的任务，而且这项任务必须在守军的炮火下进行。与之类似，攻方还可以通过破坏地基的方式推倒一部分城墙，这种做法同样十分危险，后世称为"挖墙脚"。从事修筑攻城坡或破坏地基工作的部队不

> "我统治黑发的民族，用铜斧摧毁高大的山脉。我登上高山，闯进峡谷。我三度围攻海中之国。"
>
> ——阿卡德国王萨尔贡

下页图 这幅新亚述时期的浮雕描绘了公元前701年攻破拉吉防线的攻城锤。攻城的基本手段——挖地道、造攻城锤和造攻城塔——在历史上很早就得到了发展。直到大炮诞生，攻城手段才发生很大变化。

仅将受到上方守军的攻击，还要面对从城墙上砸下物体的攻击。守方可以将热水或热沙从上往下浇到攻方士兵身上。由于成本和供应有限，守方很少用沸油和铅攻击攻方士兵。

为了保护建造部队，同时也为了消耗守军，攻方会派出弓箭手和攻城车应战，后者能射出投枪或大量碎石。在可能的情况下，攻方会将土垒或大形盾牌也搬上战场，为建造部队、弓箭手和攻城车提供掩体，保护他们免受敌军攻击。

攻城武器——攻城锤

还可以用攻城锤这样的装备推倒城墙。在刚刚被发明出来时，攻城锤看起来更像是将镐头或长矛组装在了车架上，可以用于凿开泥砖墙的墙面。凿穿一堵墙是一个漫长的过程，而且在石墙成为主流后，这种攻城锤就立马被淘汰了。因此，后来的攻城锤变得更为沉重。它进攻的手段不再是凿开墙面，而是通过强大的冲击力击碎城墙。

重型攻城锤既可以把石墙上的石头推开，也可以撞开城门。取一根坚实的木梁，在冲击面上加盖一个金属帽就能制成最简单的攻城锤，可以由几个人推动前进。还有另一种更有效的设计是将锤头悬挂在一个框架内，再在上方加盖顶棚保护操作人员。操作人员往回拉动并释放锤头，锤头便会在重力的影响下向前摆动。

在一些文化中形成了这么一个惯例：在攻城锤第一次撞击城墙时，守军选择投降不仅是可以被接受的，而且也是攻方所期望的。能坚守到这一步，守军的表现已经十分光荣，也完成了一场体面的战斗。他们没有迫使攻方发动强攻，士兵不必遭受战争之苦，因此投降的守军可以期望得到宽大处理，而攻方也往往会答应这一请求。

然而，如果守军认为自己能坚守到最后，或者认为自己已经没有什么可以失去了的，他们便可能拒绝投降。这时，攻方就不得不选择强攻，想尽办法在城墙上打开缺口，然后

再从缺口处进攻。这些做法通常都会造成惨重的伤亡。到了这一步，守军就很难再得到攻方的怜悯了。这种拒绝投降的做法并不普遍，也很难一直被遵守到底。许多守军最后还是选择了投降，此时已避免不了遭到屠杀。

在对付攻城车和工人时，守军的办法相对较少。他们可以派弓箭手射杀工人、在攻城车接近城墙时向车体投掷杂物、突然出城骚扰工人和攻城车的操作人员、尝试直接摧毁攻城车本身等。摧毁攻城车常用的方法是射出火箭让车身着火，但即使在最理想的情况下，这种方法也不太可能成功。用结实木料建造的攻城车本身就有很强的防火能力，而且还通常会被攻方用毛皮或湿布保护住车身。即使车身着火，谨慎的驾驶人员也能轻易把火扑灭。

挖掘地道

攻方还有一种进入城市的手段,那就是在城墙下挖掘出一条通道。人们一般将这种做法称为"挖地道"。在通常情况下,通过挖地道的方式将军队直接送入城市是不现实的。所以攻方会一直把地道挖到城墙下方,然后再将地道扩大至小型洞穴一般的大小,之后用易燃木材支撑洞穴。在一切准备就绪后,攻方点燃木料,再沿地道撤退。在理想情况下,洞穴会坍塌,导致一部分城墙坍塌。一旦城墙告破,攻方就可以按传统方法发动攻势。

如果守方能发现攻方挖掘地道行为的话,他们就可以采取措施反制。及时发现地道是防守成功的关键。为此,守方需要在城墙附近的地面上摆上装有水的碗,攻方在挖掘时产生振动,碗里便会出现涟漪,这样一来,守军就能确定地道的大致位置。通过这一方法,守军便能阻断地道挖掘,在攻方挖到城墙前让地道崩塌。如果地道中都是攻方士兵的话,那么一场惨烈的近身肉搏战就不可避免了。

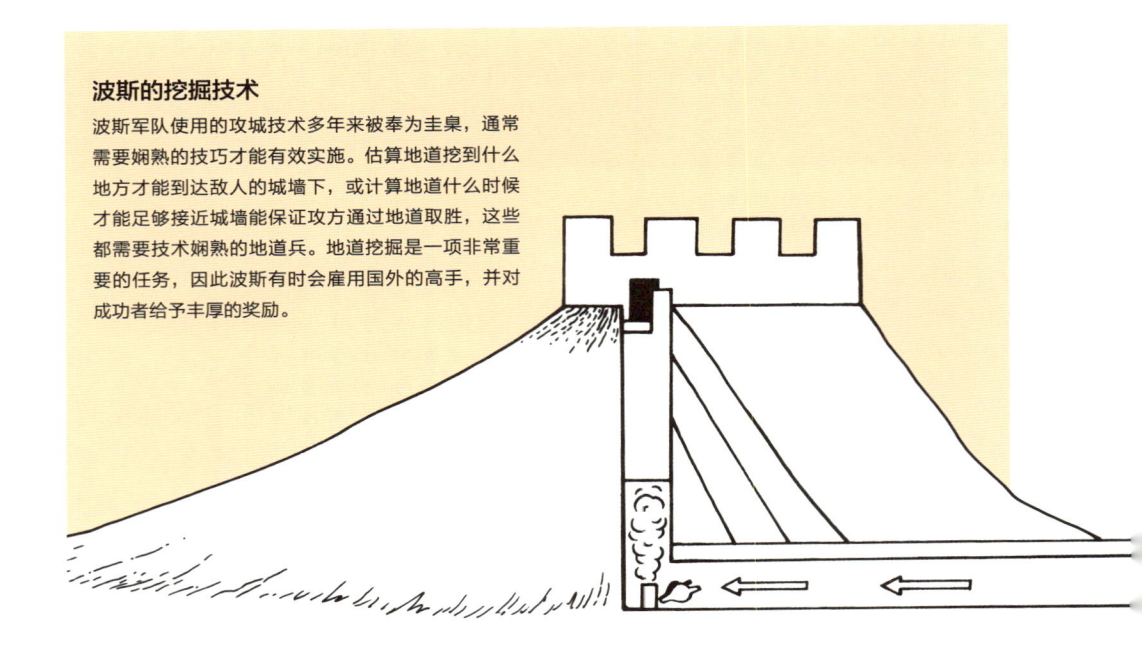

波斯的挖掘技术

波斯军队使用的攻城技术多年来被奉为圭臬,通常需要娴熟的技巧才能有效实施。估算地道挖到什么地方才能到达敌人的城墙下,或计算地道什么时候才能足够接近城墙能保证攻方通过地道取胜,这些都需要技术娴熟的地道兵。地道挖掘是一项非常重要的任务,因此波斯有时会雇用国外的高手,并对成功者给予丰厚的奖励。

因此，围城作战可不仅仅是包围城市，然后等着守军挨饿这么简单。守方即使没有增援，也可能会尝试突围。守方还可能派出规模较小的部队突袭攻城车或破坏攻方补给。与此同时，攻方则会尝试逐渐破坏城墙，填平沟渠，并慢慢将攻城武器移动到城墙附近。

在攻方努力攻破城墙或城门时，弓箭手和攻城车会给守方不断造成伤亡。在一部分工人为攻城锤和攻城塔搭建坡道时，还有一些工人会尝试通过挖地基、掘地道等各种方式破坏城墙。

最终进攻

在一切准备就绪后，攻方就将发动进攻。在主攻部队猛攻防线缺口的同时，还常常会派出一部分士兵爬云梯进攻未被攻破的城墙。这种多点进攻的方式能稀释防守力量，削弱守方对主攻部队的防御。战场情况瞬息万变，有时反而是佯攻部队能成功冲进城市。

在任何情况下，如果攻方控制了一部分城墙，守军就必须立即发动反击进行驱逐，否则整个城墙都会被攻方控制。如果发生这种情况，攻方很快就能自由地进入城市，而守军尽管可以在堡垒或其他据点中再坚持一段时间，最终还是注定要吃下败仗。

选择抵抗到最后的城市通常会被洗劫一空，居民也会惨遭屠杀。即使攻方指挥官想做出宽大处理，从防线缺口突破并顶着高压完成战斗的部队往往会不听指挥。这也是一旦城墙受到攻城车攻击，守军就会选择投降的原因之一，因为已经走到这一步的敌人很可能最终会拿下这座城市，选择继续战斗可能带来毁灭性的结果。虽然一次成功的防御可以扭转战局，甚至传为一段传奇佳话，但失败的后果将是血流成河，骇人至极。

下页跨页图　这幅图对拉吉之围的描绘更像中世纪对欧洲城堡的攻击战，而不是古代的攻城战。这表明画家更熟悉中世纪的围城战，对古代的战争冲突则较为陌生。

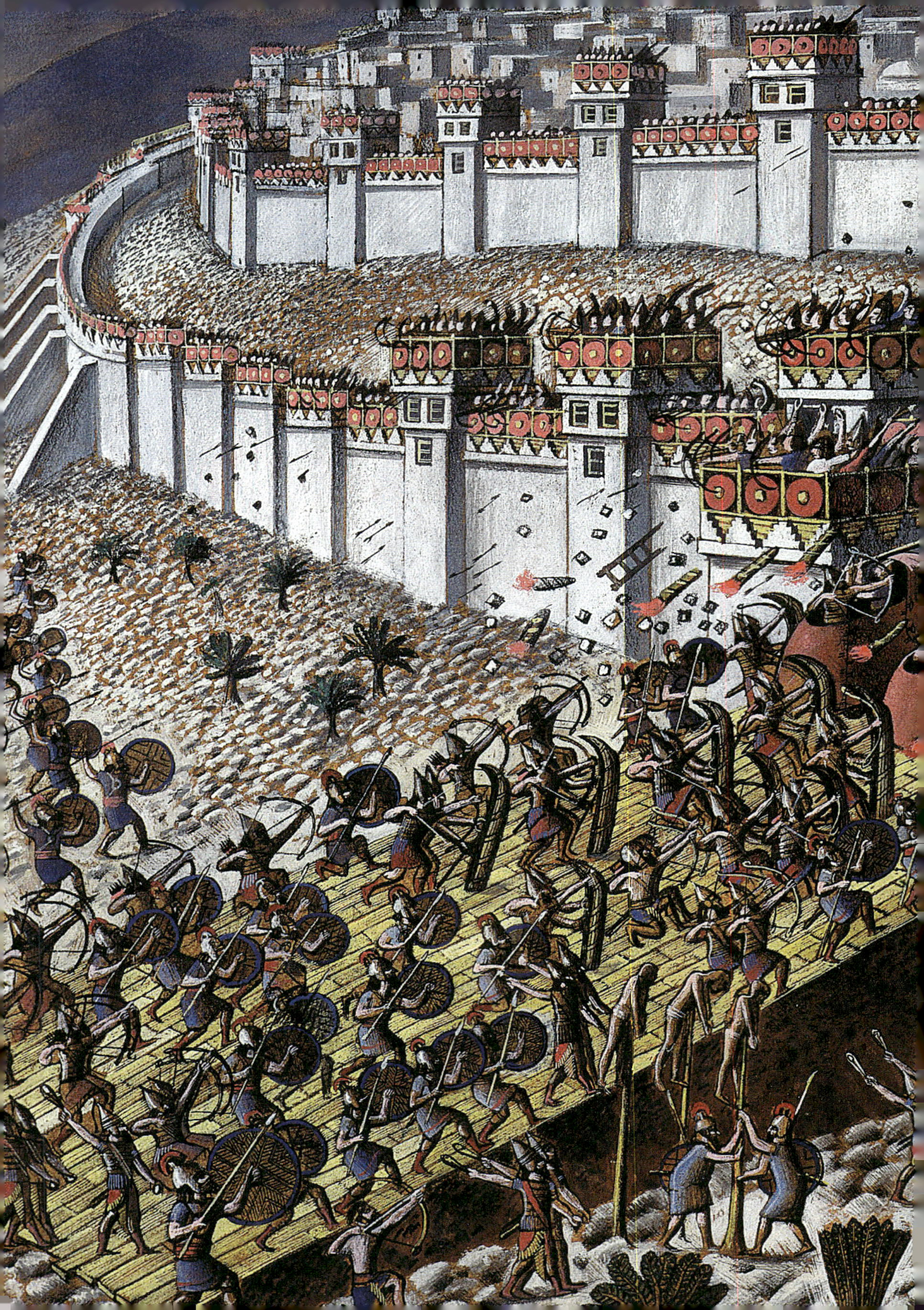

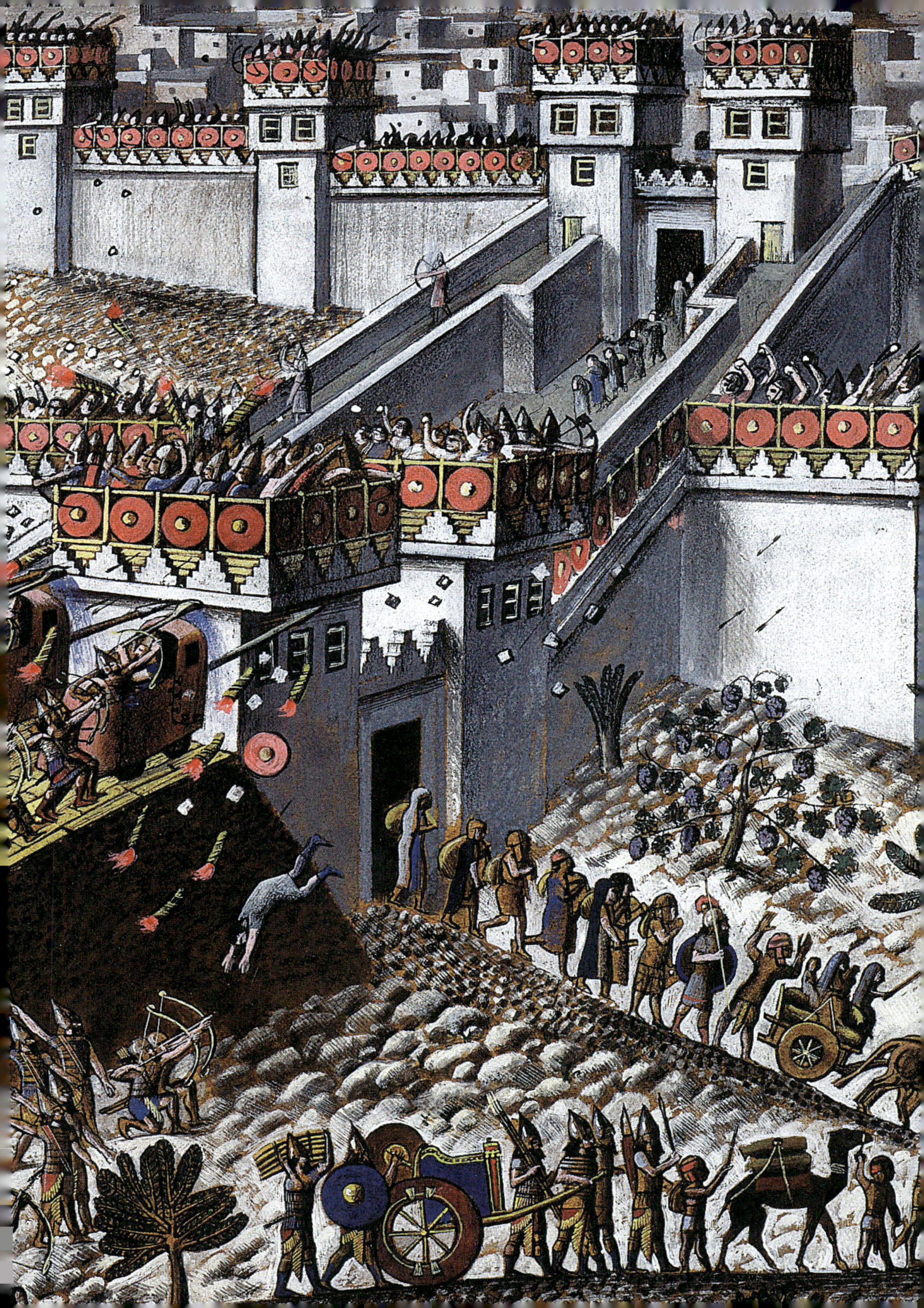

拉吉围城战（前701年）

亚述帝国在战场上取得了巨大的成功。他们的强大可归结于许多因素，如使用铁制武器和盔甲，有良好训练及组织，以及拥有一支职业化的军队。军队职业化让士兵得以累积作战经验。在未职业化的情况下，士兵战后将"解甲归田"，继续管理自己的农场和工坊，作战经验便无从累积。

亚述军能将任何敌人逼得离开战场、退缩防守，许多敌人一看到亚述军靠近时，便会躲进自己的堡垒，这就让亚述军不得不开发围城战术。亚述帝国内设有军事学院，会教授围城技术和攻城战术。

此前，犹太王国行事低调，并一直向亚述进贡，如此才一直未被兼并，但两国战火一触即发，亚述显然早晚都要将犹太纳入自己的版图之中。为预防亚述对自己下手，犹太加入了由古埃及人、非利士人和腓尼基人组成的联盟。

亚述很快击败了联盟的主力埃及，犹太则转而向亚述求和。不同寻常的是，亚述接受了犹太的求和。不过，犹太国王仍不死心，趁着亚述国内的政治动荡加入另一个联盟，但这一联盟同样不敌亚述。

这一次，犹太还是躲过了惩罚，但也只是短暂逃过一劫。亚述的新国王辛那赫里布（Sennacherib）很快决定惩罚犹太的所作所为，对其发动了入侵。亚述攻下了犹太46个堡垒，虽然没有攻下城防有所升级的耶路撒冷，但还是成功拿下了拉吉（Lachish）。

拉吉围城战以一种不寻常的方式开始：亚述军在城市前展示武力，随后向守军递上了劝降信。劝降信上写着守军胜利的希望如何渺茫，战败的结果如何可怕，并保证如果守军愿意不战而降，将会得到宽大处理。

但拉吉人没有投降。如此一来，亚述军就不得不开始围城作战了。第一步，便是包围城市、切断外援。这一步完成后，就要决定怎样进攻才最为有效，因为城门防守坚固，从城门突破是不现实的，因此亚述军决定攻击城墙。

亚述军开始往城墙上堆建攻城坡，这能让攻城锤以及其他攻城器械通过。守军使出浑身解数，在城墙后投石射箭，试图干扰亚述军。不过，亚述重甲弓箭手会攻击任何在城墙上暴露身体的敌人，保护工兵的安全。

"然后亚述国王的使者给希西家国王传递了这样的信息：'这就是伟大的亚述王所说的，你所信赖的是什么，使你如此自信？'"

——《圣经》

这些工兵大多是先前战役中的俘虏，是亚述人眼中的可牺牲品。在攻城土坡成型后，会在坡面上铺一层石板，以方便攻城器械通过。一旦攻城坡完工，亚述军便会将攻城锤推上坡顶，开始攻击城墙。

在攻城锤被推上城墙时，守军也在想方设法防止城墙被攻破。守军自己也造了一个斜坡，用于加固城墙，但无济于事。随着城墙告破，进攻开始了。亚述军开始冲击城墙最主要的裂口，并同时通过搭梯子的方式进攻城墙的其他位置，借以分散守军的防守。在箭雨的掩护下，亚述步兵冲上城墙，穿过缺口，尽管守军竭力抵抗，但终究败下阵来。亚述军在城内肆意妄为，将民众斩于刀下。最终，拉吉的首领被钉在木桩上，用于杀鸡儆猴，警告其他有反抗亚述之心的人。

拉吉围城战

拉吉围城战展示了几种古代的围攻技术：隔离城市、建造攻城坡、使用攻城锤和残酷处置守军，让其他人打消反抗的念头。拉吉的围城操作都很常规，并没有任何引人注目之举。这场战役之所以引人注意，主要是因为有较为完整的记录。

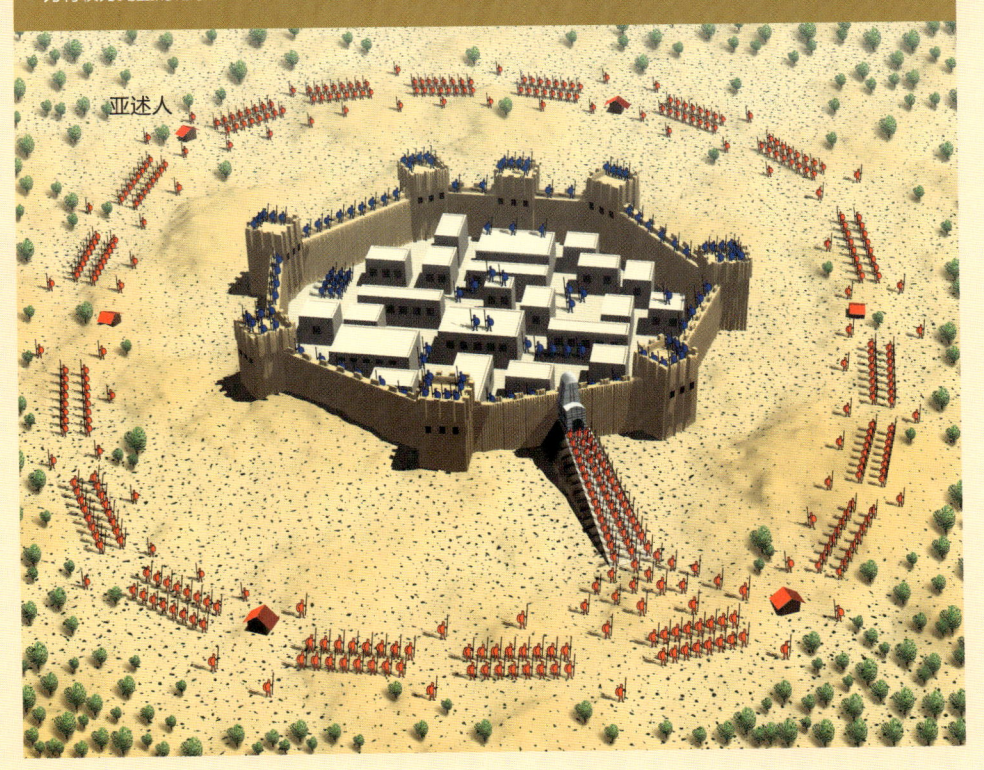

亚述人

第二章
古埃及和
巴勒斯坦的战士

WARRIORS OF
ANCIENT EGYPT AND PALESTINE

最初,古埃及人还落后于时代;后来,随着古埃及社会进步,其发展出了先进的军事系统,有训练有素的军官,也有运作高效的后勤队伍。新的挑战又使古埃及人学会了在战车上甚至是海上作战的方法。

068　古代战士

与大多数古代文明一样，古埃及文明也是沿着大河形成的。尼罗河由两条支流汇流而成，一条是青尼罗河，另一条是白尼罗河。这两条河流在今天的苏丹汇合，然后继续往北流进地中海。

尼罗河沿岸文明的崛起

尼罗河浇灌了本会是不毛之地的沙漠。虽然尼罗河会间歇性泛洪，影响当地农民的生活，但泛洪沉积的泥沙使当地的土壤变得非常肥沃，农业产量比原来提升许多。于是一些游猎者放弃了游牧生活，选择在此定居，推动了早期人们在该地区定居的进程。

尼罗河一带生产力高，地区人口迅速增长，社会秩序加速形成。农民有能力生产剩余产品，让一部分人得以从事工业、贸易等更专业的工作。这种经济活动反过来又创造了对金属、石头的需求。这些材料必须先经过开采、塑形，然后再运输到有需要的地方。

因保护社区和商路的需要，催生了战士阶层的产生，这些战士能保卫自己的财产，也能进行征服战争。正是战士阶层征服了附近的城镇，逐渐建立了一个中央集权王国。在至今仍然矗立的宏伟金字塔和神庙中，仍可窥见王国的繁荣。

建造金字塔和神庙需要大量人力和资源，即使把建筑周期拉长，以比较缓慢的速度建设，消耗也仍是大得惊人。要想把人力从农业和工业活动中抽离出来，就必须建立一个有效的交通和官僚系统，确保人力充足，并满足工人的需求。

跨页图 古埃及法老把自己的事迹记录在石头上，用来宣传和记录历史。这件雕刻作品来自拉美西斯三世授意建造的一座神庙，刻画的是搬运物资的仆人。

下图 一个社会如果能够指挥人力建造金字塔和狮身人面像等大型工程，那么在组建、资助和供应军队时也不会有太多困难。

下页图 古埃及尽可能地招募外国部队来支援自己的军队。这幅底比斯的壁画描绘了一队为古埃及服务的努比亚雇佣兵。

反过来，建立这些系统又需要强大中央政府的支持。政府要有能力维持社会稳定，甚至是保持社会和平。而要想保证建造活动及社会的日常运行不被劫掠或侵略所扰乱，拥有一个强大的战士阶层是至关重要的，他们能专门应对国家内部和外部面临的威胁。

因此，拥有一支组织良好的军队不仅对王国的安全至关重要，对王国的繁荣也必不可少。在很大程度上，像金字塔这样的宏大工程是由古埃及士兵和他们的指挥官促成的。

埃及有着悠久的历史，由一系列特征不同的历史时期组成。这些历史时期是根据统治埃及的不同王朝划分的，但这些王朝并不总是由古埃及人自己建立的，外国入侵者、各地崛起的领袖和统治阶级中心怀不满的成员都挑战过古埃及的统治权，有的还成功夺过了权柄。

从公元前3150年左右王国建立之初起，古埃及的战士们就在发展新科技，并不断学习敌人的技术，他们效仿迦南人把

战车投入战场就是一个证明。一批批入侵者和征服者也影响了古埃及的军事体系。

尽管王朝更迭，古埃及仍旧作为明显独立的政治实体存续了许多个世纪。到了公元前31年，罗马军队结束托勒密王朝的统治时，古埃及才最终沦为罗马帝国中的一个行省。

第一王朝

今天，对气候变化的讨论屡见不鲜。其实，早在古埃及第一个大型王朝出现时，尼罗河谷周围的北非地区就已经干涸了数千年之久。随着曾经的草原逐渐变为沙漠，居民不得不向尼罗河沿岸土壤肥沃、水源丰富的地区迁移。

尼罗河谷是各种部落的家园，涅伽达（Naqada）部落是其中很突出的一个。涅伽达人起源于尼罗河谷南部，自公元前 4000 年左右开始逐渐沿河扩张。涅伽达人的扩张充满了暴力，随着他们人口增加、领土扩张，其他部落居民要么被征服，要么流离失所。涅伽达人的扩张是一个缓慢的过程，从最初扩张到建立起统一的文明，中间经过了几个世纪的时间。

公元前 3150 年左右，王朝最早的一批法老统一了下埃及，定都孟菲斯。这些被历史学家称为"早王朝时期"的法老非常富有，他们通过子民的勤奋劳作和对外贸易积累财富。他们贸易的对象包括地中海东端的民族以及居住在附近沙漠的民族。

早王朝采用了涅伽达的书面语言，这种语言后来逐渐发展为经典的圣书体文字，并沿用三千年之久。他们还创造了法老死后成神的观念，这一观念是合法化王朝统治的有效途径，因为将当前的统治者包装成神的后裔，他们可以得到神灵的青睐，甚至是援助。

在古埃及历史上所谓的古王国时期，有读写能力的人形成了中间阶层，承担抄写员和政府官员的职责。由于中央政权只能在相当有限的区域内行使管理权，因此中央任命了区域总督，区域总督手上的权力随时间的推移逐渐增加，到古王国时期结束时，很大一部分基础经济权力已经从法老处转移到了总督和中间阶层的手中。

随着权力天平逐渐倾斜，地区总督开始有能力挑战法老的权威。公元前 2200—前 2150 年左右，持续的干旱严重破坏了尼罗河流域的农业基础，由食物引发的冲突开始瓦解传统体系。中央政权最终崩溃，新独立的省份既互相争斗，也与法老的军队对抗。

随着环境改善，以前独立的省份开始争夺对更大区域的控制权。最终，下埃及在古埃及人自己的王朝下实现了统一，而另一个王朝则从底比斯统治了上埃及。

两大王朝并立的情况持续了一个多世纪，直至他们之间最终爆发了冲突。公元前 2055 年左右，底比斯的军队取得了胜利，并在古埃及的上、下王国中都任命了自己的统治者。

上页图 海外贸易对古埃及的繁荣非常重要。这幅浮雕（约前 2494—前 2345 年完成）描绘了一艘贸易船进入港口的情景，船上载有海外的货物和乘客。

中王国与希克索斯

古埃及在一位统治者的领导下重新统一，迎来了历史学家称为"中王国"的繁荣时期。在这一时期，大规模灌溉工程提高了农业产量，进一步增强了王国的实力。

中王国军队挥师征服努比亚，希望掠夺当地的石头和贵金属资源，并修筑防御工程，确保王国边境和经济资产的安全。公元前 2200 年左右，埃及人建造了 20 个堡垒，构成一条防御链，成功保护古埃及南部地区免受努比亚的入侵。在那时之前，努比亚一直是古埃及面临的巨大威胁。

据当时的史料记载，每个堡垒中都驻扎了 3000 名战士，只有持续繁荣的国家才能维持规模如此庞大的常备军。而保护南方不受敌人袭扰，反过来也有助于维持国家繁荣。

当时，军队主要由忠于当地贵族的民兵组成，军中还有法老和大领主的私家部队。贵族请求出兵，便可以组建大规模的军队。贵族会在自己经济范围内，尽可

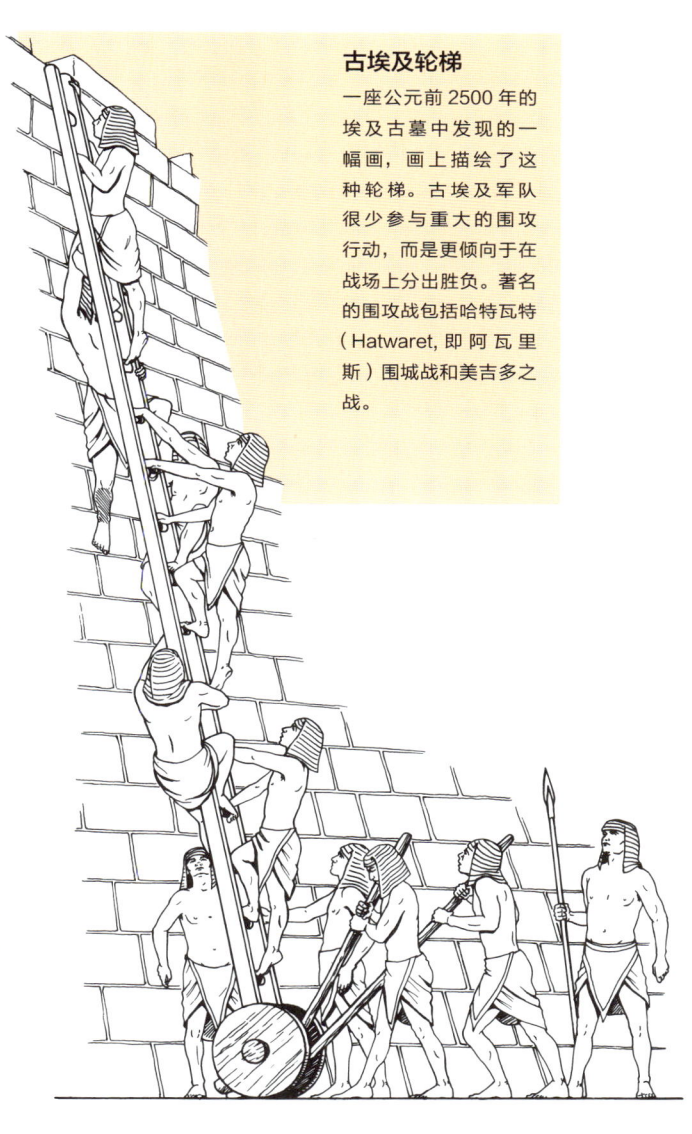

古埃及轮梯

一座公元前 2500 年的埃及古墓中发现的一幅画，画上描绘了这种轮梯。古埃及军队很少参与重大的围攻行动，而是更倾向于在战场上分出胜负。著名的围攻战包括哈特瓦特（Hatwaret，即阿瓦里斯）围城战和美吉多之战。

右图 这个脚凳上的雕刻是为了庆祝战胜叙利亚人、利比亚人、努比亚人和苏丹人而作。图中这些人俯卧着，表示他们已经被这个脚凳的持有者（古埃及人）打败。

能多地派出民兵，至少在理论上是如此。而实际上，民兵制度运行是否高效，在很大程度上取决于国家内政情况的好坏以及法老与贵族之间关系的亲疏。

这一制度在保护某个局部地区或一个规模较小的王国时效果很好，但埃及国土十分辽阔，该制度无法有效应对大规模威胁。因此，在公元前2000—前1700年间，古埃及逐步进行改革，政府任命专门的将军和军官，由他们去处理后勤事务和不需要法老亲自关注的威胁。

自公元前1650年左右起，干旱让中王国发生严重的经济衰退。随着法老权力式微，尼罗河三角洲的外国工人发动起义，推翻了法老的统治，控制了埃及北部地区。这些外国人被称为希克索斯人（Hyksos），意思是"外国的统治者"。

希克索斯是部落民族，可能发源于古埃及北部、东部两个地区。他们的人数相对较少，不能像古埃及人那样拥有庞大的军队，但其在战斗中有很大的优势。

希克索斯人拥有迦南和美索不达米亚的先进军事技术。他们使用的管銎斧，杀伤力比古埃及军队的刀斧要强得多。从防御上讲，希克索斯人身披盔甲，头顶头盔，古埃及人的战锤和弓箭根本伤不了他们。希克索斯人自己也使用弓箭作战，且他们的弓箭威力更强，能够从更远的距离发动攻击，杀伤力也更大。

除了这些优势之外，希克索斯人还使用战车作战，而古埃及人还从来没有见过这一装备。古埃及人弓箭的射程不敌希克索斯人，武器也无法穿透他们的盔甲，士兵还被大量高速冲来的战车吓倒，根本无力抵挡希克索斯人的进攻。

希克索斯人就此控制了古埃及北部。虽说他们对大国治理知之甚少，但他们很聪明地沿用了法老统治时期留下的做法和制度，几乎是将自己的权力叠加在了一个几乎没有改变的政治系统上。不过，法老们并没有被彻底打败。他们守住了底比斯附近的一些领土，通过向希克索斯人纳贡，在接下来的一个多世纪里继续生存下来，一直等待自己可以东山再起的机会。

从公元前1555年开始，法老们对南部的努比亚人发动了战争，并最终灭亡了努比亚政权。胜利后，底比斯军队得以向北进军，对抗希克索斯人。在长达30年的战争后，法老们最终取得了胜利。

新王国与古埃及的衰落

在重新获得对古埃及的控制后，法老们希望开始开疆拓土，而这就需要对

下图　法老们喜欢把自己描绘成战士或是征服者。这幅公元前2050年左右的浮雕描绘了门图霍特普二世用战锤重击努比亚敌人。

古埃及的军事系统进行重大改革。古埃及人除延续了希克索斯人的一些观念外，还专门设立了一个军事阶层。属于军事阶层的家庭有义务向军队提供军官候选人，以换取国家授土。

军队通过征兵组建，采用每十人中有一人（不是更常见的每百人中有一人）获准入伍的制度。此外，古埃及还进行了军队组织结构和政治改革，将地方民兵队纳入新的军区系统，为法老从地方征兵提供了极大的便利。地方贵族不再有权扣留民兵队，这也是有意削弱贵族在军队中的特权的措施。

法老图特摩西一世（Tuthmose I）和图特摩西三世（Thutmose III）带着整装重组完毕的军队，挥师北上进入叙利亚和迦南，然后再向南进入努比亚。他们建立了许多缓冲国用来保护古埃及的边界，甚至迫使亚述、巴比伦和赫梯等强国进贡。此外，新建立的贸易关系也为古埃及带来了财富，富裕的法老们可以在建造神庙和雕像上大肆挥霍。

公元前1279年，18岁的拉美西斯二世（Ramses II）登上法老之位。他可能是所有法老中最奢侈无度的一个。他一登基，便几乎立刻面临赫梯的军事挑战，这支军队已经从北方的家园开始南下穿过迦南。拉美西斯二世以惊人的速度做出反应：

他召集了一支2万人的军队，准备迎战赫梯，双方最终在卡迭石交战。这场战斗虽然不分胜负，但双方都认识到自己面对的是强大而坚定的敌人，最终两国缔约媾和，签下历史学家所知的最早的有文字记载的国际军事条约文书——《埃及赫梯和约》。

虽然重新与赫梯恢复和平，但古埃及国境东边还面临着利比亚人的袭击，海上民族也在地中海沿岸发动掠夺。古埃及对迦南和叙利亚的控制逐渐减弱，最终失去了对这些省份的控制。

与此同时，权力的平衡也正发生变化：祭司阶层不断窃取法老的利益，为自己积攒权力和财富。公元前1078年时，王国南部地区实际已经落入阿蒙祭司的统治，他们把首都定在底比斯。王国北部地区的都城则在塔尼斯（Tanis），但即使是在这个面积已经缩小了的地区，王国也逐渐失去对它的控制。

公元前945年，多年来一直在向尼罗河三角洲地区迁徙的利比亚部落成为该地区的强大势力，在此建立了利比亚王朝。利比亚王朝并没有直接向古埃及南部的统治者宣战，他们逐步渗透，将亲信送入南部王国的祭司队伍中。最终，南部王国也落入了利比亚王朝的控制之下。

然而，到了公元前727年时，地区冲突已经严重削弱了利比亚王朝的实力。库什特（Kushite）军队开始沿尼罗河向北推进，一路征服古埃及各地，把战火烧至地中海沿岸。不久后，亚述帝国也开始从东北部向古埃及推进。

亚述对古埃及的入侵并未持续多久。从公元前7世纪70年代开始，亚述军队沿着尼罗河进军，征服了沿途的城市。然而，亚述人并未久留，只是在当地任命了总督。这些总督按说应该是亚述帝国的封臣，但他们却希望摆脱亚述的控制。公元前653年，他们取得了成功，建立了一个新王国，定都赛斯（Sais）。

上页图 在这幅公元前1257年左右创作的浮雕中，拉美西斯二世不仅不留活口，而且还将连连求饶的敌人踩在了脚下。

美吉多之战（前1482年）

法老图特摩西二世去世后，他的小儿子图特摩西三世遭到姑妈哈特谢普苏特（Hatshepsut）排挤。虽然官方给出的说法是哈特谢普苏特与图特摩西共同统治古埃及，但实际上哈特谢普苏特独揽权柄，而图特摩西则不得不一直在其他地方工作。

图特摩西三世的责任之一是担任将军，率领古埃及军队作战。他打了一些胜仗，并积累了相当丰富的指挥经验。当他以自己的名义成为法老时，这些经验将派上用场。

哈特谢普苏特死后不久，迦南地区爆发了叛乱。该地区的许多城邦都是古埃及的附庸国，其中一些城邦认为，自己可以趁着古埃及统治者死后的混乱悄悄从古埃及独立出去。然而，在过去的22年里，图特摩西三世至少在名义上还一直是法老，他完全有能力在保证权力不出现中空的情况下接过权柄。

图特摩西三世打算利用他的军事经验远征迦南。侦察员标出了路线，特别关注了沿途水源的补给问题，并准备好了军需品。在非常短的时间内，一支由2万人组成的军队就集结出发了。

图特摩西三世军中的精锐力量是他的战车部队。战车是一种相对较新的武器，在设计上和战术上仍不成熟。但图特摩西三世很清楚，战车需要良好的保养，所以他还让战车保养队随军出征。

图特摩西三世的军队迅速推进至迦南，向北挥师美吉多城。叛军正在城内集结兵力，这支军队由卡迭石国王领导，由许多城市和部落的特遣队组成。

叛军

叛军虽然规模庞大，但内部并不统一。这支军队几乎没有统一指挥，每个特遣队都听从自己国王或部落首领的领导，而这些领导人物则在互相争论谁有权向其他人下达命令。因此，在军队管理普遍混乱的情况下，重要事务有时会得不到关注。

叛军中有相当比例的职业士兵，这些士兵主要分布在前来参战的王公贵族中。不过，由于部队是仓促组建的，军中还包括大量的民兵、非正规军和几乎未接受过任何训练的士兵。再加上指挥结构薄弱的缺点，迦南军队非常容易受到挫败并被意外情况影响，无法迅速有效地做出反应。

如果双方都能排好阵型，直接在线性战场[①]上进行简单战斗的话，战局可能会有不同的发展。然而，图特摩西三世并不打算以这种简单的进攻战术迎敌，他希望通过其他出其不意的方式获得优势。

横挡在埃及人行军路线上的是高耸的迦密（Carmel）山。通过迦密山有三条路线：北部、南部和中部的通道。北部和南部的通道相对容易通过，而且足够宽敞，军队不容易被伏击；而中部的通道则非常狭窄，敌军用一支小部队就可以轻易地将古埃及军困住。尽管如此，图特摩西三世还是做出了大胆的决定，率军从中部狭隘通道前进，因为这是速度最

---

① 指作战双方有明确的前线与后方，部队集结比较固定化。

快的路线。

尽管部下有所疑虑，但图特摩西三世的计划最终大获成功。迦南人盯住了北部和南部的通道，认为古埃及军应该会从此通过，但却忽略了中部的隘路。或许是因为组织混乱，又或许是因为迦南指挥官认为没有人会如此鲁莽地率领军队进入这个很可能危机四伏的隘路，致使该处完全无人把守，甚至都没有人在此侦查。结果，图特摩西三世的军队从出乎迦南人意料的位置进入了平原，而且时间比迦南人预期的还要更早。在夜幕降临后，古埃及人成功到达阵地，在此休息了一晚上，而这时的迦南人还在重新排兵布阵，准备应对突如其来的威胁。天亮后，古埃及军在高地上井然有序地列队，而迦南军仍在重新排阵，场面一片混乱。

古埃及军进攻

古埃及人的进攻以战车冲锋开始。当古埃及战车沿着迦南军还未布署完成的前线狂奔，向陷入混乱的部队疯狂射击时，迦南人在猛烈的攻势下士气陡降，只能混乱且断断续续地反击，而随着伤亡增加，迦南军再也无法承受古埃及的进攻压力。迦南部队实力慢慢被削弱，部队很快便迎来全面溃败。

迦南人溃不成军，受到古埃及战车和步兵的猛烈追击。迦南人的一些部队得以进入美吉多，在城内避难，而其余的部队则被冲散了。之后，图特摩西三世在肃清其他地方的抵抗力量时，持续围困着美吉多。七个月后，美吉多终于投降。

古埃及在该地区牢牢确立了自己的权威，并通过设立总督来确保叛乱不再发生。虽然这个过程花了几个月的时间，但当古埃及人从迦南意料之外的通道出现，使他们的应战准备工作陷入混乱的时候，战争就已经结束了——迦南部队组织太过混乱，无法应对迅速变化的局势，所以从古埃及人出现的那一刻起，他们就难逃一败。

美吉多之战
古埃及人选择了迦南人意料之外的路线行军，打乱了迦南人预期的战术布局。训练有素的古埃及人能够迅速排兵布阵，在对手还手忙脚乱时发起进攻。

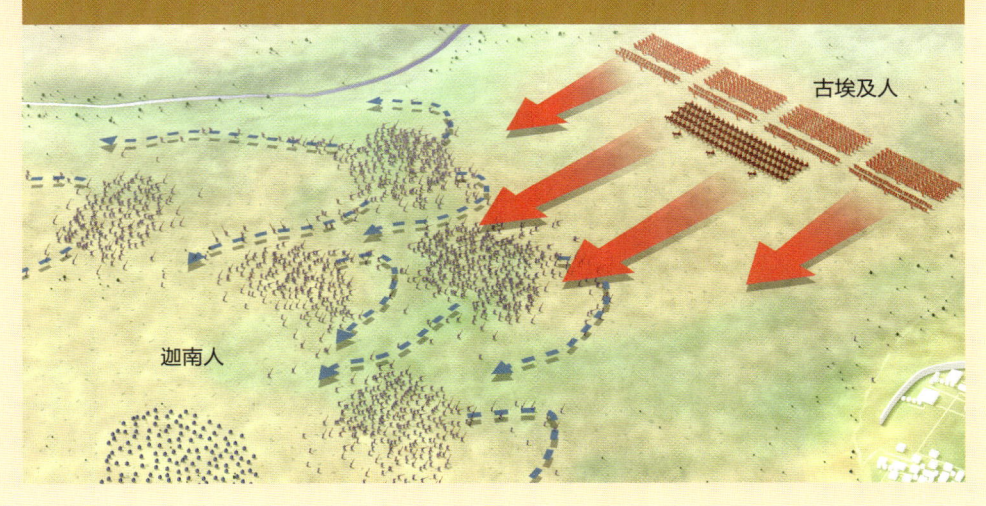

卡迭石之战（前1274年）

右图 尽管卡迭石之战基本上是平局，但拉美西斯二世却下令雕刻出敌人求饶的胜利画面。

古埃及和赫梯帝国都对巴勒斯坦和迦南有兴趣，而且两国在公元前1285年国力都十分强大。拉美西斯二世希望他治下的古埃及至少能延续以往的辉煌。而赫梯人则一心想要扩张，不惮与古埃及冲突。

拉美西斯二世决定将赫梯人从他认为属于自己的领土上赶走。他召集了一支约2万人的军队，分为四个五千人的师团，并用古埃及神灵的名字给每个师命名。这些部队各自独立，可以分散行军、集中作战，这一方式在数千年后仍在使用。

古埃及有良好的后勤系统，能快速行军推进，减少了赫梯人的准备时间。他们还招募了尽可能多的雇佣兵，这些雇佣兵不仅壮大了军队，还给赫梯人制造了难题，让他们雇不到受过训练的战斗人员。

然而，赫梯国王穆瓦塔里二世（Muwatallis II）抓紧准备，最终还是得以集结一支规模相当的部队来迎接埃及人的进攻。他将军队部署在有城墙保护的卡迭石城前，等待古埃及人的到来。在此期间，穆瓦塔里二世也并没有坐等敌军。相反，他利用古埃及人会努力获取一切信息的习惯，策划了一次欺骗行动。

穆瓦塔里二世将两名间谍安置在能被古埃及巡逻队抓获的地方。当被询问时，这两个间谍告诉逮捕他们的人，赫梯军队还在很远的地方，这使拉美西斯二世相信他还有时间在任何真正的对手到来之前奔赴并占领卡迭石。于是，拉美西斯二世和他的卫队迅速赶往卡迭石。随着古埃及其余军队继续前进，法老和他的卫队暴露在了敌人的火力之下。

奇袭

由于城市阻挡了拉美西斯二世的视野，将赫梯里军队隐藏其中，于是当拉（Ra）师团最先到达并接近城市时，赫梯军能出其不意地进攻，拉师团侧翼受敌，寡不胜众，被打得落荒而逃。

拉师团的残余士兵在阿蒙（Amon）师团那里寻求庇护。这一举动虽然可能帮他们逃过了追杀，但他们的突然到来也给阿蒙师团造成了严重干扰。与此同时，赫梯人在阿蒙师团的南面驻军，切断了他们和其他军队的联系。北面的拉美西斯二世虽然和自己的精英卫队在一起，并且能亲自指挥这些士兵，但他无法再指挥自己其余的军队。

然而，赫梯人也有自己的问题。他们的部队在与拉师团的战斗中阵型大乱，主力部队则在拉美西斯二世的营地附近与他的卫队交战。更糟糕的是，穆瓦塔里二世没有意识到他面对的只是古埃及军队的一部分，这将使战局发生重大改变。

穆瓦塔里二世切断阿蒙师团的退路，也是古埃及军其他部队的前进路线。这也就意味着古埃及的布塔（Ptah）师团和塞特（Seth）师团正直扑他的后方，而拉美西斯二世的一支雇佣兵部队也正从海岸赶来。尽管如此，拉美西斯二世还是被逼到了需要孤注一掷的境地，他决心通过战斗来摆脱困境。拉美西斯二世率领卫队冲锋陷阵，以英勇的姿态表明他希望自己的部队能做出什么，而部队也做出了回应。古埃及人以一种有点混乱的方式进行反击，为南部师团攻击穆瓦塔里二世后方创造了机会。

在古埃及人突如其来的攻势下，赫梯军迅速崩溃。不过，大部分士兵还是成功逃到了卡迭石的城墙内避难。因此，古埃及人并没能追击并大量杀敌，战略形势也没有改变。

拉美西斯二世和穆瓦塔里二世都明白，自己面对的是一个强大的敌人。他们最终都认为媾和是最符合自己利益的做法。于是，最早的有文字记载的国际军事条约文书就这样诞生了。古埃及和赫梯帝国之间建立了持久的和平，而两位指挥官都各自回国，宣布自己大战告捷。

卡迭石战役

古埃及人善于侦察和获取情报，但在卡迭石战役中他们上当了，军队损失惨重。后来，赫梯也出现了类似失误，因为侦察不力，赫梯后方遭到敌人攻击，古埃及得以避免溃败。

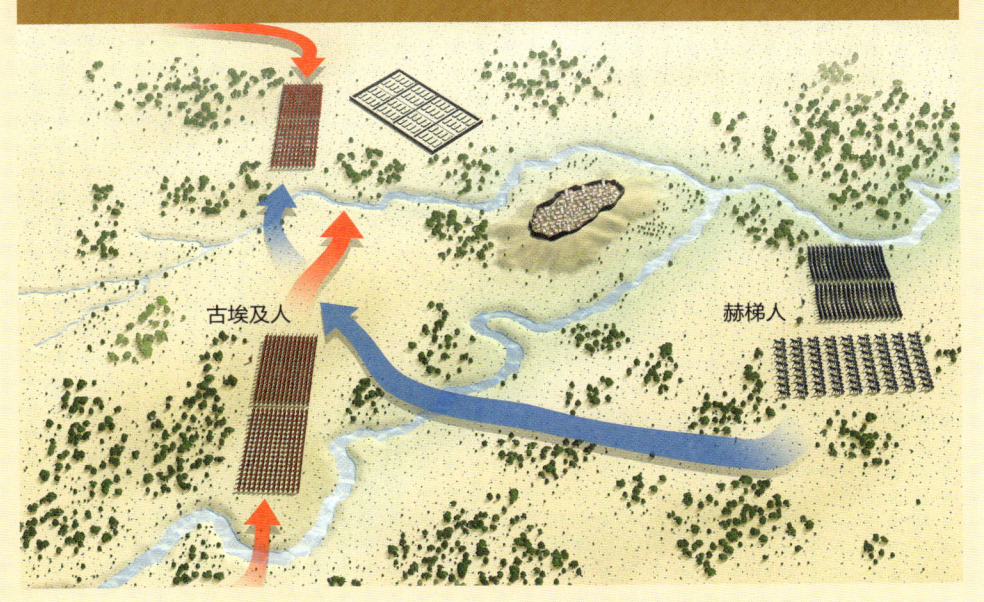

非正规兵、民兵以及公民士兵

大多数组织良好的国家都有一支训练有素的专业部队,或者至少有一个随时准备作战的战士阶层。在某些情况下,只需要依赖这些常规部队就可以赢下战斗或对外征战。然而,在大多情况下,常规军队的兵力并不足够,还需要募集更多的士兵踏上战场。

在组织相对良好的社会中,要找到足够的人力来建立一支军队并不困难,但仅仅只是把武器交给前来应征的人并不能获得真正的士兵。为此,人们提出了各种解决办法,不过都无法彻底解决这一问题。

迦南非正规军
古埃及的许多敌人都是部落民族,无法派出有组织的部队。因此,对手一般是手持长矛和盾牌的部落成员,一般会单兵作战或结成小队战斗。

一种方法是在新兵出征前让他们至少接受一点训练。不过,一支刚组建的部队是不可能在短时间内学会完成复杂机动变化或排成紧密阵型作战的方法。在战斗的压力下,训练不足的部队会在混乱中溃不成军。如果士兵装备的武器只能在排成密集队形时使用,那么阵型溃乱之后,士兵就只能成为敌人的待宰羔羊。

于是,军队会给新兵发放简单易用的武器,而且这类武器的造价也通常比较低廉。当国家需要在短时间内武装大量军队时,造价不高的优点就显得非常重要。因此,在苏美尔,专业士兵会排成紧密的方阵,用长矛作战,并装备昂贵的盔甲保护自己;辅助部队则没有盔甲,使用容易上手的镰状剑,不过比起长矛,这一武器威力就差得多了。

募兵、训练以及战术

为了确保可能被征召入伍的人至少有一些作战经验或接受过一定训练,人们尝试了各种方法。最常见的方法是组建一支常备民兵队。无论是通过提供好处吸引新人入伍，还是强制要求平民入伍，至少能保证地方民兵偶尔在进行训练，从而能使民兵掌握一定程度的军事技能，又能在地区受到攻击时提供防御力量。

当然，这些民兵不是职业军队的对手。但他们的水平与敌军的非正规支援部队大致相当，还是可以为己方军队提供一些支持。

一些国家进一步发展了民兵的概念，实施了公民兵役制度，规定每个男性公民都有义务定期报到、参加训练，做好战斗准备。从许多方面看，这是对战士阶级的一种延伸，也是一种淡化：在新制度下，社会中不再只有一部分人有义务随时准备打仗，这一义务现在落到了每个人身上。

公民士兵所能维持的训练水平必然低于全职士兵，因为公民仍然需要耕种田地或从事自己的行业。如果把人力资源从生产活动中长期抽调出来参战，会对经济生产造成严重的影响。不过，这同样意味着供养全职士兵的支出也会减少，一些国家可以通过这种方式抵消掉经济上的损失。

国家开展军事训练的方式还可以是鼓励公民进行对战争有帮助的运动。摔跤、掷标枪等运动都明显可以在战场上得到应用。这些运动还能使男性公民保持健康的体魄，形成一种积极、自信和勇于竞争的心态。

另一种开展军事训练的方式，是从已经掌握一定作战技能的社会阶层中招募支援部队。猎人大都能够熟练使用弓箭、弹弓或投枪，并能自己把武器准备好。纵观

左图　在梅迪内哈布的拉美西斯三世神庙中刻绘有训练中的古埃及士兵。正规训练让法老军队在战争中比敌人的部落士兵更有优势。

历史，部落民族和那些以狩猎为生的民族都会加入自己或附近国家的军队，成为军中的弓箭手或散兵。

即使是能维持大量训练有素正规军的国家，通常也会通过组建非正规部队进一步加强正规部队的作战能力。非正规部队通常负责执行辅助任务，如守卫营地和物资或进行侦察。在战斗中，他们通常作为散兵作战，与敌军散兵远程交火，或为装备更好的部队的侧翼提供掩护。

部落的部队可能完全由非正规军组成。部落成员会响应首领的号召，尽其所能地参与战斗。尽管这些人没有接受过正规训练，佢可能有丰富的作战经验。在适当的条件下，非正规军可能比由专业士兵组成的部队在战场上表现更佳。然而，当形势对他们不利时，他们也更容易逃跑，因为他们缺乏长期训练带来的纪律性和团队意识。

因此，虽然职业军人在战场上战斗力更强，但装备水平较低、几乎完全没有受过训练的非正规军也仍然是军队中有用的一分子。非正规军确实偶有击败职业军队的可能性，但在更多的情况下，职业部队往往有民兵或非正规军出身的散兵支持，他们通过赢得战斗来维护国家的安全，并以此证明在他们身上投入资源是值得的。

征服与衰落

在赶走亚述人后的一小段时间内，古埃及的权力和威望都有所恢复，但阿契美尼德波斯帝国才是当时当地最有权有势的国家。波斯人向地中海地区扩张，从陆路进入古埃及。

波斯人的征服始于公元前525年。在战斗中击败法老后，波斯国王将法老的称谓据为己有。此后，古埃及、腓尼基、塞浦路斯一起被波斯帝国作为行省[波斯人称为萨特拉庇（Satrapy）]管理。波斯对古埃及的控制比对亚述要彻底得多，不过其中近四十年的时间里（前380—前343年），王位被古埃及本地的一个贵族家族占据着。

公元前343年，波斯人恢复了对古埃及的统治，标志着古埃及人政权的结束。亚历山大大帝征服了波斯，导致了古埃及统治权的改变；公元前332年，该省被割让给亚历山大的马其顿帝国，此举在古埃及本土几乎没有遇到反对。

亚历山大死后，古埃及仍以托勒密王朝的形式处于古希腊人的统治之下。首都亚历山大不仅是政府所在地，也是经济和文化中心。著名的亚历山大灯塔之所以在此落成，至少有一部分原因是为了保护航海商人的利益。托勒密王朝还大力发展经

拉美西斯时代的海军

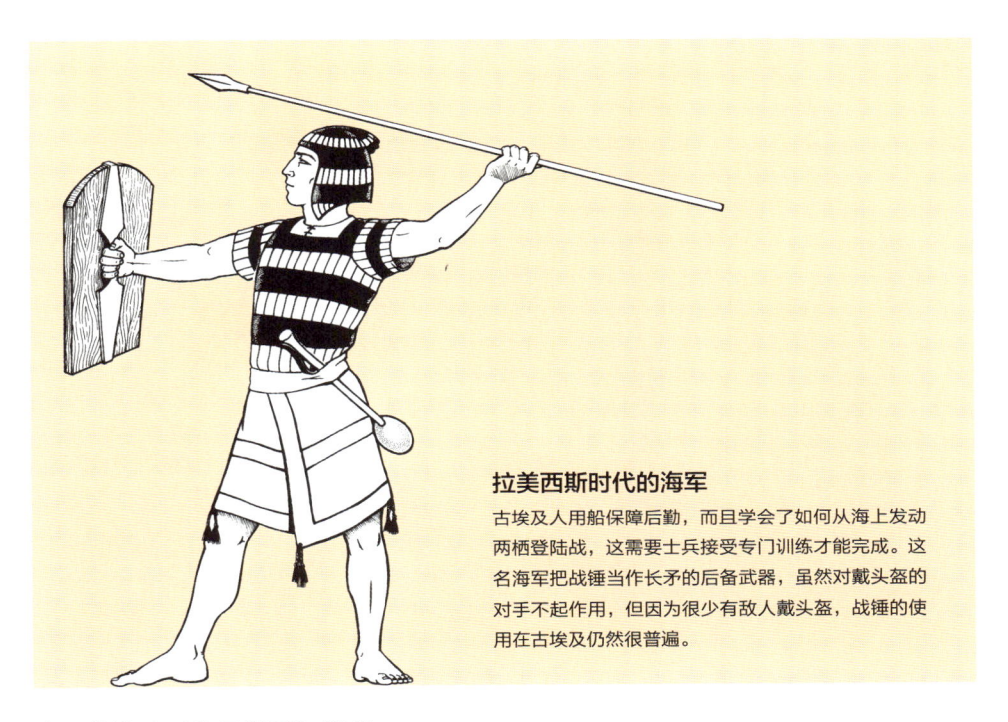

古埃及人用船保障后勤，而且学会了如何从海上发动两栖登陆战，这需要士兵接受专门训练才能完成。这名海军把战锤当作长矛的后备武器，虽然对戴头盔的对手不起作用，但因为很少有敌人戴头盔，战锤的使用在古埃及仍然很普遍。

济，使该地区发展得更加繁荣。

和波斯人一样，托勒密王朝并没有对当地的宗教和习俗作过多干预，这是为了尊重当地人的感情，减少紧张局势。但一些文化交融的发生不可避免，托勒密王朝维稳的努力只取得部分成功，他们还是不得不处理叛乱，以及统治阶层中激烈非常的政治内斗。

古埃及局势的日益混乱，让罗马统治者担忧不已，因为他们需要从古埃及进口大量粮食。古埃及女王克里奥帕特拉七世（约前70年或前69年—约前30年）因与马克·安东尼私通而卷入罗马政治旋涡，导致古埃及在公元前31年被罗马帝国占领，成为帝国的行省之一。

虽然当地许多的习俗得以保留，但古埃及已不再是一个独立的大国，而是成为庞大罗马帝国的一部分。古埃及军事体系脱胎于国内传统战争，在历经几个世纪，经过波斯和古希腊统治者的改良后，最终被罗马的军事体系取代。

一直到近代，埃及仍然是一个又一个帝国治下的一个省。现代人之所以会对古埃及的历史和文化感兴趣，很大程度上要归功于一位伟大的战士——拿破仑·波拿巴，跟随拿破仑远征埃及的科学家和士兵揭晓了古埃及的许多秘密，并创立了现代埃及学。

装备与军事组织

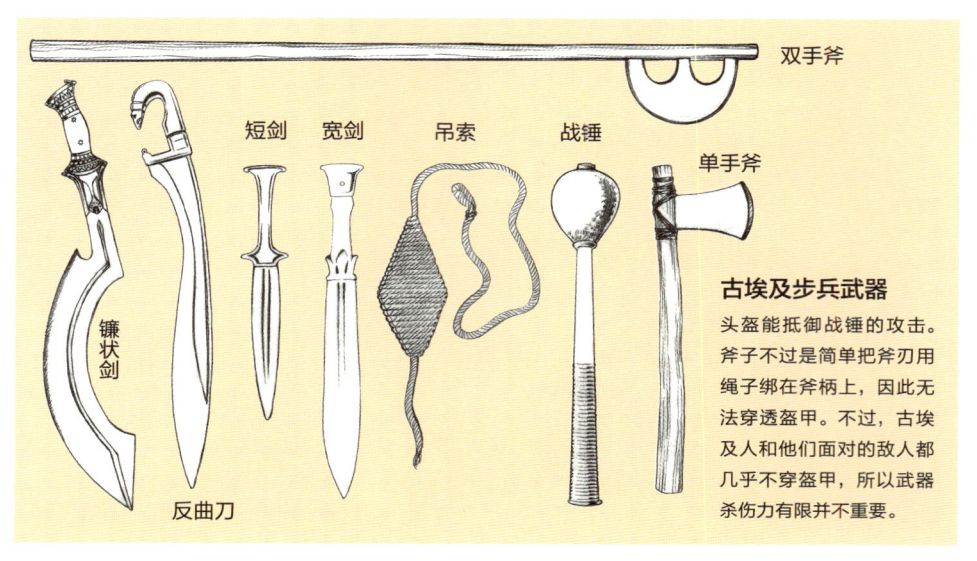

古埃及步兵武器

头盔能抵御战锤的攻击。斧子不过是简单把斧刃用绳子绑在斧柄上,因此无法穿透盔甲。不过,古埃及人和他们面对的敌人都几乎不穿盔甲,所以武器杀伤力有限并不重要。

图中标注:双手斧、短剑、宽剑、吊索、战锤、单手斧、镰状剑、反曲刀

古埃及人非常擅长组织计划,他们从完成大型建筑项目中积累了丰富的经验。这些项目不仅需要成千上万工人的参与,还需要为他们提供住宿和食物。此外,还必须根据一个核心计划来指挥这些工人,以避免建设工作中出现挫折、瓶颈和效率降低。同样的,这些原则也适用于军队的组建、装备和组织工作。

在古埃及成立之初,与他们敌对的主要是一些部落。苏美尔的士兵不得不与有盔甲保护的敌人交战,而早期古埃及军队面对的敌人并没有盔甲保护。因此,古埃及人并没有动力建造像管銎斧这样的穿甲武器。

古埃及步兵的主武器是长矛。长矛的制造成本很低,对金属的需求量也不大,但杀伤力十足,用来对付没有盔甲保护的敌人尤为得心应手。与部落战士相比,早期古埃及步兵排成相当紧密的队形作战,这种队形有区别于苏美尔人和后来古希腊人的那种紧密方阵。早期步兵没有盔甲,只能依靠盾牌防御。古埃及军队在图特摩西三世的领导下改革后,才开始向步兵发放盔甲和管銎斧等杀伤力更强的武器。

除了长矛之外,步兵可能还会得到简单的副武器,如匕首、战锤等。他们收到的也可能是他们称为"剑"的武器,但这种剑与现代剑的设计有些不同。古埃及士兵的剑非常简单,由剑柄和剑刃组成,既没有护手,也没有任何形式的剑锷[1]。

---

[1] 剑锷是剑身与护手之间的铜片,可以防止剑鞘滑落、格挡来剑或作美观之用。

战锤是一种流行的手持武器。它的构造简单，结构上不外乎球形的铸铜棒头或青铜棒头和一个把手。如果敌军士兵没有盔甲，用战锤来打烂头骨、敲碎骨头再顺手不过。这种武器在士兵普遍有头盔和盔甲保护的苏美尔已经过时了，但在古埃及情况并非如此。战锤一直是古埃及步兵标准的副武器，直到他们不敌希克索斯人后才不再被使用。

即使没有配发副武器，大多数士兵也都带有一把刀来应急。刀主要作为工具使用，但如果手头没有更好的武器，也可以把它当作武器来用。

长矛兵通常排成长线作战，由弓箭手为他们提供支援。古埃及的弓箭攻击力相对较弱，在亚述人发明复合弓之前，弓箭手无法远距离射击，弓箭也不能穿透盔甲。考虑到古埃及军队可能遭遇的大多数对手都没有盔甲，穿透盔甲并不是必须的功能。因此，古埃及人并不着急改进弓箭。

弓箭手没有盔甲护身，只能依靠长矛兵的支援和自身的机动性避开敌军步兵手持武器的攻击。他们的任务是在靠近敌阵后尽可能多地射杀敌人，同时躲开手持武器的攻击。敌人的防线一旦被削弱，长矛兵就可以果断地冲锋陷阵，克敌制胜。

军队的侧翼由装备较为简陋的部队镇守。这些人有的是来自社会底层的古埃及人，有的则是从盟国部落招募的部队。常见的兵种是弹弓手和投枪手。他们的主要任务是防止主力部队被包抄，并对抗敌方部队中的弹弓手和投枪手。

除轻甲部队外，还有一些步兵和弓箭手也来自社会底层。古埃及利用征兵的形式增加社会底层居民入伍的人数。就弓箭手和长矛兵而言，他们则大多来自在社会中有较高地位的战士阶层，还有一些来自重要贵族的私人兵。

战车最早由迦南人发明，并由希克索斯人带到了古埃及。在相当形象地展示了这种武器的潜力之后，古埃

古埃及弓箭手
古埃及弓箭手使用的弓射程很短，杀伤力一般。手持长矛的敌人咄咄逼人，会通过不断逼近准备攻击，因此弓箭手必须时刻做好迅速撤退的准备。

古埃及战车

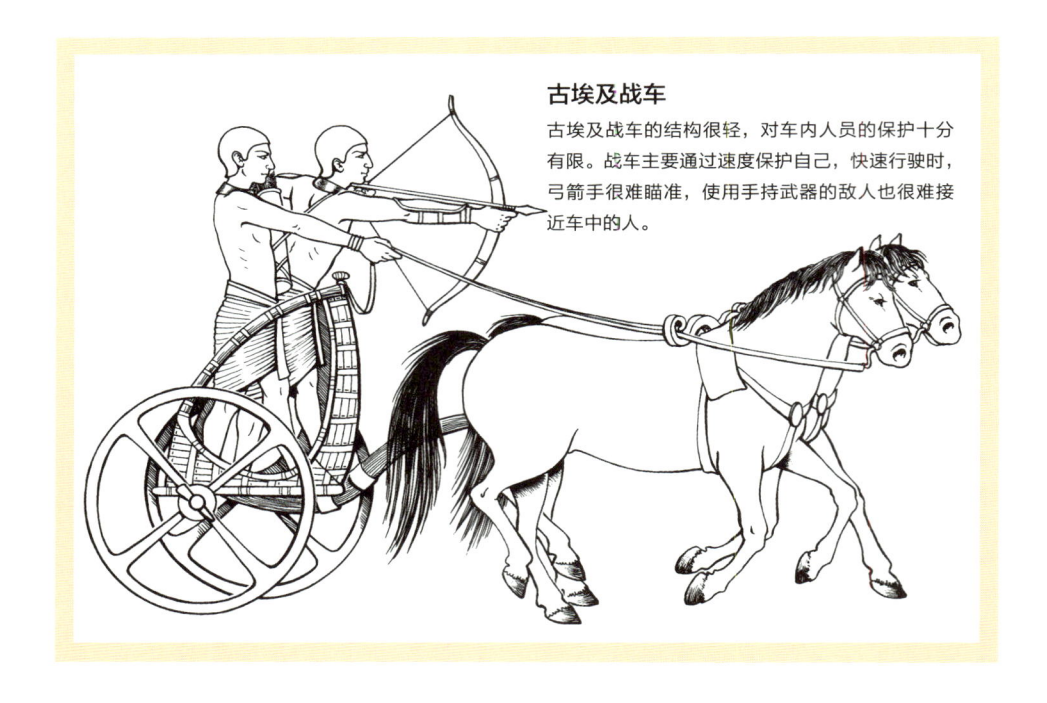

古埃及战车的结构很轻，对车内人员的保护十分有限。战车主要通过速度保护自己，快速行驶时，弓箭手很难瞄准，使用手持武器的敌人也很难接近车中的人。

及军队欣然将战车列入自己的阵容之中。战车军团是军中的精英部队，地位和后来的重甲骑兵类似。

古埃及战车相当轻盈，由两匹马牵引，速度相当快。古埃及战车虽然不如赫梯或其他强国的战车那样稳定耐用，但其速度和机动性很强，可以排成一排突破敌人防线，然后调头原路返回。在这一过程中，古埃及战车除了能保证不相互碰撞外，还能一直保持阵型完整。

古埃及战车的主要用途是充当远程攻击的平台。战车移动速度很快，能避免与重甲部队直接遭遇。这里提到的重甲部队包括像赫梯人使用的那种质量更大但速度较慢的战车。理论上讲，古埃及战车部队可用于扰敌，使其疲于奔命，最终耗尽体力而败，避免与敌人近身交战。

军事组织、指挥与控制

在大型建设项目中积累的经验让古埃及人清楚地认识了指挥和控制的价值。古埃及军被细分为若干单位，由能从胜利中获益的指挥官统率。如果战败的话，除了失利本身会造成的后果外，与法老属同一家族的指挥官还会失去自己的地位，所以那些拥有大量财产的指挥官会努力作战，守护自己的资产。

此时，人们已经充分了解了给作战单位命名的重要性。在卡迭石战役中，拉美西斯二世用守护神的名字分别命名了他麾下的四个五千人师团。除了暗示神的帮助外，名称还有助于提高士气，给予士兵归属感。

目前，学界还不清楚五千人师团究竟是在什么时候成为古埃及的标准编制，但到了公元前1300年，这套体系已经十分成熟了。在每个师中，部队被进一步细分为二百人团，团中有四个50人组成的作战单位。团的名称可以反映士兵的训练水平，这些士兵可能是新兵、经过训练的士兵或精英冲击部队。

就战车部队而言，标准的作战单位是由25辆战车组成一个中队，然后再根据需要编入50~150人的作战单位中。古埃及军队中还有一个后勤团，使用牛车搬运辎重，在情况允许的条件下还会使用水路运输，维持军队的后勤供应。军官们则会在军校接受专业培训。在古埃及军校中，后勤工作与战术和战略一样受到重视。

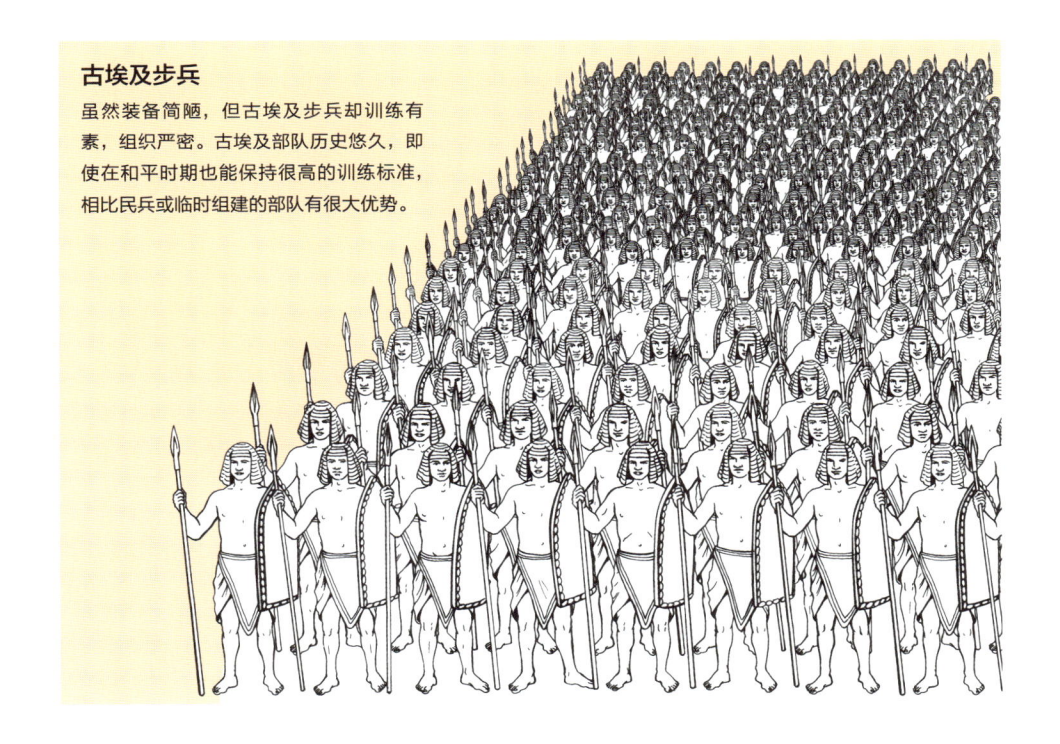

古埃及步兵

虽然装备简陋，但古埃及步兵却训练有素，组织严密。古埃及部队历史悠久，即使在和平时期也能保持很高的训练标准，相比民兵或临时组建的部队有很大优势。

古埃及军官也善于利用情报，会使用侦察兵进行常规或有针对性的侦察巡逻。古埃及也会培养特工和间谍，他们的谍报信息对军事计划有重要意义。古埃及军官甚至还会接受如何使用欺骗技术迷惑敌人、套取信息的训练。

古埃及军队的主要优势是人数和组织能力。将大量战士聚在一起是比较容易的，但要在战场上管理一支庞大的部队，或有效利用人数优势则完全是另一回事。古埃及有优秀的组织能力，可以在很长一段时间里有效地组建、供应和部署部队。

因此，尽管古埃及人派出的部队装备简陋，但由于良好的后勤保障，他们的作战效率很高，而且能迅速完成远距离机动作战。虽然战士的战斗力可能不如苏美尔方阵那样强大，但整体来看，古埃及军队仍是一支有强悍战力的部队。

战车作战

战车最早可能起源于迦南，不过还有证据表明亚洲的草原民族也有类似战车的交通工具。无论战车起源何处，它的实用性无可置疑，大多数国家在合适的地形上都会派出战车作战。

战车发展成两大类型。一种是重型战车，一种是轻型战车。重型战车通常由四只动物牵引，速度相对较慢，但可以利用重量撞开敌人防线；重型战车也可以作为移动壁垒使用，车上的人用弓箭、投枪或长矛作战。重型战车通常搭载两到三人，一个驾驶员，一个弓箭手和一个持盾兵或另外一个弓箭手。

车上的人都配备了手持武器，在发生近身战斗时使用。但除长矛外，其他手持武器在这种情况下通常都不太可能派上用场。如果车上的士兵开始用斧头和剑作战了，那么战局走势肯定已经非常糟糕了。

制作车轮

在发明辐条车轮之前，古埃及人会选择足够大的圆木作为材料，截取其中一节来制作车轮。这种车轮很坚固，但非常重。对于两轮车或靠四只役畜拉动的重型战车来说，笨重的车轮是可以接受的。但如果要将战车作为能高速移动的远程进攻平台，则必须有更轻的车轮。

第二章　古埃及和巴勒斯坦的战士　　091

迦南战车

迦南人被认为是战车的发明者。他们的车又快又轻，在大多数情况下用来做远程进攻平台。与迦南人的交锋可能推动了古埃及战车的发展。

新犹太战车

希伯来人在刚到迦南时没有战车，并且多年来一直拒绝引进战车。事实上，希伯来的首领有时会给出明确的指示，要将缴获的战车烧掉，并不投入军用。然而，随着希伯来人建立起稳固的地区统治，他们也开始使用迦南型的战车。

海上民族战车

海上民族的多次入侵都以部落迁徙的形式进行，战士们拖家带口出征，希望能找到一个定居的好地方。海上民族使用缓慢而沉重的战车，这些战车既充当可移动的堡垒，又用来运输物资和家属。

古代战车

　　一些国家的重型战车类似于四轮木制马车，速度并不快。有些国家还会用牛来拉载有弓箭手或长矛兵的战车，不过这种情况并不常见。有时候，驴会代替马匹，负责拉重量更大的战车。在战场上，驴虽然拖动重型战车的速度较慢，但耐力更强。

　　轻型战车是许多国家的一大战力。有时轻型战车会与重型战车一起上战场，有时则会单独作战。轻型战车载有一名车夫和一名弓箭手。弓箭手还配备有一把长矛，可用于近身作战，也可以在弓箭用完后应急。一般而言，战车会发挥移动射箭平台的功能，一边机动一边作战也是后世骑射手惯用的打法。战车可以快速接近敌军，沿着敌军前线飞奔，再由车上的弓箭手射出箭雨，最后调头离开。之后，他们可以重新准备射箭、让马匹休息或躲开敌人的反击。

　　战车结构轻盈，这可以让敌人找不准目标（一般人们会倾向于把战车作为一个整

右图　这块公元前8世纪的石碑描绘了一辆亚述的双人战车。这是传统结构的战车，车轴后置，使用有六根辐条的车轮。

体瞄准，而并不瞄准车上的某个士兵），但轻盈的结构也意味着战车几乎防不住敌人的箭和投枪。尽管战车的体积庞大，但它能快速移动，让敌人难以对付。战车部队集体冲锋时掀起的尘土既可以迷惑敌人，也能掩盖战车的数量。

战车战术

战车提供了新的军事力量，它可以在战场上快速机动，将火力集中在战场上的关键之处，并且能有效利用敌人的弱点。

在情况不妙时，战车部队还可以充当机动后备军。有时，战车会作为步兵的屏护部队，但在这种情况下，战车并不是在保护主要战力，相反，它们自己就是主要战力。在战车扰乱敌军阵线、创造出防守空当后，步兵会趁机突进。此外，在战事不利的情况下，步兵会为战车提供掩护。

从战略上讲，除非战车选择脱离为自己提供支援的步兵队，否则它的移动速度也不能比军队中的其他部队快，但战车部队可以迅速脱队完成侦察任务或进行侧翼突击。同样的，战车部队也能凭速度优势脱离战场，在步兵的掩护下保护王公贵族撤退，或者干脆直接丢下步兵逃跑。

除此以外，战车部队追击残敌的速度比步兵快得多。战斗中，最惨重的伤亡总是发生在军队溃败之后，而不是在战斗的过程中。在战车部队追击时，车上的士兵能随意射击和刺杀敌人，必然会重创敌军的残兵败卒。

拿破仑·波拿巴在谈到自己的骑兵时表示："没有骑兵，战斗就分不出胜负。"把他这句话用在战车上可能也合适，一次猛烈的追杀能将一次微不足道的小胜变成一场大捷。

尽管战车和骑兵曾共存过一段时间，但骑兵最终还是取代了战车。在马匹块头够大、身形够壮、能驮着身着重装的士兵作战后，战车就很快从战场上消失了。不过，战车在很长一段时间内仍然是权力和威望的象征——罗马将军们会用战车举行庆祝游行，在罗马帝国晚期，战车比赛也仍然是一种很受欢迎的娱乐方式。

"我在他们面前，好像纪念碑上的邪神塞特。我站在众多战车之中，战车分散在我的马前。"

——拉美西斯二世于卡迭石之战

上图 海上民族的身份依然不明晰,但是他们发动的袭击,以及古埃及发展起来的海战策略都被记录在拉美西斯三世神庙里。

海上民族

被历史学家称为"海上民族"的群体劫掠了地中海东部海岸。有时,他们还会深入内陆进行征服与殖民。历史学家认为,海上民族劫掠的对象包括塞浦路斯、古希腊、安纳托利亚、叙利亚、美索不达米亚以及古埃及。

历史学家认为,海上民族的劫掠导致了公元前1200年到前1150年左右青铜时代文明的衰亡。在这一时期,大量城市被洗劫一空,其中许多城市随后遭到废弃。文化水平和贸易水平同样迅速下降,一些地区的中央集权和经济也面临衰退。

所有这些都表明,社会发生了大规模的动乱,而这可能是整个地区遭受了大规模袭击导致的。如果出行不再安全,而当局又无法处理这个问题,贸易和通信就会受到牵连,这对中央集权的帝国或王国来说就可能意味着灭顶之灾。众所周知，是海上民族的袭击导致了赫梯帝国的崩溃，而海上民族其实还可能在同一时期也加速了米坦尼等王国的衰落。

海上民族的身份仍不清楚，只在拉美西斯三世的神庙里，有他们的进攻和古埃及人发展海战战术的记录。

据古埃及史料记载，海上民族是一个部落联盟，包括佩雷散特人（Peleset）、阐卡尔人（Tjeker）、舍克利斯人（Shekelesh）、达奴那人（Denyen）和万舍斯人（Weshesh）。不过，史学界对海上民族的起源存在争议。"海上民族"可能指的是在同一地区从事类似活动的几个族群，每个族群都有着各自不同的起源。

有历史学家猜测，海上民族可能发源自克里特岛（Crete）或古希腊的岛屿，他们从岛上向外扩张，征服新的土地。也有的历史学家认为，海上民族其实是古希腊或米诺斯城邦的残余人口，他们因战火或家园被毁而流离失所；他们也有可能是安纳托利亚人，人口过剩或饥荒逼得他们不得不开始寻找新的家园。如果这些理论有

海上民族入侵（前1190年）

洗劫特洛伊后，海上民族沿着海岸线从陆路和海路迁徙，经过了赫梯等地，边走边肆意破坏、掠夺城市。他们的狂暴行为在尼罗河三角洲被埃及舰队制止，而他们的陆军则在西奈沙漠被消灭。

古埃及撞船战术

古埃及不在水线或水线以下撞击敌舰使其沉没，而是在水线以上偏高处攻击，目的是使敌船倾覆，或至少使其船员落水。

海上民族的船

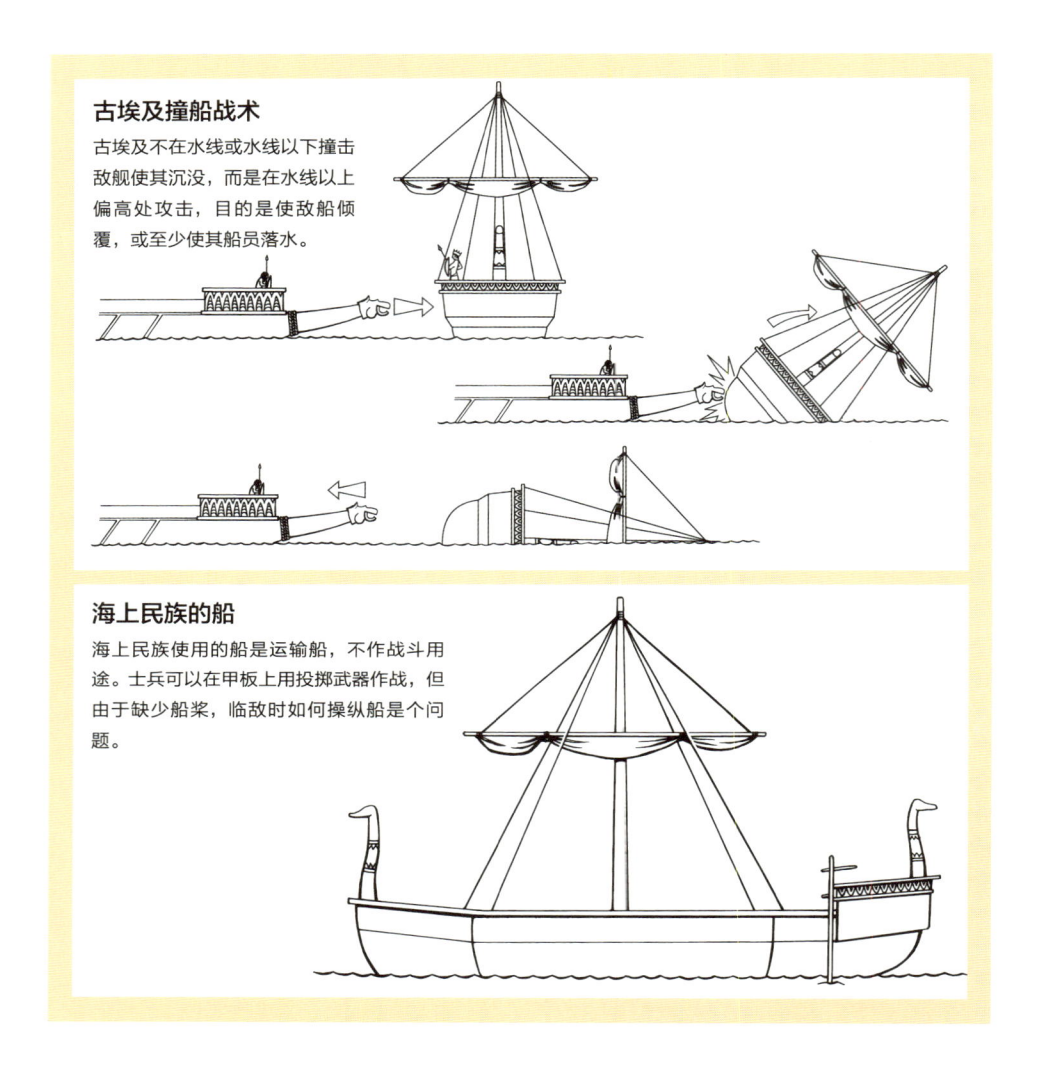

海上民族使用的船是运输船，不作战斗用途。士兵可以在甲板上用投掷武器作战，但由于缺少船桨，临敌时如何操纵船是个问题。

任何一个是正确的，那么古埃及史料中提到的部落联盟可能指的是来自不同殖民地或来自被征服土地的特遣队，相同的身份让他们团结在一起。

在拉美西斯二世统治时期，也就是从公元前1279年开始，出现了记录海上民族对古埃及劫掠的文献，不过实际上劫掠开始的时间有可能还要更早。海上民族自己没有留下任何书面记录，更确切地来说，虽然能找到记录，但是无法肯定上面记录的是他们的活动。还有一种可能，即这些劫掠者是某个已知文明的旁系。但如果真是这样的话，他们不太可能用受害者使用的名字来称呼自己。

繁荣的古埃及是海上民族的首要目标。劫掠富饶的土地更有利可图，而且海上民族还希望征服此地，并在此定居。在通过一段时期的劫掠削弱一个地区后，海上民族就能比较容易地将该地区据为己有，并能粉碎任何驱逐他们的企图。

进攻古埃及

在所有被海上民族劫掠的王国中，只有古埃及能多次成功抵御他们的入侵。古埃及之所以能成功，凭借的也正是他们雄厚的财力：古埃及的财富足够维持一支强大的军事力量，并凭借优越的组织水平对抗任何入侵行为。

公元前 1178 年或公元前 1175 年，海上民族洗劫了赫梯的附庸国阿穆鲁（Amurru），并开始向阿穆鲁附近的埃及领土进军。法老拉美西斯三世在海上民族接近古埃及边境时率军迎战。两支军队在贾希（Djahy）发生冲突。

也许海上民族已经习惯了靠自己战无不胜的威名在战前就把敌人吓得丧失士气，也许他们被古埃及人咄咄逼人的攻势弄得措手不及。不管哪种猜测是正确的，在战场上，拉美西斯三世派出的战车部队让海上民族措手不及，并受到了猛烈的追击。

拉美西斯三世并不仅仅只是想打败向自己进攻的敌人，他还想向入侵者传达一个信息，让他们明白进攻古埃及必然招致失败。然而，海上民族仍然毫不畏惧。陆地上的进攻被击败后，他们又从海上对尼罗河三角洲发起了攻击。

拉美西斯三世对此早有准备，已经下令组建了一支舰队备战。他的船只设计可能非常原始，但敌人的船只也同样好不到哪儿去。海上民族将船只当作运输工具使用，而并不用于海上作战。在这场被称为"三角洲之战"的战斗爆发前，历史上还没有任何关于海战的记录。因此，即使当时存在修筑战船技术，也只是处于起步阶段。

古埃及人非常聪明，没有冒险在公海上对敌人采取行动，因为敌人在公海上行船肯定更为顺畅。古埃及将舰队隐藏在三角洲中，在海上民族试图登陆时掩杀敌人。古埃及人把船只当作浮动的射箭平台，同样的，海上民族很可能也将船只发挥了类似的用途。

古埃及部队得到了岸上更多弓箭手的支援，他们向所有靠近的船只射击，制止敌人所有企图登陆的行为，任何上岸的海上民族战士都会被围捕处决。

在这场战役过后，海上民族仍继续尝试入侵古埃及，但遇到了同样有效的抵抗。在海上民族第二次远征尼罗河时，古埃及人的应对方式与第一次基本相同，只是这次海上民族陆地部队一直到古埃及边境才被击败。还有迹象表明，拉美西斯三

上图 俘虏了多少敌人，收了多少或是卖了多少奴隶，指挥官的成功可以用这些数字来衡量。拉美西斯三世引领俘虏的这幅浮雕可以表明，他是一位成功的战争领袖。

世还派他的舰队对海上民族的领地发动了远征。

用于击退海上民族的开销几乎耗尽了古埃及的财力，并大大减弱了古埃及的实力。古埃及实力衰弱带来的一大影响，便是其无力阻止海上民族在巴勒斯坦和迦南定居。

之后，海上民族逐渐淡出了历史舞台。原因可能是他们在定居后停止了掠夺，也可能是他们没有了可以掠夺的目标。无论怎样，他们都不再在地中海东部的历史中扮演重要角色。不过，海上民族造成的影响还持续了几个世纪。他们不仅在与古埃及的战争中削弱了法老的力量，让他们再也没能恢复从前的影响力，而且所造成的破坏还最终为新亚述和新赫梯等帝国的崛起创造了条件。

装备与军事组织

有关海上民族及其军事体系的史料相对较少。可以肯定的是，他们的战斗力十分强大，征服了多个城邦，甚至连帝国都未能幸免。这一时期有著作对他们劫掠造成的破坏表达了惋惜。

海上民族使用船只灵活机动，但可能对海上作战的战术没有系统的掌握。他们进攻的目标都在陆地上，所以必须登陆后才能进攻。因此，海上民族很可能只是让部队在进攻目标附近的海岸登陆，将停靠在岸边的船只作为补给站。

海上民族在大多数陆战中使用的部队相当常规。他们的步兵主要由长矛兵和装备有弓箭和投枪的战士组成，后者并不穿戴盔甲作战。有些战士用剑盾作战，但也较少装备盔甲。

海上民族是战士而不是士兵，他们倾向于几个人抱团作战，并不排成紧密的队形迎敌。他们的指挥和控制也相当随意：将领以身作则，上场作战，而战士们只会根据眼前的情况见机行事，并不懂得如何遵循复杂的作战计划。

战车和牛车

海上民族也使用战车，他们使用的战车与古埃及战车设计相似，都很轻巧快速，易于操控，可充当远程进攻平台，车上有一名弓箭手和一名车夫。战车部队很适合快速推进，战车接近时的噪音和尘土会让对手心生恐惧。战车会在接近敌人后射出箭雨，然后迅速撤退。

海上民族还会在战场上部署四轮牛车。据一些碑文的记载，这些牛车会跟在军队后面运载妇女和儿童，但有时也会

施尔登战士

海上民族的战士装备精良，佩有长剑和用金属加固的皮盾。他们用皮制或金属制的盔甲和头盔保护自己。

"没有人知道如何对付这些不守规矩的施尔登人，他们乘着战船从海上驶来，没有人能够抵挡他们。"

——拉美西斯二世谈海上民族

被用作缓慢移动的堡垒，弓箭手可以在车上安全地射击。

家人在身边能给海上民族带来一种额外的胜利激励，因为失败可能意味遭到敌人屠杀，而胜利则可获得可供定居的优质土地。这是海上民族战争的一个重要特点：他们不仅仅是在掠夺他们所攻击的土地的财富，更是在寻找可以定居和建立家园的地方。

希伯来人

据《圣经》记载，希伯来人先是在古埃及被奴役，然后流浪了40年才到达迦南。希伯来人将迦南看作他们的应许之地。在条件严酷的旷野上漂泊数十年后，希伯来人变得更加坚强，但游牧生活不利于科学技术的发展。

因此，在公元前13世纪的某个时期，当早期希伯来人第一次到达迦南时，他们的装备很差。他们使用的装备很原始，除了投枪和弓箭等狩猎工具外，主要就只有长矛和盾牌。虽然有弓箭，但希伯来人使用最多的远程武器是弹弓。可以推断，他们当然没有战车或任何可被视为攻城车的武器。

希伯来人拥有的先进装备都是他们在长期流浪过程中从敌人那缴获的。一些部落和国家袭击了希伯来人，希望能将他们赶走。这些袭击更多是出于自我保护的考量，因为没有一个国家能接受一个庞大又渴望土地的部落在自己国土上扎营，消耗当地资源。希伯来人也和一些当地部落发生过争端。导火索往往是宗教分歧。不管是和国家还是和部落产生冲突，结果都不约而同：冲突开始后，希伯来人就不得不继续流浪。

希伯来人游荡的地区位于亚非欧三大洲之间的陆地桥梁上，因此一直处于动荡之中。许多军队都曾行军经过迦南和巴勒斯坦，而这两地历来都是兵家争斗之处。

古埃及曾一直是该地区一大强国，它吞并了巴勒斯坦，将其作为对抗赫梯人和北部、东部其他势力的缓冲区。然而，由于与海上民族发生冲突，古埃及的国力正在减弱，他们对巴勒斯坦的控制即便还有，也已经变得十分脆弱了。

海上民族也大大削弱了赫梯帝国的实力，否则赫梯可能会接管该地区的控制权，并摧毁迦南的许多城市。海上民族在巴勒斯坦的沿海平原一带定居，被称为非利士人。随着时间的推移，他们将成为希伯来人的死对头。只是在希伯来人刚来到巴勒斯坦的时候，海上民族的殖民地仍主要局限于沿海地带，双方没有碰面。

无论迦南是否为神的应许之地，希伯来人来到后发现迦南一片混乱，可以伺机

密抹（前 1040 年）

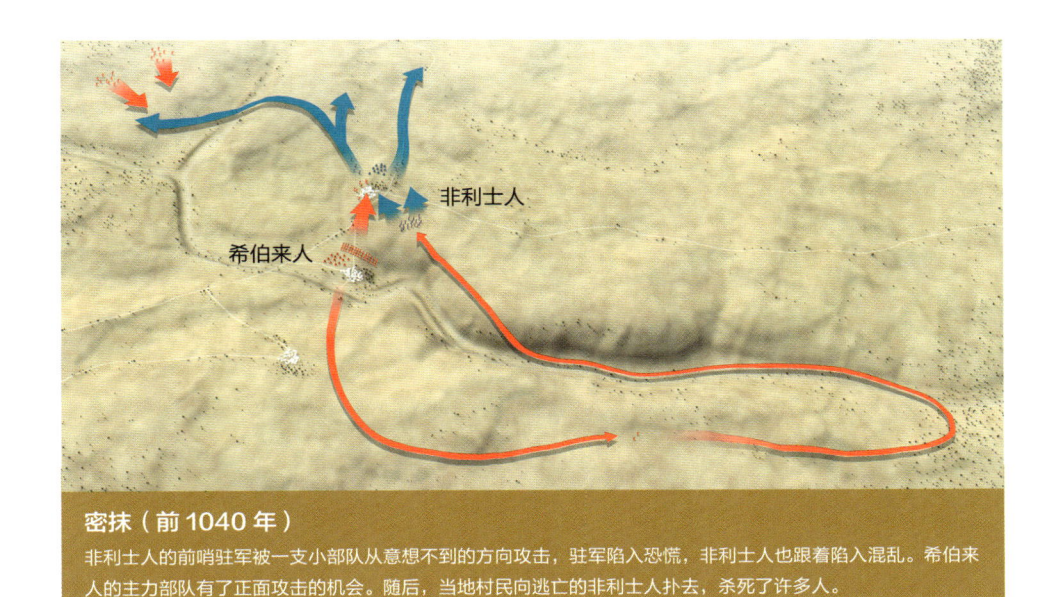

非利士人的前哨驻军被一支小部队从意想不到的方向攻击，驻军陷入恐慌，非利士人也跟着陷入混乱。希伯来人的主力部队有了正面攻击的机会。随后，当地村民向逃亡的非利士人扑去，杀死了许多人。

攻占。他们还发现已经有希伯来同胞在此定居。一部分当地的希伯来同胞前来帮助，使希伯来人的人数在短时间内激增。

希伯来入侵

初来乍到者一如既往地与本地居民爆发了冲突。这场冲突爆发的部分原因是为了驱赶外来者，部分原因则是宗教因素。希伯来人崇尚一神论，有相当严格的宗教观，而迦南人则崇尚多神论，崇拜多个希伯来人排斥的神。

希伯来人不可避免地和第一批城市派出的军队直接交战。希伯来人深信这块土地属于他们，并且急于找到一个可以定居的地方。他们奋力战斗，据守阵地，最终控制了一小块地区。

在当时，虽然战胜方有时也会选择放过战败城市居民，但将这些居民尽数屠杀也是很常见的做法。宗教因素会让冲突变得更加暴力。冲突中的暴力升级会让附近的城邦人人自危，都害怕自己将是希伯来人的下一个目标，冲突就这样不断继续下去。

有消息称，希伯来人打算将他们的宗教信仰强加给该地区的城市，任何意图反抗的城市都会遭到占领和屠杀。这种做法有时能让希伯来人得利，因为一些城市会选择与他们结盟，避免遭遇灭顶之灾，而更多的城市则选择了组建自己的联盟，派出军队对抗入侵者。

因此，希伯来人被迫在迦南地区向北一路征战，因为他们每打破一个联盟，就又会有另一个联盟组建起来。虽然征服的时机已经成熟，但希伯来人面临着艰巨的任务：迦南的城镇都有坚固的城墙，并有比部落战士装备更好的部队镇守。尽管如此，他们还是成功攻克整个迦南，将其据为己有。

希伯来人装备不佳，但他们坚韧不拔，孤注一掷，宗教信仰也给予他们作战的动力。先知告诉他们，他们将打败敌人，把土地据为己有，而先知的预言似乎也正在眼前实现，每一次成功都增强了他们的信心。与此同时，他们的敌人开始认为希伯来人是一支不可战胜的力量。有的人寻求结盟，还有的人虽然走上战场，但在听闻希伯来人战无不胜的威名后，战斗未开始就感觉自己已经先输了一半。

希伯来人也利用当地的支持者和自己的狡猾捞了不少好处。虽然希伯来人在资源上不占什么优势，但长期缺少资源让希伯来人慢慢学会了利用地形来发挥自己的优势，并善于通过侦察发现敌人可以利用的弱点。宗教信仰和信心弥补了他们武器装备的不足。

希伯来人在赢下战斗后缴获了更先进的军事装备，随着战事频繁，他们把装备水平提升到了和敌人相当的地步。起初，希伯来人并不屑于使用战车，在米伦水边的战斗（约公元前1400年）中缴获了大量战车后，希伯来人甚至将战车全部销毁。但后来，希伯来人也像迦南人一样，把战车派上了战场。

对战非利士人

攻克迦南后，希伯来人仍然只是松散的部落联盟，不是组织有序的国家。虽然希伯来人移居来到了城市里，但他们仍然保留了以前在部落生活的许多习惯，直到后来迫于外部压力才进行改

骆驼骑兵

骆驼被一些军队用作役畜，有的士兵还会骑在骆驼上射箭。骆驼耐力好，能克服复杂地形，因此十分有用。但即使在最理想的情况下，骆驼脾气也很暴躁，难以控制。

第二章　古埃及和巴勒斯坦的战士　103

非利士弓箭手
弓箭手作为散兵作战，为长矛兵提供支援。他们使用攻击力相对较弱的弓箭，主要对付那些没有或几乎没有盔甲保护的敌人。

非利士长矛兵
与大多数古代部落民族士兵一样，长矛兵是非利士部队中的骨干。非利士步兵组织严密，训练有素，在大多数情况下都能战胜希伯来士兵。

非利士战车
非利士人占领了沿海平原，这种地形非常适合战车作战。非利士战车可能是由赫梯战车改造而来，使用了一些铁制配件，因此比青铜时代的战车更耐用。

变。给他们施加压力的是非利士人，他们从沿海地区向外扩张，开始征服希伯来人的城市，许多希伯来人不得不向他们纳贡，否则其生活就将受到许多严苛的限制。

　　非利士人比希伯来人更有组织，中央权力由国王掌握。非利士人有一支受过正式训练、装备精良的军队，这支军队将与希伯来各部落派来临时增援的部队交锋。

　　为了应对非利士人的威胁，希伯来人任命扫罗（Saul）为自己的军事领袖。扫罗着手建立了一支有组织的军事力量，但最终还是不敌非利士人。希伯来人一直对拥立国王的想法持怀疑态度，但扫罗为新秩序的建立铺平了道路，他的继任者大卫王进行了一些重大军事改革。

以色列和犹太

在大卫王的领导下,希伯来人变得更有组织,组建了新的部队,比如装备盔甲和剑的部队,以及使用新式复合弓的弓箭手。非利士人使用像铜片甲和世界上第一把真正的砍刀这样的装备已经有一段时间了,这些装备给了他们很大的优势。不过,希伯来人现在的装备水平可以和他们旗鼓相当了。

希伯来人也开始使用战车,并通过战争扩大王国的版图。不过,他们并不能把胜果保持多久。公元前931年,在大卫的继任者所罗门(Solomon)去世后,以色列王国一分为二。分裂后,南方的一部分名为犹太,国土面积小,实力相对较弱,北方的以色列则国土面积更大,人口也要更多。

以色列和犹太既内争,也外斗。犹太修建了防御工事阻止古埃及人进攻,而以色列则在该地区的政治中扮演重要角色,在为对抗日益强大的新亚述帝国而组成的联盟中,以色列也是主要战力。

以色列凭借自己的外交手腕和军事力量,在多年的时间里一直保持着对亚述帝国的独立。他们修筑并改良了自己的防御工事,把城防从脆弱的泥砖升级为坚固的石墙。他们的盟友远至腓尼基,增强了以色列王国的实力,有效阻止了亚述的侵略。然而,亚述最终还是对以色列采取了行动,占领了他们的城市。亚述的征服历经艰辛:他们围困撒马利亚三年之久,最终在公元前721年征服以色列。亚述驱逐了反

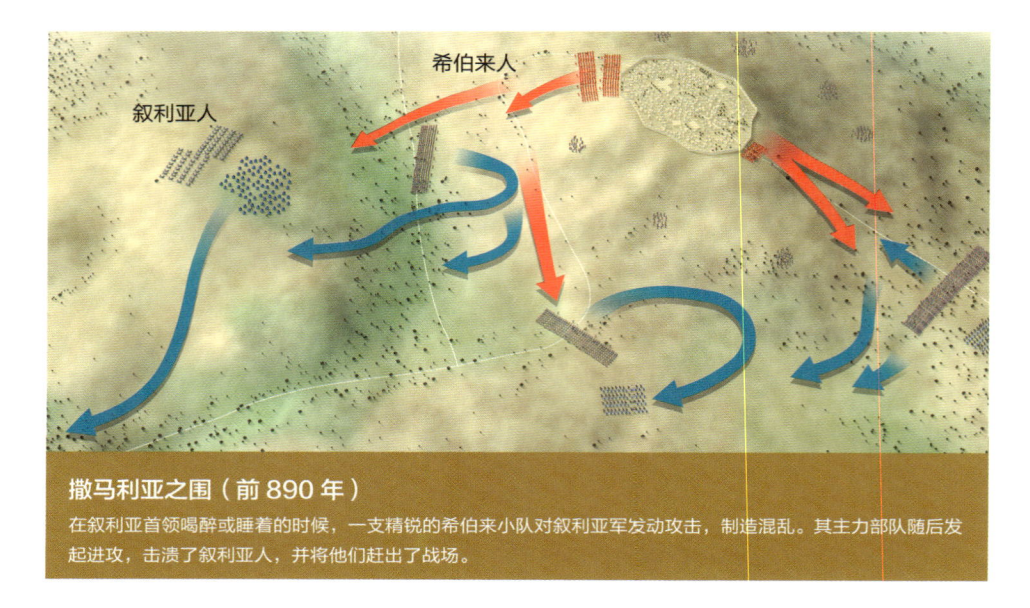

撒马利亚之围(前890年)
在叙利亚首领喝醉或睡着的时候,一支精锐的希伯来小队对叙利亚军发动攻击,制造混乱。其主力部队随后发起进攻,击溃了叙利亚人,并将他们赶出了战场。

叛人口，从而使得以色列的希伯来人被分散开来，他们的王国至此不复存在。

犹太在一段时间内仍保持独立，但亚述人最终在公元前701年入侵了他们。犹太的要塞被逐一攻克，守卫耶路撒冷通道的拉吉城也未能幸免。

耶路撒冷本身并没有被攻占，这让希伯来王国得以继续存在，但面积已大大缩小。一直到公元前586年，耶路撒冷才被来自巴比伦的军队占领。巴比伦占领此地后，再次开展驱逐行动，几乎粉碎了希伯来人的王国。

当波斯帝国征服巴比伦，并夺取包括巴勒斯坦在内的领地时，这一地区成为波斯帝国版图的一部分。尽管波斯人将该地区视作自己帝国中的一个行省，但宽容的他们允许许多流离失所的希伯来人重返家园。后来，亚历山大征服波斯帝国，希伯来人的家园成为亚历山大和古埃及的继承人在波斯争夺霸权的战场，但希伯来人仍继续在此生活。

公元前167年，希伯来人反抗塞琉古王朝的统治，他们起兵反叛并与波斯军队之间进行了一段时间的游击战。波斯军队兵强马壮，队伍中有战象和古希腊重甲步兵方阵坐镇。不过，希伯来人最终还是赢得了独立。到公元前63年罗马干预之前，希伯来人一直在自己小而自由的国家中生活。

公元前63年，罗马人干预了希伯来王子之间的政治争端，以确保他们青睐的候选人能最终获选。罗马人想借此确保犹太地区对自己保持友好关系。没过几年，在公元前37年时，犹太国王终于被废黜，一个听命于罗马总督的傀儡继位了。

希伯来人爆发了一系列起义，起义军在保卫耶路撒冷和马萨达要塞（66—74年）等战斗中展现出了伟大的英雄主义精神，但这一系列起义并未能赶走罗马人。到公元135年，希伯来人（又称犹太人或以色列人）再次被驱逐。在此后将近2000年的时间里，他们都没能再拥有自己的国家。

装备与军事组织

早期的希伯来军队只是由大批部落战士组成，他们没有盔甲，只有最基础的装备。矛是战士的主要武器。他们使用的矛相当短，这是因为他们希望使用矛在混战中击败对手，而不是为了排成紧密的阵型作战。

在大多数时间里，长矛战士都会以单兵的形式作战。不过，希伯来人在反复的冲突中积累了经验，慢慢有了一定程度的纪律和合作意识，这在某种程度上起到了军事训练的效果。大多数战士只携带一把刀作为副武器。对他们而言，刀的功能更多是工具，而不是武器。

希伯来战士

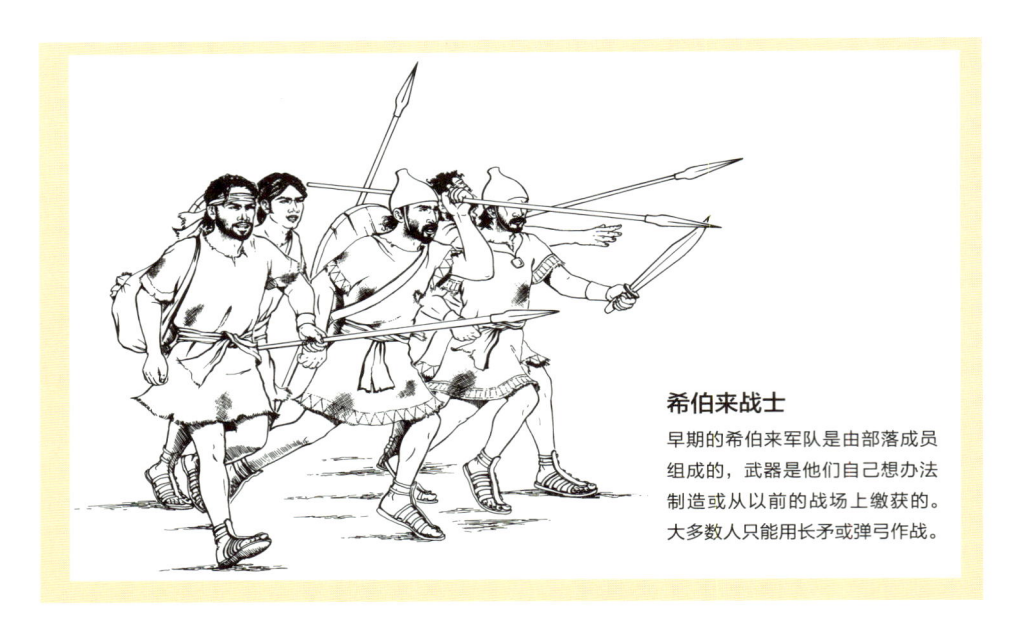

早期的希伯来军队是由部落成员组成的，武器是他们自己想办法制造或从以前的战场上缴获的。大多数人只能用长矛或弹弓作战。

希伯来战士既使用弓，也使用投枪，但最常见的远程武器是弹弓。弹弓的优点是极易携带，而且弹药很容易获得。因为在战斗中没有时间到处寻找合适的石头，所以战士会携带一个袋子，用于在行军过程中收集石块。在某些情况下，也会使用铸铅弹代替石块。弹弓除了需要比使用弓箭更精湛的技巧才能射击准确外，它的弹道也受到限制，只能沿相对水平的轨迹射击。不过，许多希伯来人从孩提时代就开始使用弹弓，对这一武器的熟练程度非常高。如果能直接命中敌人，它能和弓一样一击致命。

早期的希伯来军队很适合在山地和崎岖的地形上进行游击战。不过，当与非利士人或腓尼基人等训练有素、装备精良的军队在平原上战斗时，希伯来人的部落部队则很可能会落败。

希伯来军队多为轻型步兵，具有很强的机动性。在敌人以为希伯来军队还在数英里之外时，这些战士其实已经靠着机动性来到了他们身边，并迅速发动突袭和伏击。希伯来人的作战方式也相当适合攻打城市。在攻打城市时，一旦攻方进入守方防御工事中，双方就会开始近身作战，而这正是希伯来战士所擅长的。然而，对希伯来人来说，如何登上或翻过城墙是一个很头疼的问题。他们会利用各种策略和诡计进入城内，有时还能得到城里其他希伯来亲属的帮助。

希伯来军队的领导往往比较松散，还具有英雄主义性质。战士希望部落领袖以身作则，带领部队与敌人的领袖或最勇猛的战士战斗。没有一个部落首领有能力命

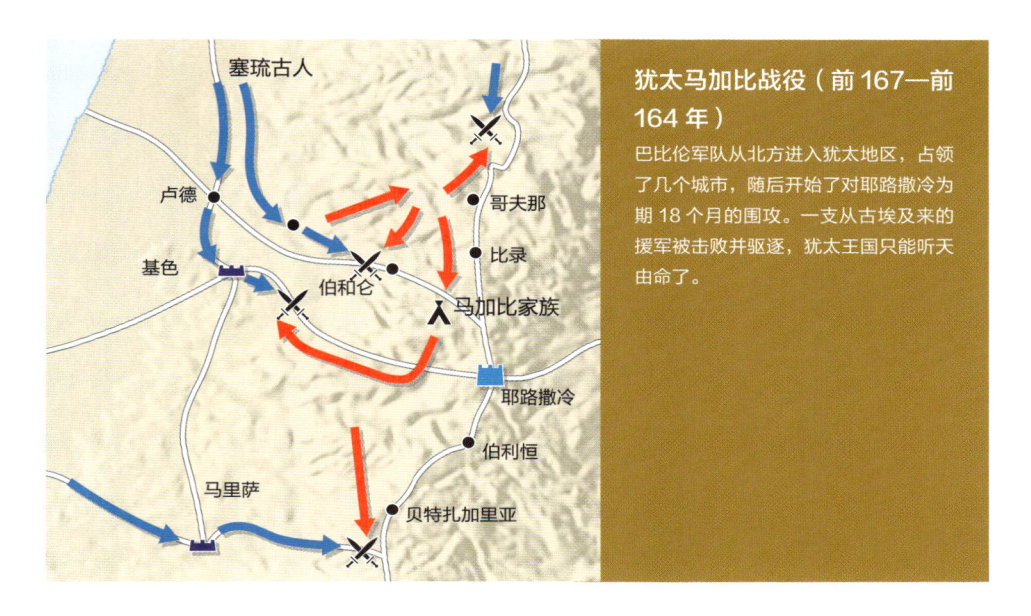

犹太马加比战役（前167—前164年）

巴比伦军队从北方进入犹太地区，占领了几个城市，随后开始了对耶路撒冷为期18个月的围攻。一支从古埃及来的援军被击败并驱逐，犹太王国只能听天由命了。

令其他部落为自己派来增援，但在发出援助请求后，每个部落通常还是会至少派出一支小分队前来援助。如果增援的部落与求援的部落关系友好，或者增援的部落认为前去援助对自己有利的话，则会派出更多的小队前往支援。

先知和被称为士师的半宗教、半政治领袖则可以从各部落中召集大批兵力。但希伯来人缺乏良好的后勤系统，所以无法在战场上长期维持一支庞大的部队。战士们几乎一到战场就开始计划打道回府，这样一来，即使是规模最大的军队也会迅速减员。要想让他们留在战场上持续作战，则必须有一个有超凡魅力的领袖将他们凝聚在一起，或者出现了真正需要背水一战的情况。

后来的希伯来军队装备要好得多，他们的盔甲和武器都是从敌人那里缴获或照着仿制的。在各个部落重组为统一的王国之后，希伯来人组建起了一支正式的军队，由训练有素、装备精良的步兵组成的特遣队为战车部队提供支援。

然而，随着时间推移，希伯来人实力减弱，叛乱爆发时，他们不太可能派出装备精良的队伍与规模庞大的战车部队应战。他们不得不靠缴获的武器武装自己，并和他们的祖先一样，用击败过迦南的那种非正规游击方法作战。

尽管希伯来人的军事体系随着时间的推移而改变，但他们作战方式的主要特点却始终如一。他们是极其优秀的游击战士，能很好地利用地形和环境。与其说他们的主要优势在技术或组织方面，不如说在个人能力方面：希伯来人足智多谋，能充分利用他们所拥有的任何一种资源。

第三章
古希腊的战士
WARRIORS OF ANCIENT GREECE

在文明社会形成前的几个世纪里,古希腊本土及周围的陆地和岛屿上居住着仍在使用石器的游猎采集者。公元前2900年左右,古希腊开始进入青铜时代,金属制的武器和工具逐渐流行开来。

110　古代战士

第一个已知的古希腊文明是米诺斯文明。米诺斯文明以克里特岛为中心，扩散到周围的岛屿。米诺斯人可能是在公元前 3000 年左右从东边的小亚细亚地区迁徙至克里特岛的。在接下来的十个世纪里，他们学会了使用金属和建造城市。

米诺斯人的书面语言是一种象形文字，这一文字可能是在他们与古埃及人接触后发明的。然而，学界一直无法破译这一文字。因此，历史学家对米诺斯人和他们的文化知之甚少，只能从他们的建筑中窥探一二。

米诺斯人建造的宫殿似乎是行政中心。学界认为，米诺斯人实施的是由强大的官僚机构支持的君主制政体，政府的主要职能是促进和管理贸易。

米诺斯和迈锡尼人

米诺斯人组建了一支庞大的舰队。他们的船只不是战舰，而是商船，但仍有一定作战能力，能抵御海盗的攻击。米诺斯人驾驶这些船沿着地中海东部的海岸进行贸易。考古学家在古埃及和整个小亚细亚地区都发现了他们的货物。大规模的海上贸易使米诺斯人变得非常富有。米诺斯人的一些建筑至今仍然存在，这些建筑表明，米诺斯的普通民众生活水平都很高。米诺斯人甚至发明了下水管道系统，在他们的文明崩溃后，这项发明失传了好几个世纪。

也许是由于他们的家园位于敌人不容易到达的岛屿上，米诺斯人似乎并不十分关心军事问题。他们可能有某种军事系统，城市也有防御工程保护。然而，这些防御工程远没有陆地文明的防御工程看起来那么强大。一些较小的城镇和统治阶级的宫殿似乎根本就没有设防。

跨页图 古希腊战士用长矛和盾牌训练，戴有头盔并穿胫甲护体。这幅画出现在公元前 5 世纪左右的一个花瓶上，当时正值伯罗奔尼撒战争期间（前 431—前 404 年）。

几个世纪以来，米诺斯人在没有强大军队保护的情况下似乎也非常自如，但最终他们遇到了灾难。学界认为，他们的几座宫殿和主要城市在公元前1500年左右被地震摧毁，一次大规模的火山爆发又引起了海啸，破坏了沿海地区，并摧毁了大部分米诺斯贸易舰队。

灾后国力大退的米诺斯被迈锡尼征服了，这是在古希腊沿海崛起的另一个文明。迈锡尼文明由考古学家以在迈锡尼出土的遗址命名，他们在迈锡尼挖掘出了一座宫殿和城市。

迈锡尼人建造了雅典和底比斯等几座城市。迈锡尼人是比米诺斯人好战的民族，权力集中于国王一人，他通过官僚系统行使权力。迈锡尼人强化了宫殿和城市的防御，并维持有常备军，用于对外征服和防御入侵。

迈锡尼人很会做生意，拥有庞大的贸易网络。然而，其财富在整个社会中的分配并不平均：上层社会非常富有，但同时也有一个庞大的贫困阶层。尽管如此，与同时期的很多文明相比，整个社会仍十分富裕。国家的富足使大型工程得以开展，大型建筑拔地而起。

尽管学界对迈锡尼人的了解比对米诺斯人要多，但考古学家所掌握的数据仍有很多空白。即使是其后不久的古希腊人，也只能通过传说来了解迈锡尼人，这些传说中最著名的是特洛伊战争的故事。《荷马史诗》记载了迈锡尼文明消失几个世纪后的传说，但这部史诗很可能是基于自迈锡尼时代流传下来的传说写成的。

迈锡尼时代的传说描绘了身穿青铜铠甲，手持长矛、投枪和剑的战士，还提到了战车和战舰。我们无从确定这是否是后世古希腊人将他们时代的战争形象强加到传说之中的结果，但迈锡尼人可能确实拥有制造这类军事装备的技术。如果是这样，他们肯定也会使用这些装备。考古发现在很大程度上证实了荷马著作的历史真实性：现在已经有迈锡尼人的武器和盔甲出土，装备的样子与《伊利亚特》和《奥德赛》中的描述相符。

上图 一把米诺斯时代末期的剑，可以追溯到公元前1500—前1450年。它的设计很简单，没有护手，剑身由青铜制成，剑柄为金色。

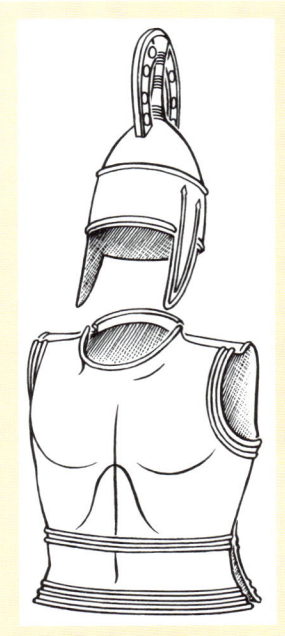

左图 科林斯盔甲
装备最好的古希腊战士有头盔和盔甲的保护，这种盔甲是前后两部分拼接而成的。这两部分用皮革带子连接，再用铜针锁定。

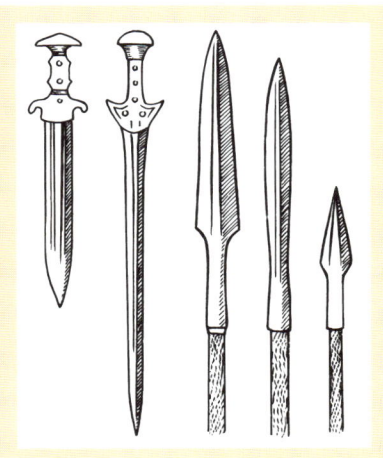

右图 古希腊早期武器
古希腊战士的主武器是长矛，长矛的矛头有多种样式。像图中这样的长剑流行了很久，直到公元前1300年左右，才被剑身较短的剑取代。

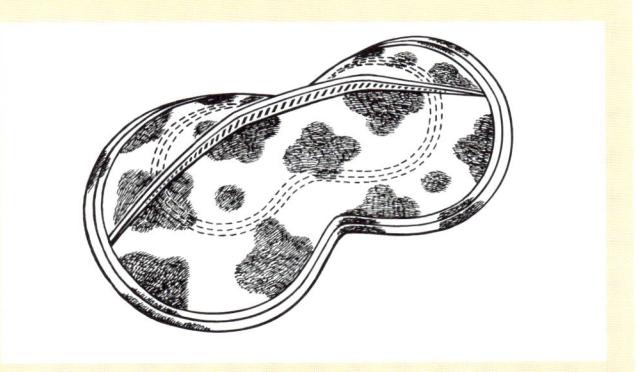

右图 迈锡尼盾牌
迈锡尼盾牌是在木制框架上用柳条搭建成形的，上面粘着几层兽皮。这样的盾牌可以提供很好的保护。盾牌的重量不大，但非常耐用。

古希腊"黑暗时代"

迈锡尼时代戛然而止，然后一个被称为古希腊"黑暗时代"的时期开始了。在这一时期，人们将城市遗弃，回到小村庄，甚至以游牧为生。当然，这一时期的书面记录十分有限。

"黑暗时代"始于公元前1100年左右，人们提出各种学说分析其开始的原因。人们常常把矛头指向海上民族，因为他们在这一时期非常活跃。学界认为他们摧毁了许多城市，破坏了甚至是地中海东部其他地区的文明。一种类似的学说认为，来自北方的好战民族多利安人（Dorians）可能袭击了迈锡尼的城市，使他们的文明彻底覆灭。

跨页图　迈锡尼人虽比米诺斯人好战，但他们同样善于经商。他们的船只从地中海东部的港口带回了财富。不过，他们的船只无法在公海航行。

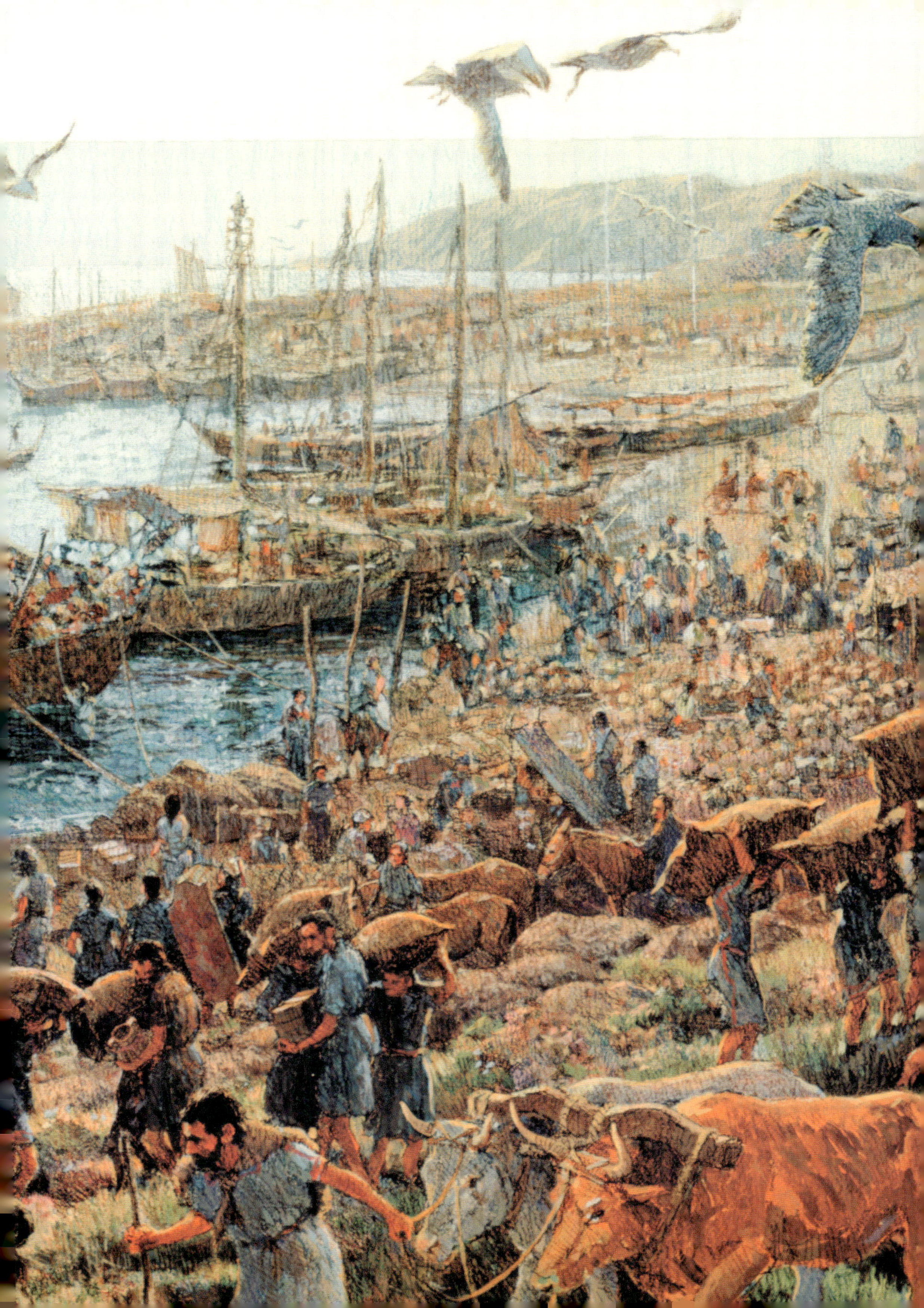

还有猜测认为，是叛乱或内战等原因导致了"黑暗时代"的来临。不管是什么原因，迈锡尼和梯林斯（Tiryns）①被彻底摧毁，迈锡尼文明的其他地区也很快崩溃了，随后人口大幅下降。人口下降的原因可能是瘟疫，但文明的崩溃会导致一个地区种植的食物无法再被运到需要的地方，这很可能会引发饥荒。

无论原因是什么，希腊还是迎来了一个几乎无人识字的时期。因此，不仅人们对"黑暗时代"本身知之甚少，而且"黑暗时代"到来之前的许多事情也已经湮没在历史中，只有一些民间故事和传说还在流传。

城邦时代

在希腊的"黑暗时代"，有的部落在乡间游荡，他们或跟随自己的牧群，或四处打猎。而有的部落则在小村庄定居，这些小村庄逐渐发展为城镇，然后又进一步发展成城市。从公元前750年左右开始，人们开始回归城市生活。随着人口增长，人们建立了新城市，也重新回到旧城市定居。

这些独立的小城市（或称城邦）逐渐壮大起来。一方面，贸易网络和联盟得以形成；另一方面，城邦之间也会爆发冲突，城邦内乱的现象也并不罕见。最初，最常见的统治形式是君主制，但许多新城邦废除了国王，建立了自己的统治形式。这些统治形式既包括由城市中少数最有权势的人组成的寡头政治，也包括民主制。不过，在当时的民主制中，只有自由民有投票权。

独裁，即一人专政，也是一种常见的统治形式。独裁者通过各种手段夺取权力：有的被普通民众推举处理危机，然后借此手握大权；还有的则利用不稳定的局势，确定自己的绝对权威。有的独裁者设法使自己的统治合法化，并通过世袭传位，本质上已成为国王；而有的独裁者则很快被其他野心勃勃的手下取代，或最终被心怀不满的民众废黜。

因此，城邦的内部和外部政治斗争有时相当激烈。拥有一支强悍的军队对于维持秩序和威慑敌人至关重要，在战争不可避免的情况下也能击败敌人。然而，小城邦无法维持统一文明所能支持的那种大型军队。在这种情况下，小城邦里渐渐发展出相当不同的军事体系。

小城邦弥补短板的方法之一，是想办法提升军事力量的作战能力。在防御方

---

① 梯林斯是迈锡尼文明的一个重要遗址。

面，最直接的手段是建造防御工事。即使是一支规模很小或缺乏训练的部队也能守住一堵防御良好的城墙，抵御数量众多的敌人。如果敌人缺乏攻城设备来突破防御，防御效果还能更好。然而，没有一个城邦能够承受住围城的打击。要想突围或防止城市被包围，就必须有一支能机动作战的军队。或者是选择在城墙内挨饿，放任城外的田地不管，直到敌军离开。

军事体系

为了征召到必要数量的士兵，希腊实行了民兵（公民士兵）制度，要求公民在需要时参加战斗。每个自由民都有义务为自己配备武器和盾牌，如果财力足够的话，还可以再准备一套盔甲。

城邦派出的大多数部队都是重甲步兵，其一大特点是使用大圆盾。他们用长矛进行近距离作战，排成一个名为"方阵"的纵深队形。方阵由轻甲部队支持，以保护其侧翼。

两个城邦方阵发生冲突时，往往会速战速决，将对方击溃并逐出战场。城邦须很快针对战场局势做出决定，让士兵返回家园，因为双方都需要方阵中幸存的士兵尽快返回工作岗位。城邦之间的战争往往有些程式化：军队沿着可预测的路线行军，来到适合作战的平坦地区，然后双方的方阵开始作战。

许多城邦向海外发起贸易远征，有的城邦还建立了殖民地。这些殖民地位于地中海沿岸的爱奥尼亚、意大利、西西里、北非以及地中海的岛屿上。著名的古希腊殖民地包括迦太基和叙拉古（Syracuse，又译锡拉库萨）。这些殖民地的管理比较松散，许多殖民地摆脱了殖民者的控制，成为独立的城邦。这些殖民地发展出了与古希腊本土城邦不同的文化，是因为他们受到了当地人口的影响，而当地人涌入古希腊殖民者的队伍后，

上图 这个公元前8世纪的盾牌上画有半人马和猎人作为装饰。当时这种还愿品经常被当作宗教祭品。

也可能会使文化得到更快的发展。

在这一时期，每个城邦都有自己的文化和政府系统。他们彼此争夺对当地地区以及整个古希腊的统治权，存在着相当激烈的竞争关系。财富和军事实力很重要，城邦的整体威望和政治影响力也很关键。城邦之间的联盟不断变化，冲突也相当普遍。

古希腊人没有民族意识，只忠于自己的城市。不过，和外来者相比，古希腊同胞之间还是存在着一种亲切感，这种亲切感在构成古希腊人口主体的主要族群成员之间也同样存在。这三个主要部落是伊奥利亚人、多利安人和爱奥尼亚人。

多利安人可能起源于古希腊北部和马其顿，也可能起源于小亚细亚地区。他们向南迁移，赶走了当地的古希腊部落，并在古希腊的心脏地带扎根发展。有一种观点认为，是多利安人的迁徙或劫掠导致了古希腊"黑暗时代"的到来。多利安人建立、征服了古希腊的许多主要城邦，如斯巴达、科林斯、阿尔戈斯（Argos）等。

爱奥尼亚人被迁徙而来的多利安人驱离了自己原来的家园，定居在爱奥尼亚和安纳托利亚。起源于色萨利（Thessaly）的伊奥利亚人也被多利安人驱逐，最终要么定居在无人居住区，要么定居在小亚细亚沿岸岛屿等被其他民族遗弃的地区。人们有时把这两个族群统称为亚该亚人（Achaeans）。不过，亚该亚这一名称也被用于指代其他族群。

民族和文化联系确实在一定程度上影响了城邦的政治。例如，在一个多利安人的城市进入战争状态之后，其他地区的多利安人通常会前来提供援助。不过，这种联系并不能阻止种族内部的冲突，而多利安人和亚该亚人的城市之间也会结成联盟。

总的来说，在古希腊城邦政治中，文化和民族联系

重甲步兵

图中绘的是一名富有的古希腊重甲步兵，他可以买得起头盔、胫甲和胸甲来防身。一身好盔甲让士兵得以在最危险的前线作战，并载誉而归。

只不过是众多影响因素之一。即使在古希腊受到外国入侵的威胁时，个人利益和地方政治也还是更重要得多，它们会深深影响哪些城市会选择帮助周围的城市，而哪些城市会利用战乱发一笔财。

希波战争

公元前 539 年，扩张中的波斯帝国试图征服古希腊在爱奥尼亚的殖民地。在攻克吕底亚后，波斯军队对爱奥尼亚的古希腊人采取军事行动，迅速占领了他们的城市和一些希腊岛屿。公元前 521 年，大流士成为波斯国王，开始着手扩大国家版图。公元前 513 年，波斯入侵西徐亚；公元前 511 年，波斯又入侵了色雷斯。征服内部纷争不断的古希腊城邦似乎是一件大有可能成功的事，但大流士暂时停止了扩张，只任命了一个总督负责对外征服事务。

波斯和古希腊城邦之间的和平持续了十多年，但在公元前 499 年，被波斯征服的古希腊殖民地爱奥尼亚爆发了起义。起义的确切原因已湮没在历史中，不过有一些史料显示，波斯人实施的相当暴虐的统治手段，可能是导致起义爆发的原因。还有一种可能是，爱奥尼亚城市的居民受到古希腊本土亲属的鼓励后起兵反叛。尽管爱奥尼亚的这些殖民地早已独立于古希腊大陆，但其他古希腊城市也还是为他们提供了援助。

爱奥尼亚起义一直持续到公元前 494 年才停止，在这一年的拉德

西徐亚弓箭手

西徐亚人是古希腊各城邦和波斯帝国的雇佣兵。他们是著名的弓箭手。西徐亚教官会接受任命，训练波斯弓箭手。

（Lade）战役中，起义军被彻底击败。一年之内，波斯又稳稳筑牢了自己在爱奥尼亚的统治。希望扩张领土的大流士又开始将目光转向了古希腊本土，而这很可能也是因为大流士打算秋后算账，让他们为帮助爱奥尼亚起义付出代价。

从波斯在小亚细亚的领土出发入侵古希腊可不是一件简单的事。从理论上讲，波斯军可以向北行军，穿越赫勒斯滂（Hellesport）海峡，从马其顿绕道而行，但这就意味着要进行一场漫长的战役，而回报不过是清理了这一行军路线上的敌军。直接越过爱琴海则是更为实际的做法，而波斯已经拥有了一支大型舰队，可以很方便地跨过爱琴海。

波斯的使者在古希腊各城邦巡访，要求他们向波斯臣服。一般来说，这是非常慷慨的要求，因为古希腊差不多只需要口头同意臣服于波斯帝国，并在波斯和那些不愿屈服的国家发生冲突时保持中立就可以了。许多古希腊国家同意了大流士的条件，坐落于重要战略位置上的埃伊纳岛（Aegina）也不例外。这让雅典十分担忧，因为波斯一旦控制埃伊纳，雅典的贸易就将受到威胁。因此，雅典和斯巴达要求埃伊纳退出与波斯的协议，这一外交事件可能就是大流士想要的战争借口。

马拉松战役

公元前490年，大流士越过爱琴海，在埃雷特里亚（Eretria）登陆，开始了他的征服古希腊之旅。波斯登陆后，埃雷特里亚选择了投降。不过，波斯还是摧毁了那里，并奴役了当地的居民。之后，波斯军队重新登船，走近道穿越到古希腊。

波斯军队在马拉松登陆后，一支古希腊军队前来迎战。这支部队的士兵几乎全部来自雅典，因为斯巴达人在完成宗教庆祝活动之前不愿意参战。大约有1万名古希腊人到达了马拉松，而大约两倍于此的波斯人还在海岸一带。

尽管对敌军的数量心怀畏惧，古希腊人还是选择了战斗，积极地向敌阵推进。历史资料显示，古希腊重甲步兵为进攻波斯军队冲锋了整整1.6千米远，但鉴于他们装备着重型武器和盔甲，这一记叙似乎不太可靠。不过，我们还是有理由认为，古希腊人确实快速向波斯军进行了冲击，冲锋势头十分凶猛。他们的部队几乎全由重甲步兵组成，由于没有骑兵或远程部队的支持，所以用长矛正面进攻是唯一的选择。

古希腊人把他们的阵线拉得很长，使之与波斯阵线的长度相当，而这使他们阵线中部出现了一个致命的薄弱点。在薄弱点处，波斯重甲步兵从冲击中重新稳住阵

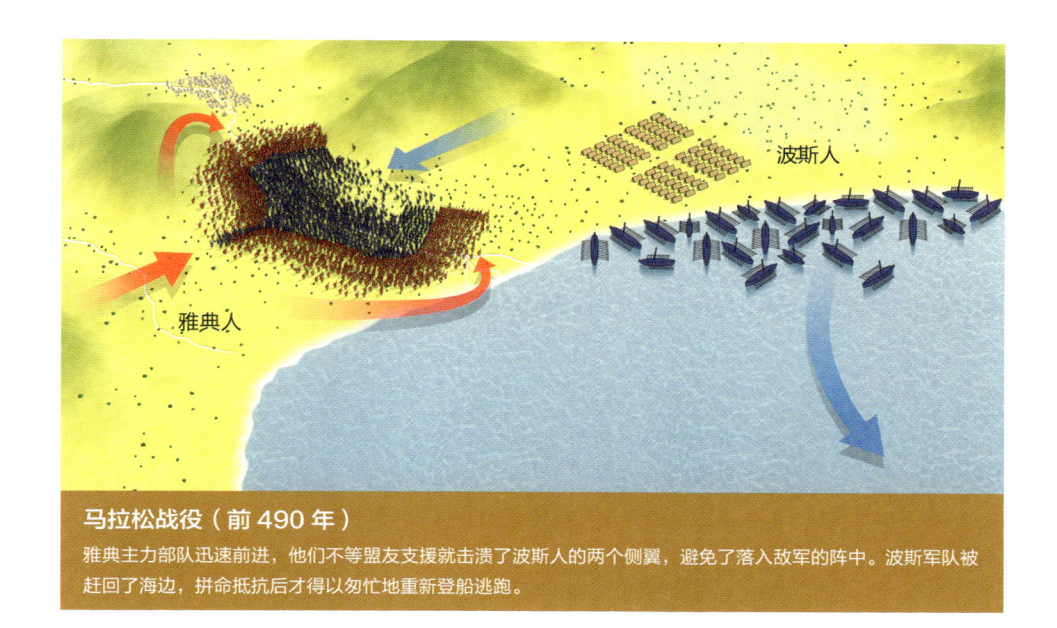

马拉松战役（前490年）
雅典主力部队迅速前进，他们不等盟友支援就击溃了波斯人的两个侧翼，避免了落入敌军的阵中。波斯军队被赶回了海边，拼命抵抗后才得以匆忙地重新登船逃跑。

脚，开始将古希腊人逼退。但这时，侧翼的古希腊重甲步兵击退了对手，开始像一个巨大的钳子一样向波斯阵线的中心靠拢。波斯军队就此被击溃，希腊人一路追赶，把他们赶回了海边。波斯人在此展开殊死一搏，最终有许多人成功登船逃跑。

波斯战败

在此后十年的时间里，波斯没有再入侵古希腊。直到公元前480年，大流士的继任者薛西斯一世（Xerxes I）才再次尝试出征。雅典、科林斯和斯巴达等古希腊城邦组成联盟，抵抗波斯的入侵。

海上力量对征服古希腊至关重要，因为波斯军队必须跨越爱琴海进行运输和补给。虽然波斯舰队在数量上占据优势，但古希腊联军舰队还是决定采取行动，阻止波斯人通过阿提米西恩（Artemisium）海峡。风暴在一定程度上消弭了双方战力的差距：在风暴中，波斯有几百艘船被摧毁或打散。但即便如此，古希腊船只的数量只有271艘，差不多只有波斯的三分之一。

两天的小规模作战后，双方在海上展开全面对决，在相持后陷入僵局。然而，从战略上看，胜利属于波斯人，因为他们人数占优，可以承受伤亡，而古希腊人则不能。古希腊舰队的残部撤退到萨拉米斯岛，与来自其他城市的援军会合。

上图 斯巴达国王莱奥尼达斯在温泉关战役前向盟友告别。寡不敌众的古希腊人在波斯人的攻势下扛了一周。

与此同时，可能有 30 万波斯军队在温泉关遭遇了一支由斯巴达人领导的 7000 人希腊部队的袭击。这支小部队将波斯军队拖住了一个星期，其间双方大部分时间都在狭窄山口中对峙。

波斯人从温泉关突围并打通海上补给线后，穿过彼奥提亚（Boeotia），攻占了雅典。不过，雅典人早已预计自己会遭到入侵，已把居民提前疏散，城市处于空无一人的状态。古希腊和波斯的舰队在萨拉米斯再次发生冲突，而这一次古希腊人取得了胜利，波斯人则损失惨重。薛西斯一世确定海上战役已经失败，于是下令撤回舰队。这意味着波斯军队无法从海上得到补给或支持，所以大部分陆地上的军队也被撤走。

公元前 479 年，波斯军队残部在普拉蒂亚（Plataea）败于古希腊联盟大军。在这场战役中，古希腊人在与波斯长时间的对峙后开始撤退，他们保护好自己的补给线，诱使波斯人追击。在波斯人追击时，又猛杀回马枪，让对方猝不及防迎来一场大败。随后他们占领了波斯营地，摧毁了敌军。

波斯在普拉蒂亚战败后，海上的灾难也随之发生，在米卡利（Mycale）爆发的海战中波斯舰队全军覆没。这两场战役有效解除了波斯对古希腊的威胁，使古希腊人转守为攻。

提洛同盟

为击败波斯，古希腊城邦成立了提洛同盟。之所以取此名，是因为同盟的金库和会议地点都设在提洛岛。该同盟由雅典领导，致力于发动对波斯的战争。不过，同盟内的许多成员只是提供财政捐助。随着提洛同盟的部队将波斯驻军从占领区赶走，爱奥尼亚城市再次起义，这一次他们取得了成功。

后来，古埃及也起兵反抗波斯的统治，提洛同盟派出军队协助他们。四年战争后，反抗军大多被俘，波斯终于在公元前456年平定了叛乱。不过，在为争夺塞浦路斯控制权而爆发的海战中，古希腊人占到了上风。这场战役过后，古希腊和波斯之间的冲突逐渐结束。目前尚不清楚两国是否曾签署过正式条约，但公元前450年后，古希腊和波斯之间的战争彻底停息了。

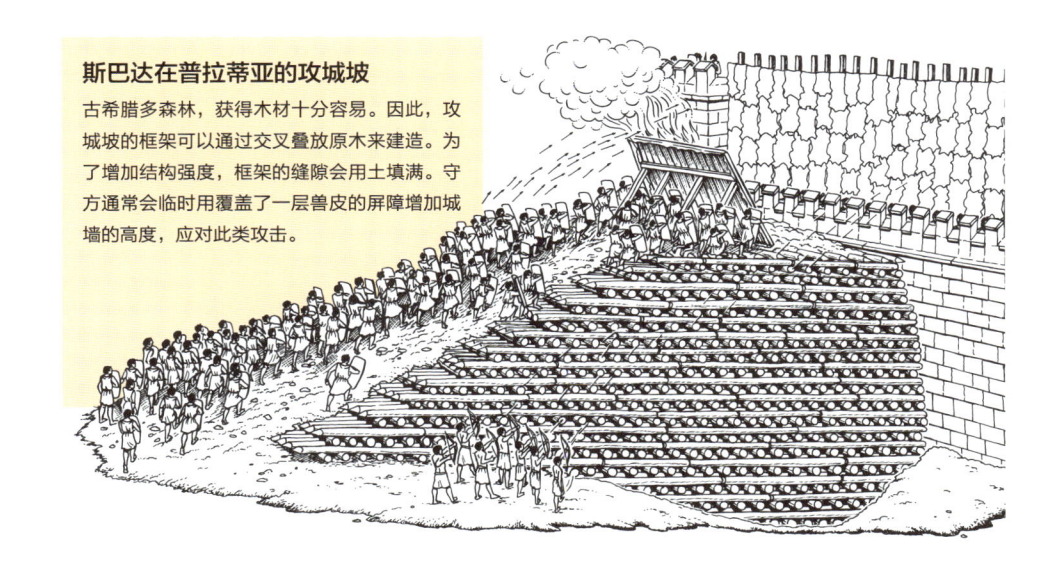

斯巴达在普拉蒂亚的攻城坡

古希腊多森林，获得木材十分容易。因此，攻城坡的框架可以通过交叉叠放原木来建造。为了增加结构强度，框架的缝隙会用土填满。守方通常会临时用覆盖了一层兽皮的屏障增加城墙的高度，应对此类攻击。

海战

战舰的发展是一个持续的过程,专业战舰脱胎自商船和渔船。已知最早的船只可以追溯到公元前 3000 年左右。最早的船只都是紧靠海岸航行的商船,在数个世纪的时间里,公海航行都没有发展起来。

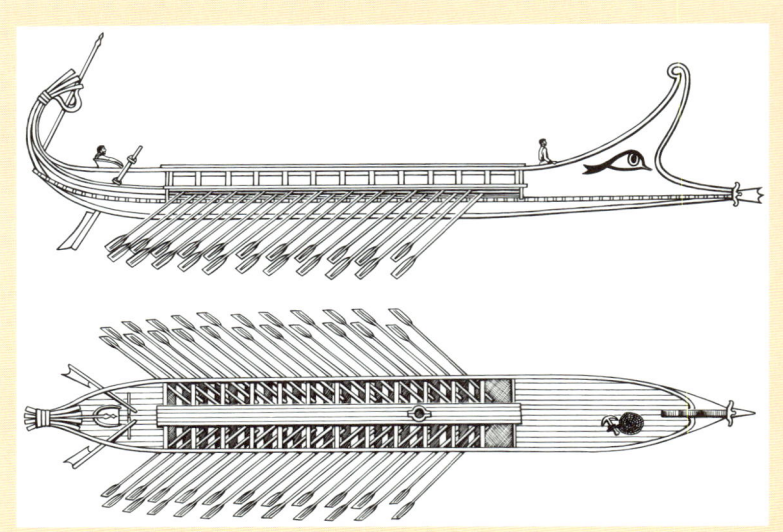

双列桨战船
双列桨战船因其两排船桨而得名,可能是公元前 8 世纪时腓尼基人发明的。它速度快且灵活,但战斗力有限。

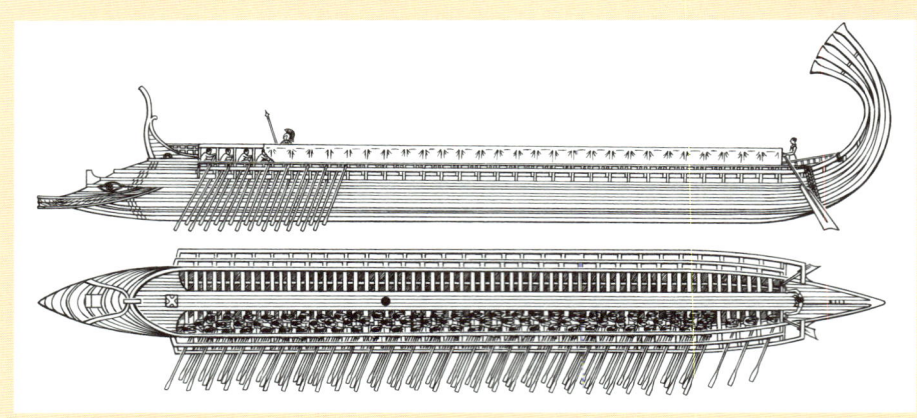

三列桨战船
三列桨战船是在双列桨的基础上发展而成的,作战能力更强。后来,三列桨战船成为许多地中海国家的标准战舰。雅典的三列桨战船载有约 20 名海军士兵,兵种包括弓箭手和长矛兵。

> "陛下，不要因为我们的遭遇而痛苦或悲伤。对我们来说，问题不在于木头，而在于人和马。"
>
> ——波斯将军马尔托尼乌斯，于萨拉米斯附近的海上战败后

由于吃水较浅，商船几乎可以进入任何水域，可在河流中航行，在夜间也可以被拖拽上岸。

地中海地区航行的各种船只被统称为桨帆船。桨帆船包含几种船型，各种船型又有许多种不同设计。它们的共同特点是能用船桨或船帆前进。

船的索具非常简单，而船帆只有在顺风的情况下才能派上用场。因此，军用桨帆船可以在顺风时利用风帆进行战略机动，但在大部分时间都得依靠船桨推进。由于战斗中不会使用船帆，所以在条件允许时，士兵会在开战前将船帆留在岸上。

早期的桨帆船每边都有一排船桨，被称为"五十桨战船"。后来，这些船逐渐被战力更强的双层桨船取代，现代历史学家称之为双列桨战船。不久后，甚至有三层桨的三列桨战船出现。

新武器，新战术

武器装备和战术的变化在很大程度上使船只的作战能力逐渐增强。公元前800年左右，战舰只有两种攻击方式：远程武器射击和跳帮作战[①]。这些攻击方式是可行的选择，但撞锤发明后，战舰可以给敌人造成更为致命的攻击。

装备了撞锤后，桨帆船可以从侧面撞向敌船，击碎敌船的骨架并使其沉没。或者也可以把自己的船桨先放在桨架上，然后在靠近敌船后折断敌船上的船桨，这样，失去控制的船只会把敌人甩来甩去，给敌人的桨手造成混乱。这种操作需要技术娴熟的船员才能完成，否则自己的桨手也将遭受同样的命运。在执行这一操作时，还可能因为动力不足，自己的船在靠近敌船的半途中就停在水面上。

---

① 跳帮作战是指让士兵登上敌人的战船作战。

一些撞锤经过设计，会在击中目标后断开，这样，攻方可以划桨撤退，避免与敌船的船员纠缠，因为他们可能会采取跳帮的方式逃离自己受损的船只。有的撞锤更加坚固，可以反复冲撞敌船。在重复撞击敌船的情况下，通过船员熟练的操作，攻方仍然可以迅速撤离，避免敌人的纠缠。

拥有更多船桨的船理论上可以产生更多动力，躲开敌船撞锤的攻击，并同时调整好自己的位置以便展开攻势。然而，能否将船桨数量的优势转化为动力，在很大程度上还是取决于船员的熟练与否。奴隶不可能懂得相关的技能，也没有作战的动力，所以经常会让雇来的职业桨手来操纵船只。

人们尝试制造四列桨战船和五列桨战船，希望能建造出更强大的船只。但建造有四或五组桨的船是不现实的，所以在最上层增加了额外的桨。因此，一艘五列桨战船可能安排有单独一个人操作最底层的桨，然后在上面的每一层再各安排两人划桨。该船仍然有三组桨，但比三列桨战船的动力更强——至少在理论上是这样。

在实战中，驾驶这些船只需要大量船员，但投入大量兵力带来的回报却越来越少。一些马其顿帝国的继承国所建造的巨大船只也面临同样的问题。在古埃及，托勒密四世建造了一艘有多个船体的"多列桨战船"，动力相当于每个船位都有40名桨手操纵。虽然船只外表看起来十分震撼，但它在战斗中并不实用。

古希腊、马其顿和波斯舰队的船只都是其貌不扬，但作战能力突出的三列桨战船。大多数船员都是桨手，船上还驻有一队海军。海军的战术选择会决定船只的设计。海军平时会练习远程进攻及参与（或协助抵抗）跳帮行动。喜欢以这种方式作战的舰队会在设计舰艇时充分利用自己海军的优势，而另一些国家的舰队则更倾向于依靠撞锤的攻击力作战。

在萨拉米斯海战中，波斯战船有很高的船舷和船尾，并载有30名左右的海军士兵，这些都是为跳帮行动而准备的。古希腊人更喜欢撞沉自己的对手，而不是与敌军互射弓箭和投枪，也不喜欢跳帮（不过，如果船长发现了某个战机，选择任何一种战术都是可能的）。他们只携带8名左右的海军士兵，船只吃水也更深。

古希腊船队最青睐的战术包括"包抄"和"冲撞"。前者本质上讲是指从侧翼包抄，创造从侧面冲撞进攻的机会，而后者则是将几艘船集中在敌人战线的某一点上，然后从这一点进行突破，让敌人的部队陷入混乱。

一般来说，撞锤冲撞的战术对操船水平和划船技巧要求更高，因为这一战术能否奏效，在很大程度上取决于船员能否在适当的时机加速，然后往回划船脱离敌军。缺乏这种技能的国家倾向于部署更大、更重的船只，并在船上设置更多兵力，希望通过远程进攻或跳帮作战击败敌人。

在很大程度上，当地的海面状况也是一大决定因素。在萨拉米斯，沉重的波斯船只受大浪阻碍，难以划行。而对质量较轻的古希腊船只而言，大浪的影响就不那么严重了。对于一个船队的指挥官来说，对当地海面状况的了解与对船员的战斗力的了解一样重要。

尽管希波战争主要是在陆地上进行的，但古希腊正是凭借海上力量才击败了波斯，得以转守为攻。海上力量也让古希腊城邦能通过贸易实现繁荣，并在地中海东部各地建立殖民地。在之后几个世纪的时间里，桨帆船和重甲步兵一样，都是古希腊力量和实力的象征。

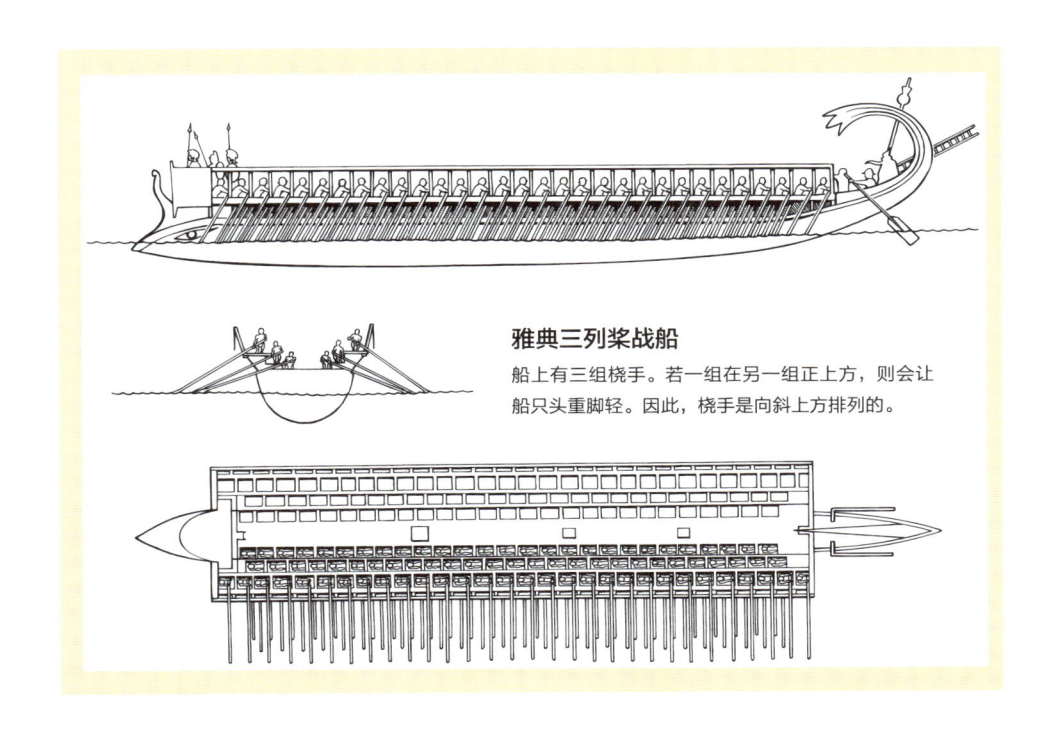

雅典三列桨战船

船上有三组桨手。若一组在另一组正上方，则会让船只头重脚轻。因此，桨手是向斜上方排列的。

萨拉米斯海战（前480年）

在阿提米西恩战役中，古希腊在海上不敌对手，之后在陆地上又面临一败，处于危险境地。他们为抵抗入侵组建的舰队规模明显不敌波斯，只得在萨拉米斯岛附近避难。一些城邦甚至在考虑撤回自己的船只，保护自己的利益。与此同时，波斯军队正向雅典进军。

雅典的政治家认为，古希腊人需要团结一致，并说服其他城邦把特遣队留在萨拉米斯。这些船需要协助雅典疏散人群，将民众运送到勉强还算安全的岛屿上。尽管波斯舰队经历了一系列风暴的摧残并与古希腊海军交锋，损失了许多船只，但他们的船只数量仍然大于古希腊各城邦的舰队的船只数量。虽然如此，波斯还需要依赖海上力量才能保持军队的供应，维持入侵活动的进行，而古希腊舰队仍然能对波斯人的供应线构成严重威胁。

波斯舰队需要击溃古希腊海军，确保军队的供应路线不被破坏。由于整个古希腊舰队被封锁在萨拉米斯附近的海峡中，波斯有了一击制胜的机会，可以一举消除古希腊的威胁。如果成功了，他们就不用在未来几个月或几年里追击零散的古希腊船只或应对他们烦人的袭扰了。

此外，报复雅典也是这次入侵的目标之一。摧毁萨拉米斯的古希腊舰队不仅可以消灭雅典海军，而且可以让波斯人登上岛屿，抓捕在岛上避难的雅典人。

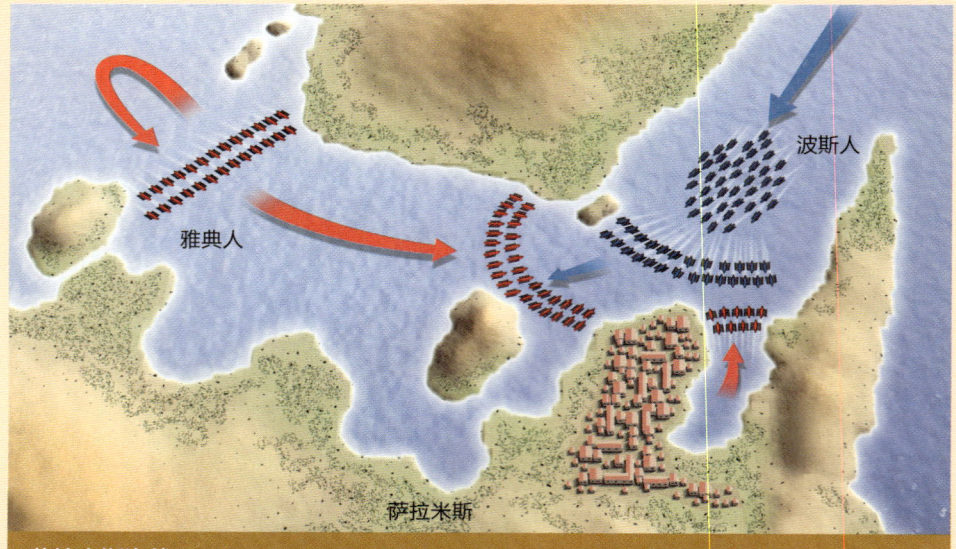

萨拉米斯海战

古希腊人懂得怎么欺骗敌人，也有着出色的航海技术，因此能在萨拉米斯击败了实力超强的波斯部队。古希腊船只更强大，但头重脚轻，不易操纵。于是古希腊人将计就计，将波斯人引向不利于波斯船只行驶的狭窄水域，然后对他们发动伏击。

古希腊的弱点

古希腊人成功召集了一支规模非常可观的船队。不过,很多人在看到波斯舰队到达时就逃跑了,只剩下大约310艘船可以作战。相比之下,波斯至少有700艘船可以参加战斗,而且它们刚刚经历过大修,船只情况要优于古希腊的船队。

古希腊的指挥结构分散,各城邦的首领就待办事项和优先事项争论不休。因此,当雅典指挥官提米斯托克利(Themistocles)送来信息,表示愿意投靠他们时,波斯指挥官们并不感到惊讶。

提米斯托克利告诉波斯人,有一部分古希腊舰队计划摸黑逃跑,于是波斯随即决定部署船只来追击任何意图逃跑的敌船。第二天早上,一支科林斯舰队开始沿着萨拉米斯海峡撤退,其他古希腊船只也跟随其后。

波斯人用船只来困住逃跑的古希腊船只,并命令主力部队进入海峡,希望发动两面夹击。然而,逃亡的古希腊船只出现后便排成了战斗队形,这时波斯才发现中了诡计。其他埋伏的古希腊战舰也从侧面的航道中驶出,向波斯人的侧翼扑去。波斯舰队虽然在数量上占有优势,但因为这是在狭窄的水域中而不是公海上作战,他们数量的优势反而成了劣势。此外,波斯舰队阵型混乱,无法有效发挥出自己的力量。虽然大多波斯战舰的海军数量是他们的两倍,但古希腊人还是孤注一掷,把所有的战斗人员都部署上了船只。此时,甚至大海也成了对波斯不利的因素:波斯战船船头较重,船尾较轻,而这天早晨海上起了浪,让战船很难控制。

左图 一幅关于萨拉米斯海战的现代绘画,画中一艘古希腊船只冲撞上了一艘较高的波斯船只。但战舰在战斗中通常不会使用船帆,在理想情况下会将船帆留在岸上。

古希腊船只用撞锤和远程武器攻击,杀死了波斯海军司令,给对方造成了更多混乱。古希腊人发泄着胸中的怒火,击溃了一些波斯人舰队,打开了一道缺口,并通过这些缺口攻击波斯其他的舰船。很快,整个波斯舰队就在古希腊人的追击下开始慌乱撤退了。

第二天早上,古希腊人开始修理自己的船只,准备进行下一次进攻,但此时波斯人其实已经呈现败象。他们还能作战的船只不如古希腊人的多,而且士气也被这场突如其来的失败击垮了。

波斯舰队在第二天晚上撤退,这也给陆地上的战役画上了句号。在没有一条安全跨海补给线的情况下,波斯军队无力持续在古希腊本土作战。因此,古希腊的海军力量确保了陆地战争的胜利,挫败了波斯人入侵的野心。

伯罗奔尼撒战争

随着时间推移，提洛同盟成了雅典的主导力量。雅典对联盟的其他成员发号施令，并惩罚那些试图脱离同盟的成员。同盟不再提供军队和船只，而是开始向雅典支付实际上的贡品，雅典将收获的很大一部分资金用于非军事目的。

随着对雅典不满的升级，公元前465年，萨索斯（Thassos）不仅离开了同盟，还转而与波斯结盟。与此同时，对雅典敌意与日俱增的斯巴达也脱离了同盟。公元前457年，斯巴达挥师进攻雅典，双方冲突开始公开化。到了公元前431年，由雅典领导的提洛同盟和由斯巴达领导的伯罗奔尼撒同盟之间的火药味越来越浓。随着双方所谓的三十年和平条约崩溃，战争终于爆发了。

和希波战争初期的兵种相比，伯罗奔尼撒战争的兵种更加多样化。重甲步兵仍是军队的核心，但现在他们还能得到轻甲步兵和骑兵的支持。

战争双方的部队间也存在差距。雅典主要是海军大国，而斯巴达则是陆地上的军事强国。双方都尽可能地利用自己的优势：雅典人维持着海上封锁，而斯巴达人

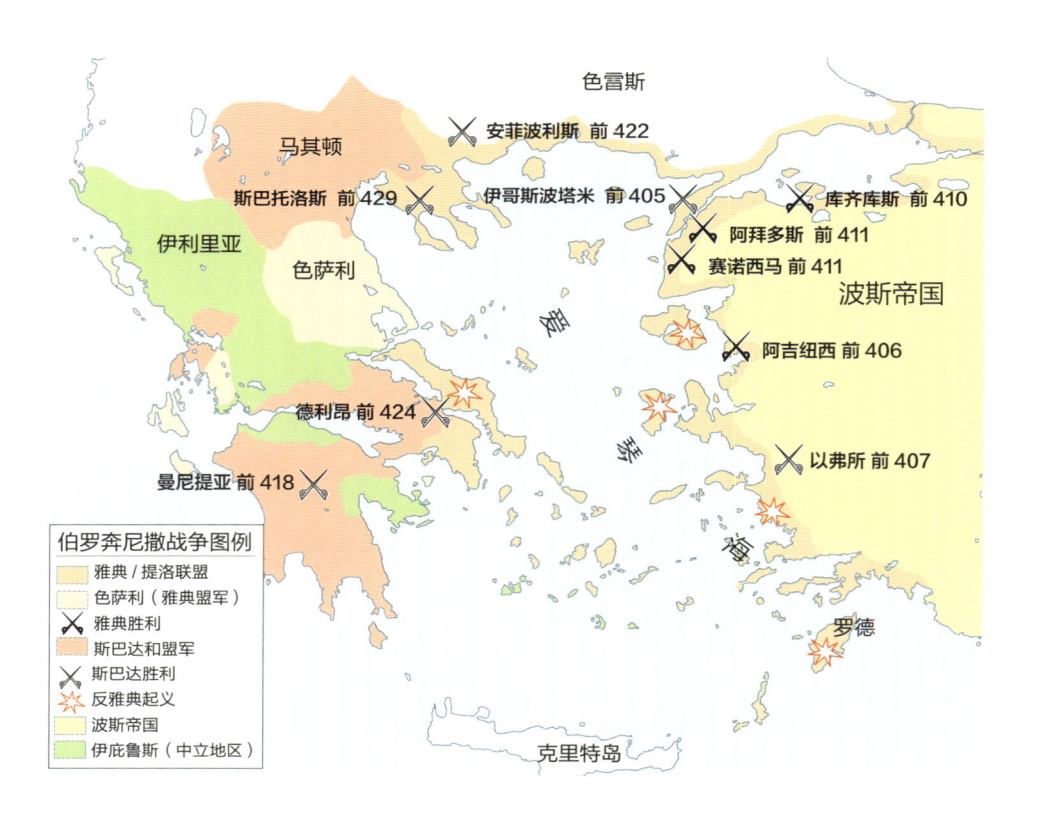

及其盟友则在陆地上寻求给雅典致命一击的机会。

雅典的战略包括切断伯罗奔尼撒同盟的供应，并夺取联盟在海外的领土。雅典在公元前415年远征叙拉古就是对夺取伯罗奔尼撒同盟领土的尝试，但这一仗打得并不明智。

斯巴达崛起

斯巴达不可能像中央集权帝国那样控制整个古希腊，但它有机会通过禁止可能威胁其军事力量的联盟来保持其统治地位。尽管如此，斯巴达的地位也并不是完全不可动摇的。

在伯罗奔尼撒战争中失利后，雅典实力大幅削弱，但仅仅一年后，他们仍成功摆脱了斯巴达人获胜后强加给自己的寡头统治，恢复了自己青睐的政府形式。这一举措是对斯巴达权威的挑战，但斯巴达并没有对此做出回应。这可能也推动了阿尔戈斯、雅典、科林斯和底比斯结成联盟。

结成联盟后，历史上所谓的科林斯战争爆发了。这场战争从公元前395年一直持续到公元前387年。起初，斯巴达取得了胜利：斯巴达的重甲步兵方阵与盟军的方阵相比有过之而无不及，他们理所当然地战胜了对手。然而，盟军却在战术创新方面获利。在公元前391年的勒卡埃乌姆（Lechaeum）战役中，一支轻盾兵部队就通过随打随走的战术击败了斯巴达的重甲步兵。

从第二年起，科林斯战争中冲突的强度相对较低。当一直支持盟国的波斯帝国转而帮助斯巴达时，战争就结束了。双方签署了一项条约，虽然雅典确实得到了一些好处，但还是基本上回到了战前的状况。

战后，底比斯的实力逐渐增强，开始被斯巴达视为威胁。尽管在公元前378年时，斯巴达在底比斯的驻军已经全被撤走，但公元前382年时，斯巴达还是做出了回应，派军队占领了底比斯的要塞。两座城市之间的战争几乎不可避免。

底比斯军队占领了斯巴达此前在彼奥提亚的领土，斯巴达随即要求底比斯撤军。但底比斯无动于衷，于是斯巴达派出一支军队向底比斯进发。这支部队主要由重甲步兵组成，还有一些骑兵和轻甲部队作为支援。底比斯人拥有更多的轻甲部队，但士兵总量不及斯巴达。为了避免失败，他们不得不进行战术创新。在公元前371年的留克特拉（Leuctra）战役中，通过回撤一边侧翼并加强另一边侧翼，底比斯军队成功击败了所谓战无不胜的斯巴达方阵。

叙拉古之战（前415—前413年）

雅典人试图通过征服科林斯殖民地上的富裕城市叙拉古来增强自己的实力，于是派出一支载有小规模军队的舰队前往西西里岛。这是一项艰巨的任务，因为雅典人此前从未在如此远的距离发动过两栖作战行动，舰队在沿海水域缓慢前进，每晚靠岸休息，这给了叙拉古人充分的准备时间。

雅典这次的行动起初十分顺利。他们故意让叙拉古人出兵攻击自己的营地，然后趁机登上叙拉古人的船，沿海岸线迅速前进，在叙拉古城门前排好了阵型。相比之下，叙拉古人的军队只能艰难地回追。

虽然叙拉古没能成功驱赶雅典人，但对方直到冬天来临前都没能再取得任何战略进展。到了春天，叙拉古人已经完成了对防御工事的升级。在经过几番战斗后，雅典人重新建立了自己的阵地。之后，双方都希望保持自己对重要地形的控制，于是在一段时间内，各自都忙于建造防御工事。双方后来爆发的激战都集中在前哨、堡垒和城墙处，而雅典人最终取得了胜利。

在雅典对叙拉古的围城作战步步推进时，斯巴达来援，开始与雅典人爆发冲突。叙拉古人也频繁出城作战。虽然这些反抗行动基本上都没有收获任何成功，但也确实消耗了雅典的兵力。

斯巴达和科林斯的船只不断抵达，实力增长到了可以与雅典舰队旗鼓相当的程度。雅典也向西西里岛增派了部队，不过由于雅典还需要抵抗斯巴达对古希腊本土的攻击，对这次作战的支持有所减少。

双方进一步交战后，雅典舰队被封锁在了港口里，他们的几个防御工事也被攻破。由于雅典的补给船队遭遇拦截，他们的军队逐渐被围困在自己的围城工事中，而舰队力量也在敌方海军的攻击下逐渐削弱。

尽管雅典的增援部队抵达，并对城市发起猛攻，但还是无法重获优势。在营地疾病流

叙拉古之战

雅典人试图用围墙围堵叙拉古，守方于是建造了一堵与攻方交叉的"阻碍"墙。他们的舰队被困在港口后，雅典人就立刻发现自己不得不转攻为守。他们最终被赶到内陆，被迫投降。

上图 雅典舰队在叙拉古港口被逼入绝境,反复遭到攻击,实力大减,无法从海上突围。

行、士气崩溃、军队缺乏补给的情况下,雅典人还遭到了来自陆地和海上的攻击。渐渐的,他们唯一的选择只剩下逃跑了。

在激烈的战斗过后,雅典还是没能突破叙拉古舰队的包围,只得放弃了逃离西西里岛、返回家园的任何希望。雅典人转而向内陆撤退,在撤退的过程中还受到了敌人骑兵和轻甲部队的骚扰,最终陷入了前有堵截、后有追兵的窘境里。

雅典人背水一战,尝试突围,打算沿着海岸线逃跑。雅典的后卫部队遭遇包围并被迫投降。不久后,完全无心恋战的主力部队也被拖入战斗。在一场不啻大屠杀的惨案后,幸存的雅典人只能投降了。

在叙拉古的失利不仅挫败了雅典的威望和士气,几乎掏空了国库,还使雅典损失了大量的船只和人员,而这些缺口都是不易填补的。雅典尝试让同盟为自己提供船只和人员,但这一举动引发了盟友的不满,他们认为自己为战争做的贡献已经足够大了。

在战争的最后几年,斯巴达人鼓励雅典的盟友造反,并通过切断粮食和白银供应逐渐削弱了雅典的战争能力。最终,国库全空的雅典被迫投降,斯巴达转而成为古希腊的主导力量。

上图 重甲步兵的盔甲、头盔和胫甲在这个浮雕中清晰可见。古希腊重甲步兵享有的地位与其他军队中的重甲骑兵相当，在兵法战术中也受到了很大重视。

这次胜利后，底比斯的军队将战火烧至斯巴达领土上。不过，这场战斗其实只是一次相当低调的进攻，没有取得任何决定性的战果。随着战争逐渐结束，底比斯和斯巴达都成为古希腊事务的主要参与者，但斯巴达再也没能恢复自己以前的威望和权力。

在公元前362年的曼提尼亚（Mantinea）战役中，底比斯军队再次击败了斯巴达军队。在这场战役中，双方都有规模巨大的联盟支援，这也是古希腊各城邦军队之间规模最大的一次交锋。战后，获胜的底比斯短暂地取代了斯巴达，成为古希腊的主要力量，但这场冲突削弱了古希腊各城邦的整体实力，为马其顿军队的成功入侵创造了机会。

重甲步兵作战

古希腊城邦的公民士兵制度能通过总动员的方式迅速集结起大量军队，而且政府只需支付很少的费用。但是，古希

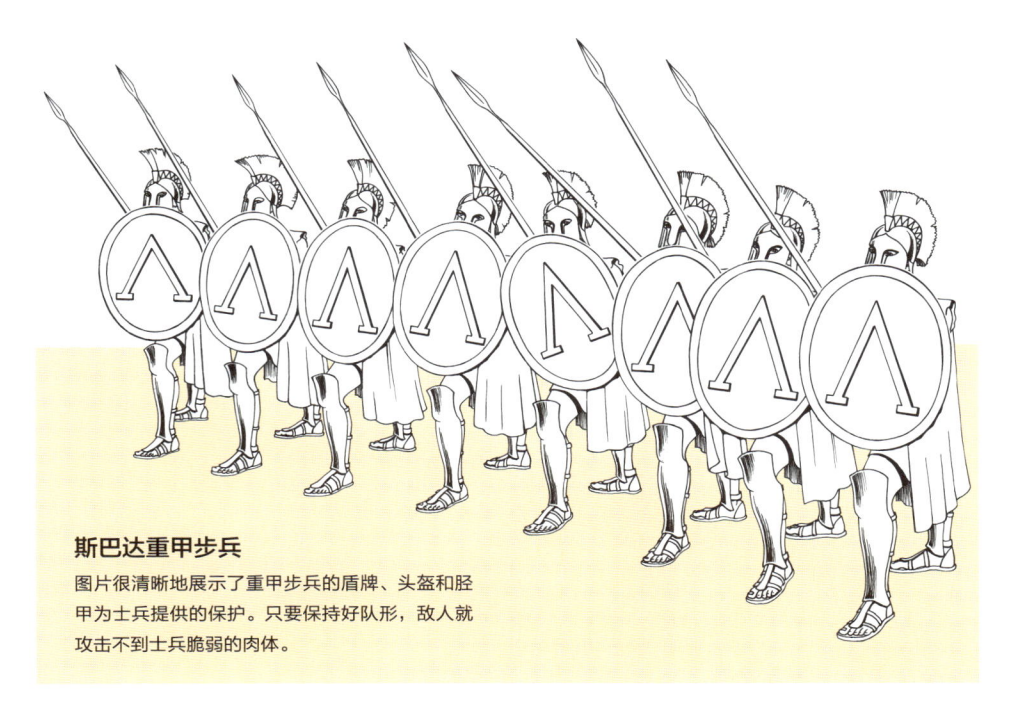

斯巴达重甲步兵
图片很清晰地展示了重甲步兵的盾牌、头盔和胫甲为士兵提供的保护。只要保持好队形，敌人就攻击不到士兵脆弱的肉体。

腊不可能对这种志愿部队进行大量训练，此外，长期作战也会对经济产生灾难性破坏。因此，古希腊出现了一种典型的方阵作战形式。这种作战方式在对付同样排成方阵作战的敌人时非常有效，在对付任何试图正面进攻方阵的对手时也十分奏效。事实上，唯一能够在方阵的攻击下生存下来只有另一个规模相当的方阵。

这种战争形式非常适合解决城邦间的争端，因为各城邦都采取类似的战术作战。然而，在与外来者发生冲突时，或者在指挥官背离了常规的战争形式时，这种作战方式的弱点就会显现出来。

能否成为重甲步兵与一个人的社会地位有关，士兵在战斗中的表现也对他在城邦日常的生活有很大影响。在结成方阵作战时，失败并不太可耻，因为整个城市的男性或多或少都和这次失败有关，但丢下盾牌逃跑的重甲步兵在其同辈眼中则十分可鄙。

长矛和盾牌是方阵作战中必要的装备，也是男子汉的象征。除此之外，其他军事装备对那些关心自己社会地位的人来说也很重要。

装备全副盔甲的人有资格站在方阵的前排，盔甲较少的人在后面，而没有盔甲的人则要站在最后。虽然站在方阵的最前面能提升社会地位，但这也是喜忧参半之事，因为前排的士兵在战斗中要同时面对敌军的好几个枪尖，在随后的战斗中也容

上图 普拉蒂亚之战是波斯入侵古希腊的最后一场陆地战争。落败后，波斯人被赶回了营地，随即遭到屠杀。

下图 这块铁制胸甲可以追溯到公元前4世纪，上面绘有马其顿国王腓力二世的符号。这块胸甲可能只用于仪式，也可能在实战中使用。

易被枪尖刺伤或被其他人踩伤。

通过在最危险位置作战来提升社会地位的这一说法绝不是重甲步兵战争所独有的。在之后的历史中，士兵也会争先恐后地申请加入执行高风险任务的部队，或成为敢死突击队的成员。他们期望借此赢得晋升，或得到他人对自己勇气的认同。

在城邦部队中，社会秩序和军事系统关系十分紧密。一个士兵的表现如果达不到其他士兵的期望，那么他在战役结束后几乎会被社会抛弃。因此，士兵有强烈的动机，希望在危险、暴露的位置作战。

训练与战术

重甲步兵的战术非常直截了当。如前所述，重甲步兵的交战方式往往有些形式化，军队沿着一条可预测的路线行进，如此一来，对手便能在适合战斗的地方拦截并交战。双方在平坦地面上排成战斗队列后，便会水平举起长矛向对方推进。

排

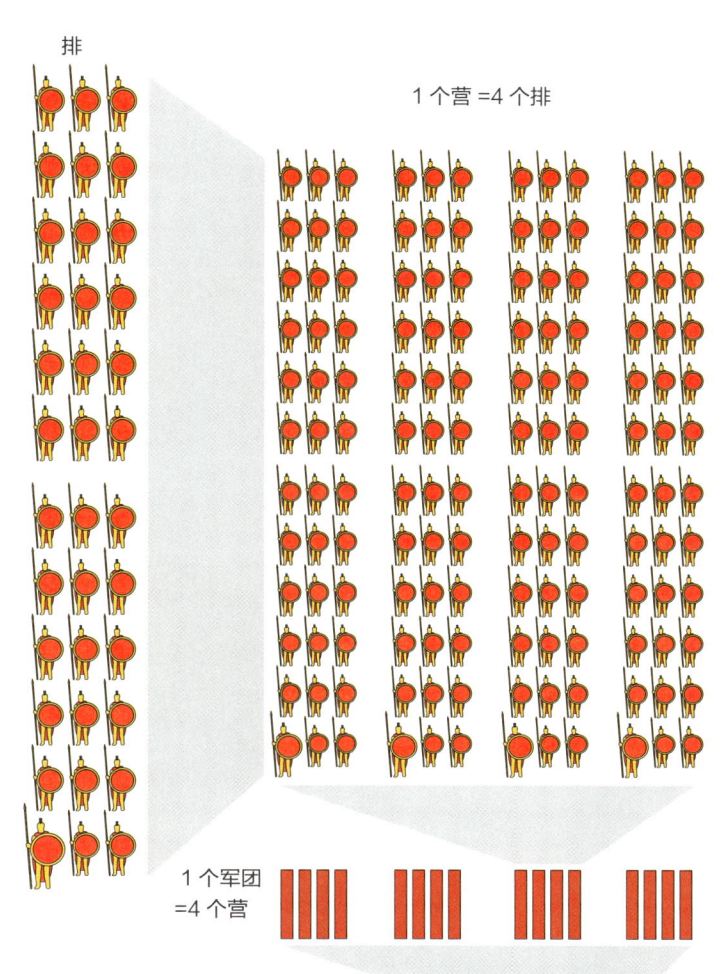

1 个营 =4 个排

左图 斯巴达军单位结构。斯巴达军队最小的单位是排，由三排12人小队组成。排组合成"五十人队"（真实规模为144人），两个"五十人队"组成方阵的基本单位——营。一个军团由四个营组成。一个营由四个排组成。

1 个军团 =4 个营

军团

每个重甲步兵都受自己盾牌及右侧士兵盾牌的保护。这导致方阵在前进时有向右倾斜的趋势，因为每个人都试图确保身边队友盾牌能挡在自己身前。在条件允许的情况下，方阵会试图包围敌人较弱的左侧，这样便能攻击敌人无盾牌保护的那一侧。

为了应对队伍渐渐向右倾斜和容易混乱的问题，每一列重甲步兵的头尾都设有一名领队指挥。作战经验最丰富的士兵会被安排在队伍的右侧。在方阵战术被时代淘汰后的很长一段时间内，这种将最优秀的士兵或兵种安排在队伍右侧的传统也还一直延续着，出现在其他形式的战争中。

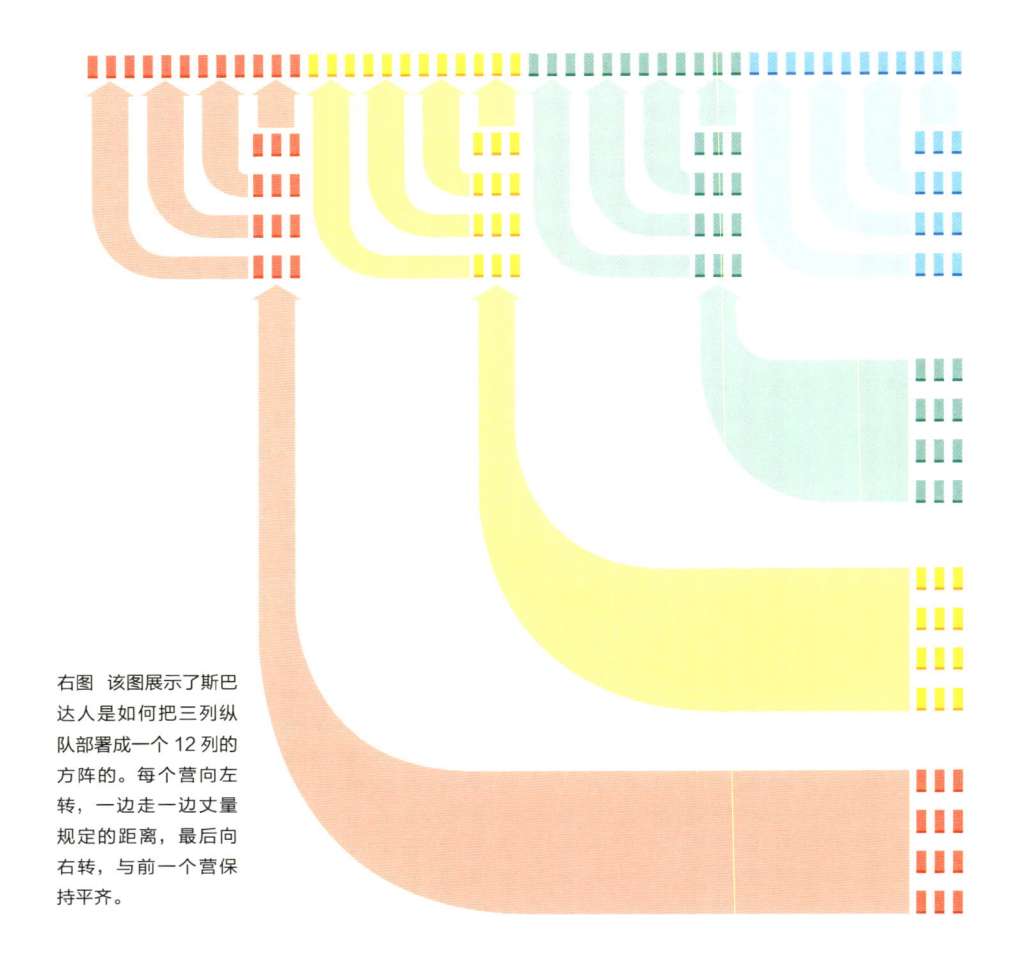

右图 该图展示了斯巴达人是如何把三列纵队部署成一个12列的方阵的。每个营向左转，一边走一边丈量规定的距离，最后向右转，与前一个营保持平齐。

在其他条件不变的情况下，双方将最优秀的士兵部署在右侧后，两个方阵强大的右翼都会倾向于进攻对手较弱的左翼，这样一来，两个方阵便很可能会围绕一个中心点旋转作战。

为了保持部队的凝聚力，方阵通常会谨慎地稳步前行。不过，如果敌人看起来很弱或仅存残兵败将，那么重甲步兵则可能会以跑步的方式进攻。即使在步行前进的情况下，几千名重甲步兵所能形成的冲击力也是巨大的。长矛对盾牌、盔甲和肉体的第一轮冲击可能就足以打破一方的阵型。

在双方首次交锋后，方阵可能会回撤并准备再次发动进攻，或者双方会在你拥我挤中缠斗在一起。其实，长矛这一武器就足以让几排士兵进攻到敌人了，但方阵之所以有纵深，主要是为了让后方的士兵能够为前方的士兵提供支撑，把他们推往前面作战。

你推我搡

在重甲步兵近身肉搏时，能否获胜在很大程度上取决于人数优势转化成的推力的大小。但在给前方士兵提供推力时，后方士兵必须协同一致，否则方阵里的士兵会由于推力过大而倒下。方阵成员彼此之间需要有极大的信任。士兵同仇敌忾，同甘共苦，战场上的经历成为他们在战斗结束后也能团结一致的重要因素。

重甲步兵会进行推盾训练，这是一种方阵中的每名士兵一致小心向前走几步的机动动作。学会如何在移动过程中保持队伍队形及动作协调一致至关重要，所以这

古希腊战术的发展

1. 马拉松战役中的方阵有四排。
2. 方阵设置了轻盾兵作为屏障并设置骑兵支援，保护脆弱的侧翼。
3. 底比斯人的阵型，在主方阵斜向前进时，轻盾兵和骑兵压制敌人的侧翼。
4. 马其顿方阵有八排，由重甲骑兵突围。
5. 马其顿帝国继承国的阵型——利用战象和骑兵来突围，并从后方打击敌人。

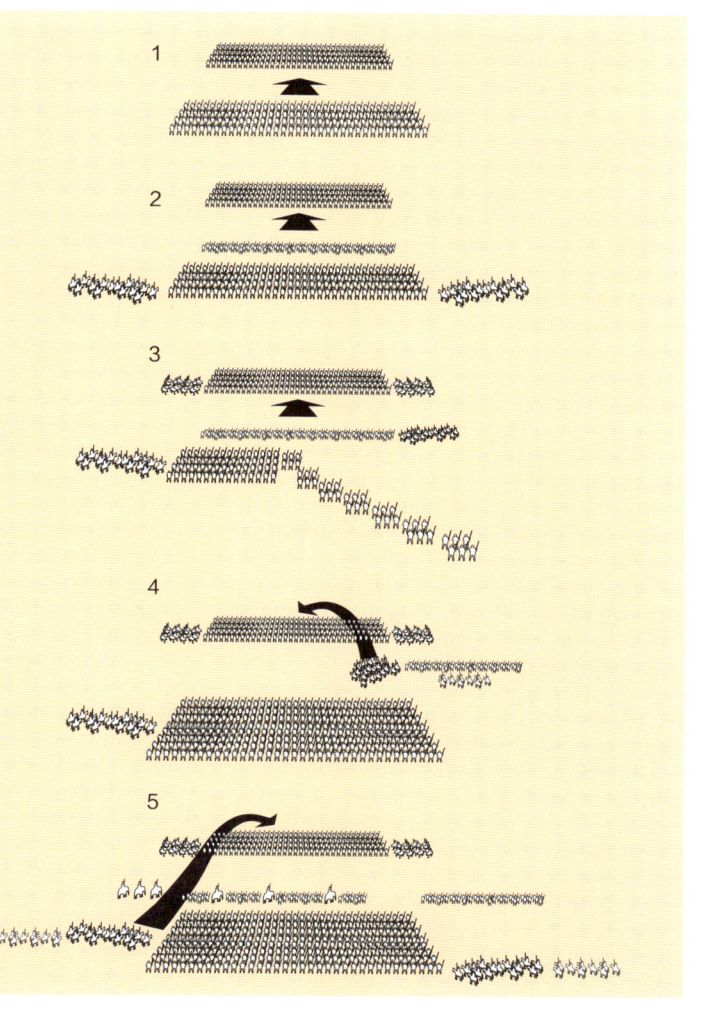

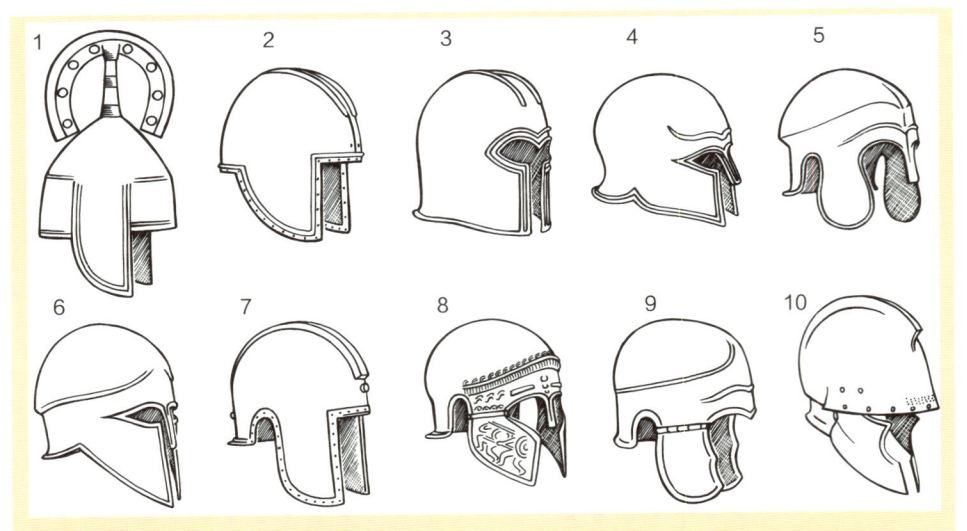

重甲步兵头盔

1.锥形头盔（阿尔戈斯，前700年）；2.伊利里亚式头盔，分为两半，由铆钉钉牢（奥林匹亚，前650年）；3.科林斯式头盔，覆盖眼睛和下颚线（前600年）；4.科林斯式头盔（前550年）；5.哈尔基斯式头盔，可以听得更清楚（前500年）；6.科林斯式头盔（前500年）；7.后期伊利里亚式头盔（前480年）；8、9.带有铰链护颊的哈尔基斯式头盔（前450年）；10.色雷斯式头盔（前300年）。

种战术机动十分关键。重甲步兵练习的其他机动方式不多，但如果执行得当，推盾可以带来胜利；如果执行失误，方阵就要吞下败果。

向前推进是重甲步兵战争的核心和灵魂，因为能将对手逼退的一方会获得优势。重甲步兵很难把脚往后抬起，所以士兵容易绊倒或跌倒。士兵绊倒或跌倒这不仅很可能会导致不幸倒下的士兵受伤或死亡，而且将削弱整个队伍的实力。

倒地的士兵有可能被自己人踩死，就算没有死去，在敌人逼近后，那他也会被敌人长矛的矛尖刺死。长矛非常重，如果士兵拿着长矛用力向下一刺，将能毫不费力地刺穿厚厚的青铜胸甲。

随着士兵倒下和重甲步兵队形的推力下降，敌人的势头会越来越猛，到最后士兵会开始从方阵的后方逃离战场。到了这时，溃败已成定局，而敌人随后还将会开始追杀逃兵。两军第一次接触时和一方部队溃败后是战场上伤亡最为惨重的时候。逃兵会被长矛杀死，或被敌人方阵活活踩死。

一方方阵的瓦解是另一方获胜的象征。战后，双方通常会签订和平条约。和约的条款很少会过于严苛，主要目的还是解决争端。如果条件难以接受，落败一方的城邦只需关闭城门，准备抵抗围城战，而围城作战对攻方来说也是得不偿失的。

重甲步兵方阵的冲突在很大程度上是一种血腥的谈判形式，它能给予胜利一方更多的谈判筹码。在年复一年的时间里，城邦之间可能都在经历着争端出现、方阵交战和签署条约的循环，有时这种循环还会多次出现在两个城邦之间，这是政治谈判的重要组成部分。

即使战场上出现了轻甲部队，他们的任务通常也只是骚扰敌人的方阵或与对手的轻甲部队作战。不过，他们偶尔也会在战斗中发挥更重要的作用。如果轻甲部队能够混入敌人的重甲步兵之中，他们就能在方阵中造成巨大的破坏。对于一个专注于执行自己在方阵中的任务、戴着限制视野和听力头盔的重甲步兵而言，他可能到丧命都没有发现背后有人持刀逼近。

在其他情况下，轻甲部队能够以重甲步兵不习惯的作战方式来击败他们。因为装备沉重的重甲步兵无法抓住那些跑过来丢掷投枪，然后在自己反击前就已经撤退的轻甲部队。不过，在城邦时期，当古希腊发生内部冲突时，双方很少会像这样派上轻甲部队作战。但是，当古希腊人与其他不按套路出牌的敌人作战时，重甲步兵方阵的弱点就将被无情利用。

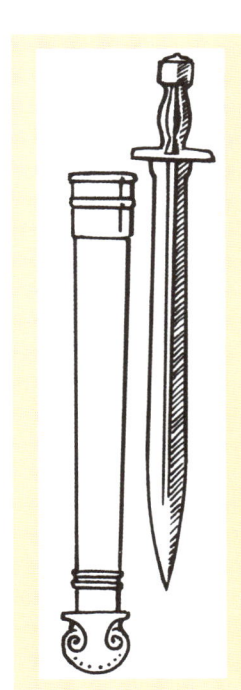

右图 重甲步兵盾
重甲步兵的盾牌主要由木头制成，有一层青铜饰面。盾牌的背面是皮革，有一个手柄，士兵通过把手臂穿过带子来获得更多的支撑。

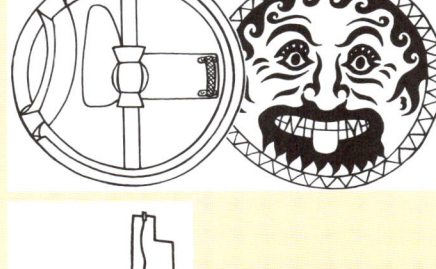

左图 重甲步兵剑
重甲步兵的剑是近身战斗的备用武器。刀片呈叶片形，可以集中武器的重量，给敌人造成重击。重甲步兵没有接受过剑术训练，所以他们在战斗时往往没有什么技巧，但攻击十分有力。

左图 重甲步兵胸甲
一些重甲步兵使用坚固的金属胸甲。其余的步兵则装备周身有金属鳞片加固的胸甲。古希腊盔甲的设计让臀部可以自由活动，让重甲步兵在必要时可以跑步进入战斗。

装备与军事组织

古希腊公民士兵的主武器是名为"多鲁"（doru）的长矛。士兵手持这一武器及大圆盾进行近身作战。组成的部队被称为重甲步兵。

重甲步兵排成一种名为方阵的紧密队形作战。那些有胫甲、胸甲、头盔等提供额外保护的士兵将排在前排作战，而装备较差的士兵则排在后排。

方阵不是一种机动灵活的阵型，但在城邦时期的程式化战争中，机动性强弱其实并不太重要。交战的两个城邦会默认使用方阵相互冲撞，直接较量。

之后，轻甲部队的重要性逐渐显现，虽然他们的风头还是会被重甲步兵抢走。轻甲部队中最受推崇的是轻盾兵，之所以如此命名，是因为他们使用质量较轻的月牙形盾牌。轻盾兵的装备比重甲骑兵便宜，所以穷人如果没有能力加入方阵，也可以以轻盾兵的身份参战。

轻盾兵的主要作战武器是投枪，他们的任务是骚扰敌人方阵，并确保己方重甲步兵的侧翼安全。一些轻盾兵配备了用于近身战斗的剑，还有的则携带刀或匕首。不过，他们主要作为散兵作战，近身战斗仍是专属于重甲步兵的任务。

有时会从古希腊以外的地区招募轻盾兵，有时也可以在古希腊本土雇佣轻盾兵。轻盾兵在雇佣兵中非常普遍，以至于"轻盾兵"这个词有时会与"雇佣兵"同义，用于指代一般意义上的雇佣兵，而不再特指某一兵种。

对于一支除了按照常规与方阵作战外还有其他战术安排的部队来

色雷斯轻盾兵

轻盾兵因他们使用的小盾牌而得名。这些士兵用投枪支援方阵。有时，他们会骚扰、破坏没有轻盾兵的方阵，避免近距离作战。

说，轻盾兵和其他类似的兵种将会非常有用。波斯帝国有自己的轻盾兵，或者说他们有至少在装备和作用上与轻盾兵很相似的部队。除了作为散兵作战外，轻盾兵还可以用来驱赶敌人的轻甲部队。

拥有剑和盾牌使轻盾兵比其他轻甲步兵更有优势，因为他们能够应对一系列情况。此外，轻盾兵和重甲步兵之间偶尔也会有一些融合。有一些史料中提到过一种疑似轻盾兵的兵种，但他们使用的装备是刺矛而非投枪。这一兵种可能是作为实验品或出于战时需要而投入使用的一种"轻型"重甲步兵。

装备重量最轻的部队被称为轻步兵（他们还有各种其他的名称）。轻步兵没有任何保护装备，有些人甚至是赤身裸体登上战场。他们的任务是用投枪、弹弓和弓箭骚扰敌人，有时也通过投掷石头进攻。轻步兵地位较低，人们通常认为这一兵种并不能帮助击败敌人的方阵。

轻步兵会帮助掩护侧翼。他们没有经过训练，也没有明确的组织，只是占据了战场的一部分地方，会遭到其他兵种的嫌弃。不过，一些城邦的组织会更为清醒，会派上弓箭手和其他远程进攻部队，试图集中火力，而不是让轻步兵单打独斗。不过，这种战术从来都不是特别成功，轻甲部队也从未获得过任何真正的地位。

骑兵也很罕见，而且他们的战术意义不大。在古希腊程式化的战争中，侦察并不重要，而且骑兵面对列阵整齐的方阵也无能为力。但一旦一方溃败，骑兵和轻步兵可以以更快的速度追杀敌方逃跑的重甲步兵，证明自己的重要性。

马其顿的崛起

马其顿位于古希腊北部，城邦由国王独掌权柄，因此远比古希腊的城邦更加统一。国王腓力二世在完成对马其顿的统一后，立刻开始向色萨利和色雷斯扩张。因此，马其顿军队一直征战到了公元前 342 年。完成征服后，腓力二世又马上将目光南移，希望入侵和征服南部的土地。

马其顿的扩张是通过外交、贿赂和武力等各种方式结合进行的。由于无法独自击败强大的马其顿军队，许多城邦决定不冒险结成联盟抵抗，选择服软，对马其顿保持中立或友好。

不过，抵抗最后还是出现了。以雅典和底比斯为首的联盟准备抵御马其顿的入侵。公元前 338 年，马其顿的军队在喀罗尼亚（Chaeronea）与盟军交战。尽管马其顿人训练有素，并在先前的战役中得到了磨砺，但还是与联盟军僵持了一段时间。

留克特拉之战（前371年）

虽然斯巴达是此时古希腊的主要力量，但底比斯的地位不断提高，控制了斯巴达此前在彼奥提亚的领土。更青睐斯巴达而非底比斯的彼奥提亚各城邦向斯巴达求援，斯巴达也应允出兵。一支斯巴达军队向底比斯进发。

底比斯设法征召了约6500名重甲步兵应对来敌，此外还有1000名轻盾兵和1500名骑兵提供支持。鉴于这些部队中的许多士兵来自彼奥提亚地区，他们并不可靠，尤其在战局发展不利的时候。斯巴达军队由1万名重甲步兵组成，另各有1000名骑兵和轻甲步兵提供支援。

底比斯人发现自己处于困境之中，他们必须迎接斯巴达人的挑战，否则将面临全境叛乱的危险。然而，他们的军队可能甚至在战斗还没开始就会逃离战场。此外，斯巴达战士骁勇善战，无人能出其右。底比斯人没有任何办法，只能趁大部分彼奥提亚人逃离战场之前，赶紧与斯巴达约战并开战。在面对数量多于自己两倍且战斗素质为当世最佳的斯巴达重甲步兵方阵时，底比斯人没有什么希望在正面交锋中击败对手，于是决定采用一种新战

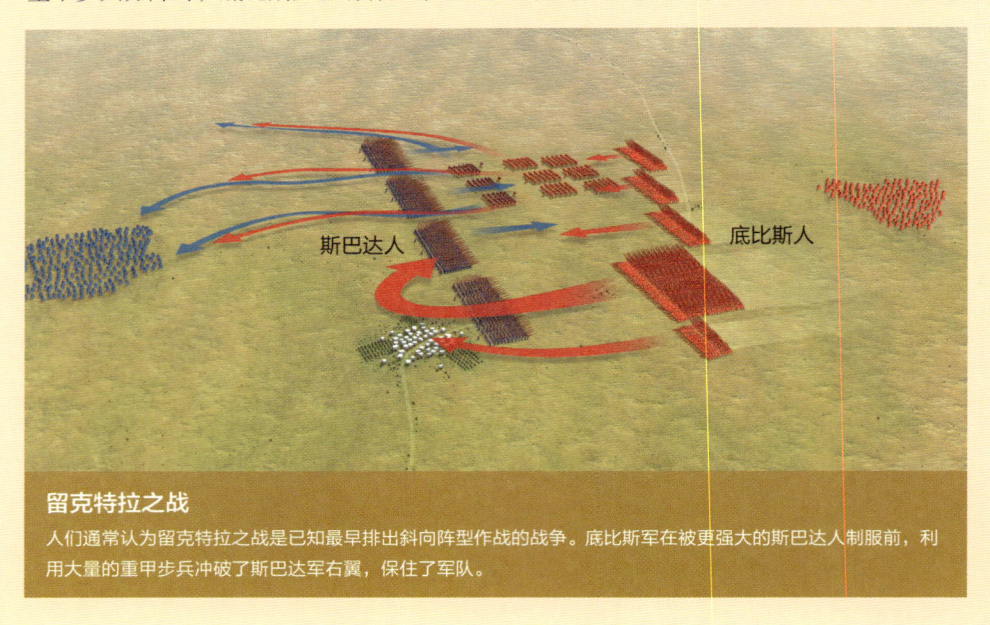

斯巴达人 **底比斯人**

留克特拉之战

人们通常认为留克特拉之战是已知最早排出斜向阵型作战的战争。底比斯军在被更强大的斯巴达人制服前，利用大量的重甲步兵冲破了斯巴达军右翼，保住了军队。

腓力二世于是命令右翼撤退，让古希腊军队追击，以打乱了他们的阵型。之后纪律性更强的马其顿人随后反击，将雅典人逐出了战场。

此时，底比斯军还没有溃退，但人数上已大大不如马其顿军。一场艰苦的战斗过后，底比斯军也不敌对手。底比斯军有一支人称"圣队"的300人精英部队。圣

术。底比斯人没有将阵线排成与敌阵相当的长度（那样阵线将被拉得很细），而是将己方的大部分重甲步兵部署在战线左侧，形成一个巨大的方阵，纵深达到约50列，而不是通常的12列。这个方阵由精锐部队"圣队"（Sacred Band）领导。

战线的其余部分极其薄弱。为了提供保护，各部队向后呈梯形编队排列，这就形成了一个"斜向"排列的右翼。底比斯人的策略是让右翼尽量拖住时间，好让超级方阵能在左翼获胜。

斯巴达人试图包围底比斯的部队，这样，底比斯人如果战败就将会有更大的伤亡。然而，底比斯骑兵击溃了斯巴达骑兵，战败后的斯巴达骑兵跟跟跄跄地窜回了己方的方阵之中，造成了极大的混乱。或许更糟的是，这一幕使斯巴达人开始动摇。在通常情况下，斯巴达的许多对手在和他们方阵发生冲突之前就已逃之夭夭，或者在到达战场之前就被斯巴达人的无敌之名吓得乱了阵脚。然而，这个对手不仅敢对自己下战书，竟然还成功了。更糟糕的事情还在后面：左翼的底比斯方阵向前推进，和薄弱的斯巴达阵线正面冲突。

上图 马其顿的腓力二世是亚历山大大帝的父亲。他动用外交手腕，讲和了许多潜在的敌人，并用战力强大的军队粉碎了余下的敌人。

底比斯的攻击落在了斯巴达防线的右侧，这是军队中最优秀部队所在的位置，能够在此作战是一种荣耀，这些士兵都是斯巴达国王的私人卫队。但由于人数远远不敌对手，他们遭到了底比斯的压制，很快就被击溃了。

随着右翼被彻底击败，国王遇害，且大部分军队甚至无法与敌人接触，斯巴达军队失去信心，开始撤退。底比斯骑兵紧追不舍，又给他们造成了一些伤亡。

随后，双方都忙于埋葬阵亡的士兵，相互对峙了数日。虽然斯巴达人仍然拥有一支强大的军队，但他们不想再次交战，也不愿再对付敌人奇怪的战术。来自斐赖（Pherae）的底比斯盟友来到战场，使事情得到了解决。斯巴达人请求休战并撤退。底比斯人答应了他们的请求，斯巴达军队就此回师，但他们将不得不应对国内一波又一波的叛乱。

此前，斯巴达的许多对手都曾不战而降，但斯巴达战无不胜的神话在留克特拉破灭了。斯巴达以前很少战败，也从未有国王在与古希腊同胞的战斗中丧生。如果底比斯人以常规方式作战，结果肯定会有所不同。至少有一个人没有忘记这一教训——他就是腓力（Philip），他即将在马其顿登基，成为国王腓力二世。他将是古希腊战争史上的一位伟大革新者。

队的伤亡惨重，有254人被杀，余下的幸存者没有一人能毫发无伤地逃脱。

腓力二世的儿子亚历山大也参加了这次战斗。有史料显示，亚历山大率领骑兵冲破了底比斯人的防线，但这一史料并没有得到确证。但无论如何，亚历山大赢得了荣耀，并开始负责监督古希腊投降的谈判。

下图 亚历山大大帝的石棺描绘了他在战场上追赶敌人的情景。亚历山大莽撞、英勇的领导风格起了很大作用,却也让他数次受伤,最终付出了生命的代价。

虽然雅典和底比斯的军队被彻底击溃,但马其顿也损失惨重。为了补全兵力,弥补战斗中伤亡造成的损失,腓力与战败的城邦达成了一项协议。腓力没有洗劫或占领这些城邦,而是让他们继续保留自己的政府,并让他们组成联盟,防止古希腊各城邦之间发生冲突。这个联盟被称为科林斯同盟,由马其顿官员监督,且马其顿并不进行任何高压监管。作为回报,各城邦将派遣军队为马其顿作战。

按当时的标准,这些条件是非常慷慨的,战败的城邦很快都同意了。科林斯同盟(有时也被称为希腊同盟)存在的时间比以往任何城邦间的联盟都长。这一同盟也大力推动了"希腊"概念的变化,这一概念指代的对象成为一个国家,而不再是许多小城邦所在的地理区域。

亚历山大征服

公元前 336 年,马其顿的国王腓力二世遭遇暗杀,他的儿子亚历山大登上了王位。亚历山大刚接过权柄,便对潜在对手和反对者进行了无情的清洗,确保在可预见的未来里,国内无人能挑战自己的地位。

但外部挑战可就更棘手一些了。腓力二世死亡的消息传开后,古希腊、色萨利和色雷斯都爆发了叛乱。亚历山大拒绝采取外交手段,率领骑兵向南冲去,很快就打败了色萨利人,并拉拢他们加入了自己的队伍。

亚历山大在古希腊境内迅速推进,叛军纷纷选择投降或归顺。亚历山大随即北上,准备镇压色雷斯人的叛乱。尽管叛军在高地上占据了有利位置,亚历山大还是通过派弓箭手支援步兵进军的方式对叛军发起了攻击。击败这支叛军后,他继续向多瑙河推进,乘木筏渡河。在北方成功平叛后,古希腊又爆发了新的叛乱。这场叛乱由底比斯主导,后来底比斯被彻底摧毁,城内人口被卖为奴隶。这些野蛮的报复行为吓住了其他叛乱城市。

在稳固国土周围和后方的安全后,亚历山大把目光转向了波斯。他集结了一支超过 4 万人的军队,这支军队中有来自马其顿和古希腊城邦的特遣队,也有雇佣兵加入。公元前 334 年,马其顿军队进入波斯领土,与波斯总督组建的一支军队展开对峙。

近卫骑兵
马其顿军队的主要战力是重甲骑兵,而不是步兵。近卫骑兵由亚历山大亲自指挥,他们可以像锤子一样重创敌人的防线。

格拉尼卡斯河之战

波斯人在格拉尼卡斯河(Granicus)后面建立了阵地。突击渡河极其危险,有人向亚历山大提出在其他地方渡河并进行

跨页图 亚历山大强渡格拉尼卡斯河时,险些把命给搭上。幸亏有他的一名近卫骑兵迅速援助,才避免了亚历山大的传奇过早画上句点。

常规作战的建议,但亚历山大没有采纳,他下令直接进攻。

亚历山大派左翼部队佯攻,把波斯后备军引向右翼,然后再派出重甲骑兵进攻波斯阵线中心。其余马其顿军发起了全面推进,在此期间重甲骑兵一度没有得到任何支援。尽管亚历山大险些遇害,但还是成功率领骑兵击溃了对手的骑兵。

这使马其顿重甲步兵得以向敌军发起冲锋,一举击溃这些装备和训练都不及自己的敌人。一批从古希腊雇佣的约2

万名重甲步兵为波斯作战,当其他军队逃跑时,他们仍然坚守在战场上。他们试图与亚历山大谈判,但大多遭到杀害,幸存者也被卖为奴隶。

赢下格拉尼卡斯河战役后,马其顿军队得以一路踏过小亚细亚。当地的许多城市都是古希腊殖民地,于是亚历山大把自己描绘成解放者、指挥官。更重要的是,马其顿若要进一步将战争推进到波斯领土,可以把该地区作为供应基地。

公元前333年,当马其顿军队继续在小亚细亚前进时,一支由国王大流士亲自指挥的庞大波斯军队集结了起来。这支军队随后向伊苏斯(Issus)进军,成功在马

下图和右图 古希腊弹弩

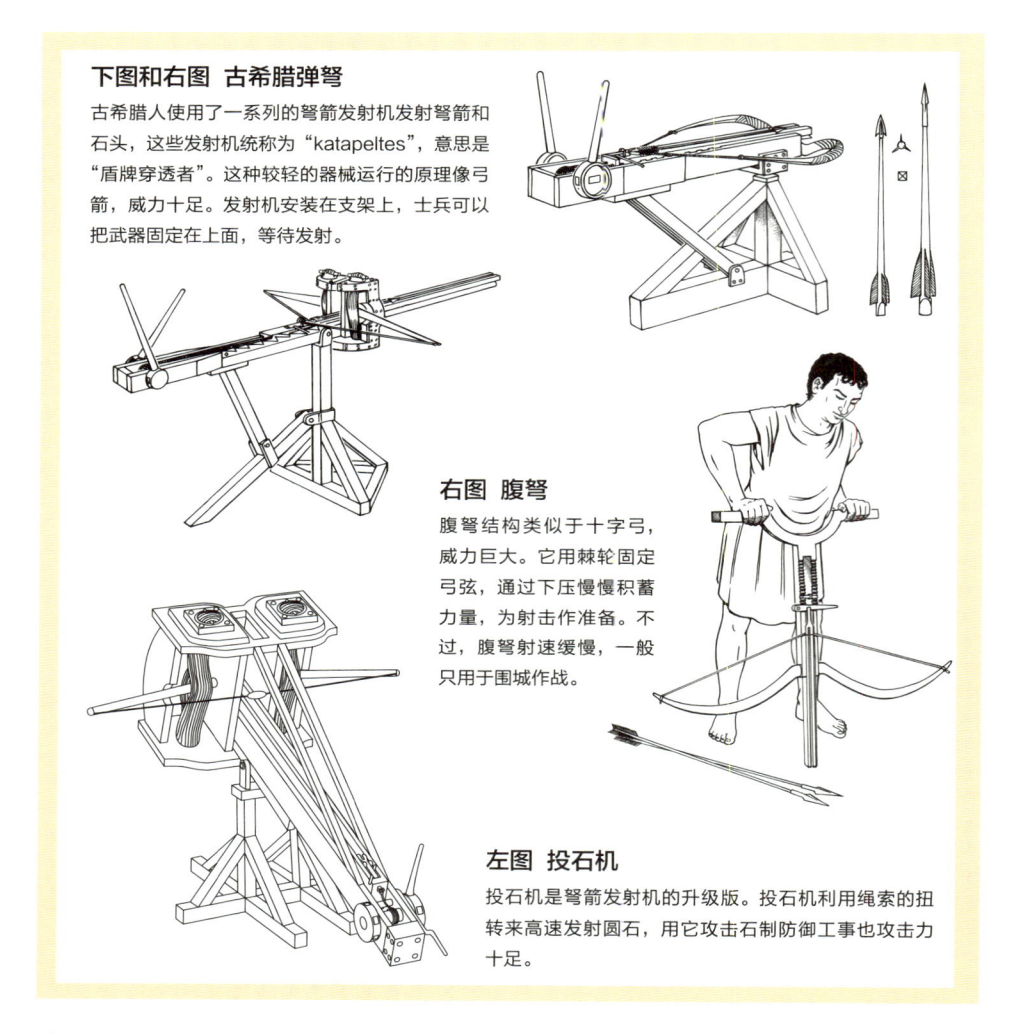

古希腊人使用了一系列的弩箭发射机发射弩箭和石头，这些发射机统称为"katapeltes"，意思是"盾牌穿透者"。这种较轻的器械运行的原理像弓箭，威力十足。发射机安装在支架上，士兵可以把武器固定在上面，等待发射。

右图 腹弩

腹弩结构类似于十字弓，威力巨大。它用棘轮固定弓弦，通过下压慢慢积蓄力量，为射击作准备。不过，腹弩射速缓慢，一般只用于围城作战。

左图 投石机

投石机是弩箭发射机的升级版。投石机利用绳索的扭转来高速发射圆石，用它攻击石制防御工事也攻击力十足。

其顿人身后建立了自己的阵地。随后，波斯人开始沿着海岸线向南推进。

由于补给线被切断，马其顿人别无选择，只能北上与波斯军队战斗。两支军队在沿海的一个狭窄平原相遇，亚历山大得以将左翼部署在伊苏斯湾上，将右翼派往内陆高地。这可以削弱波斯在人数上的优势。

波斯骑兵沿海岸发起冲锋，与亚历山大左翼的马其顿骑兵交战，并将马其顿骑兵逼退。然而，马其顿人虽被击退，但并没有彻底战败。相反，他们让对手忙于应付，并在战场的其他地方开启了反击。

一支马其顿步兵冲开了波斯人的防线，为重甲骑兵创造了冲锋的空当，击溃了大流士的亲兵。当大流士逃跑时，骑兵们又从后方攻击了为波斯人作战的古希腊雇

提尔之围

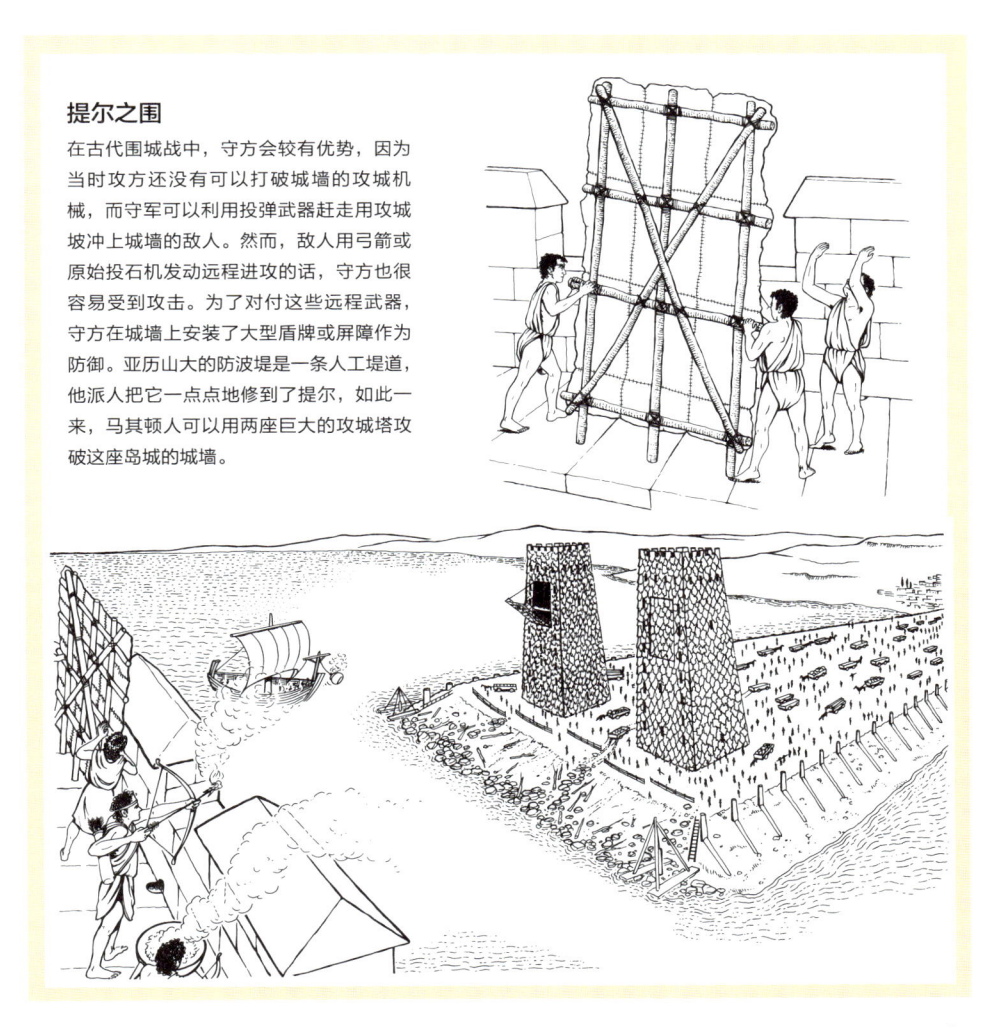

在古代围城战中,守方会较有优势,因为当时攻方还没有可以打破城墙的攻城机械,而守军可以利用投弹武器赶走用攻城坡冲上城墙的敌人。然而,敌人用弓箭或原始投石机发动远程进攻的话,守方也很容易受到攻击。为了对付这些远程武器,守方在城墙上安装了大型盾牌或屏障作为防御。亚历山大的防波堤是一条人工堤道,他派人把它一点点地修到了提尔,如此一来,马其顿人可以用两座巨大的攻城塔攻破这座岛城的城墙。

佣兵方阵,成功将方阵冲散。波斯军队迅速崩溃,被赶出战场。大流士逃走了,但他的部队伤亡惨重。

提尔之围

在伊苏斯击败波斯军队后,亚历山大的马其顿军队继续向南推进,沿着海岸线前进。他们的目的是占领沿海城市,让强大的波斯舰队再无基地可用。这将有助于保护马其顿的补给线,并防止敌军部队从海上登陆,在己方部队行军时绕到身后。

提尔(Tyre)是腓尼基最关键的城邦,有重要的战略意义。这座城市有一部分在大陆上，另一部分在离海岸几百米的岛上，岛上是后来才建成的城区。该岛拥有良好的天然港口，是波斯舰队的基地。波斯已经预料马其顿将会入侵，把大部分人口疏散到迦太基。当马其顿军队到达时，陆地上的城市已被遗弃。

马其顿人缺乏一支足够强大的舰队来进攻这座岛城，所以他们开始着手用陆上城市的瓦砾建造一条堤道（防波堤）。这条堤道虽然建在岛屿和大陆之间水深最浅的地方，但工程在操作上仍有相当的难度。

马其顿人可以在堤道上部署大型机械，攻击城墙。但由于岛屿附近的水域太深，不能直接把大型机械延伸到城墙上。守军做出反击，派了一艘火攻船攻打堤道，烧毁了堤道上的两座强大攻城塔，随后又派出兵力从水陆两线同时进攻。

很明显，如果没有强大的海军力量，马其顿人不可能攻下提尔。不过，马其顿人最终还是利用各种方法，成功攻下了这座城市。一些此前被波斯统治的城邦为亚历山大提供了舰队，塞浦路斯的军队和古希腊的舰队也一并加入了亚历山大大军。这样一来，亚历山大得以对该岛港口实施严密封锁。一些马其顿的船只安装了撞锤，成为浮动的攻城器械。亚历山大也改装了其他船只，在船上装配了起重机，以便移走大石块，方便带有撞锤的船只接近城墙。

这次围攻是工程学运用出色的典范。尽管守军顽强抵抗，并在可能的情况下进

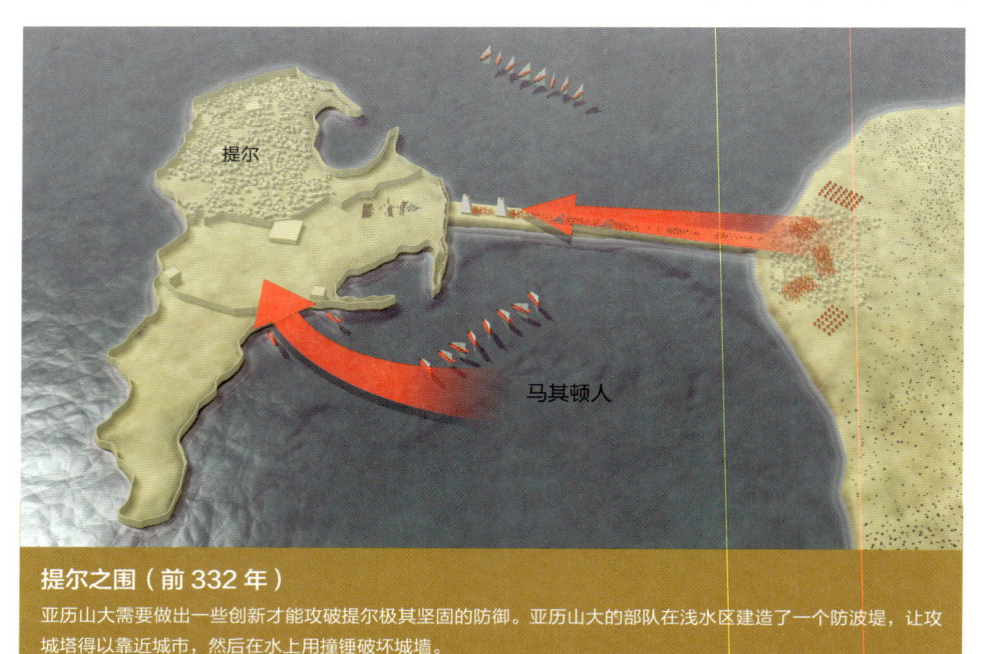

提尔之围（前332年）
亚历山大需要做出一些创新才能攻破提尔极其坚固的防御。亚历山大的部队在浅水区建造了一个防波堤，让攻城塔得以靠近城市，然后在水上用撞锤破坏城墙。

行反击，但城墙最终被攻破。马其顿军很快占领了城市。作为对他们顽抗的惩罚，也出于对他们处决被俘马其顿水兵的报复，城内大多数人被处死。

古埃及与高加米拉

在征服并平定了沿海地区后，亚历山大远征古埃及。古埃及人不做抵抗，直接认输，把控制权拱手交给了亚历山大。公元前331年，亚历山大把目光转向内陆，希望攻打波斯帝国的核心地带。而大流士则聚集了另一支庞大的军队，两军在高加米拉（Gaugamela）相遇。

波斯军包括来自帝国各地的特遣队，有著名的"不死军"和一支古希腊雇佣兵特遣队。此外，波斯军还有大量镰刀战车。大流士对这些战车寄予厚望，并选择在适合战车作战的平坦地面进行战斗。据史学家记载，波斯人特意花了一些时间平整地面，清除障碍物，使地面更适合战车进行大规模进攻。

面对敌军庞大的兵力，亚历山大的将军们建议进行夜袭，但亚历山大一如既往地忽略了他们的建议。结果，当战斗真正开始时，波斯人已经很疲惫了，因为他们以为亚历山大会摸黑进攻，已经在战场上守了一夜。

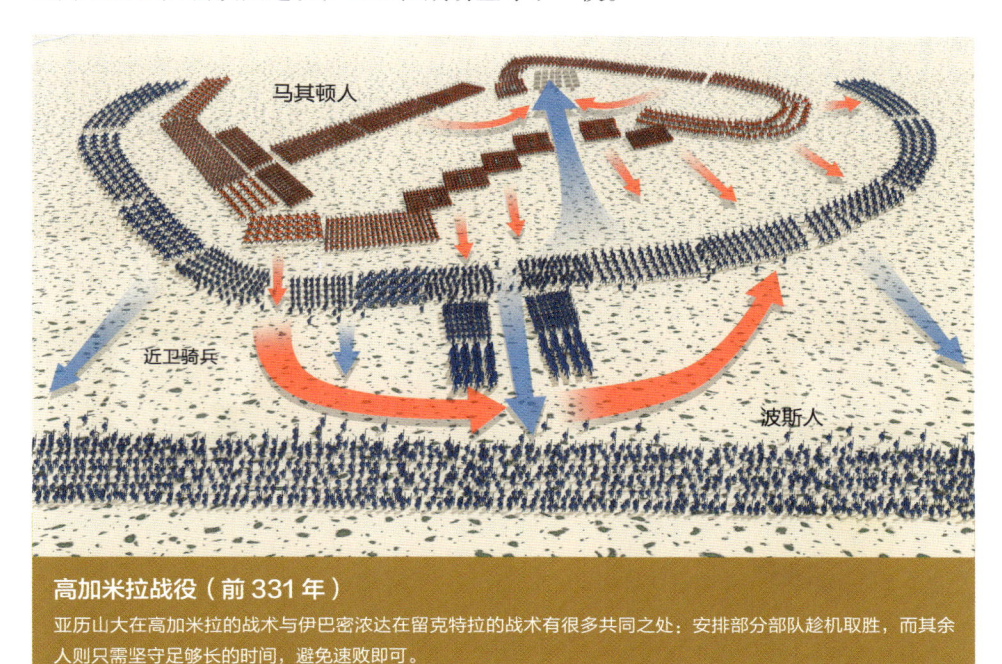

高加米拉战役（前331年）
亚历山大在高加米拉的战术与伊巴密浓达在留克特拉的战术有很多共同之处：安排部分部队趁机取胜，而其余人则只需坚守足够长的时间，避免速败即可。

马其顿人的战线比波斯人短得多，而这样马其顿的侧翼很明显会被包围。但亚历山大没有通过将减少战线纵深的方式将其拉长，而是命令方阵步兵排成两排，这样后排的士兵就可以转身应付来自侧翼的攻击。

马其顿方阵向波斯阵线的中心推进。虽然马其顿士兵数量上不如对手，但他们使用的矛攻击范围更大，比对手更有优势，而且对手总体上不如他们训练有素。与此同时，波斯人派出大量骑兵和部分步兵，向马其顿的左翼发起了进攻。

波斯战车也发起了进攻，但他们的进攻被投枪手打乱了，随后又被马其顿人特别设计的战术击败：马其顿前排士兵让出了一条通道，将战车引入空隙之中，战车驶入后，被后排士兵用矛头组成的墙阻挡了下来，战车停下后，被士兵迅速从侧翼摧毁。

亚历山大的策略是尽量把波斯的骑兵引向侧翼，然后直接攻击敌军的核心，即大流士本人。这一策略执行得可以说太过顺利了，以至于大部分波斯骑兵都涌向了侧翼，给马其顿带来了巨大的压力。然而，马其顿步兵都尽可能迅速脱战前来支援，其重甲骑兵在他们的支援下发起了冲锋，洞穿了波斯人的防线。

波斯左翼开始后撤，防止遭到包围。阵线中央的大流士发现自己也面临着被包围的危险，因为他的皇家卫队和古希腊雇佣军精英部队都不敌对手。他也被迫匆忙撤退，这就加速了大部分波斯战线的全面崩溃。

亚历山大无法立即追击，因为他自己的左翼军正面临全军覆没的危险。马其顿的主力部队向左侧转移，给被敌军包围的侧翼提供援助，赶走了与他们对峙的敌人。由于战场上没有更多的敌人，马其顿军得以追击，迅速消灭了刚才赶跑的部队。与此同时，大流士正带着自己最优秀部队的残部逃跑。正有序撤退的波斯左翼追上了他，他随即向部队概述了自己未来的计划。不过，他的计划被高级官员否决了。官员们把他押为囚犯监禁了一段时间，最终还谋取了他的性命。

大流士死后，马其顿人显然可以攻下波斯帝国的其他地区，并且余下的大部分波斯总督都选择向亚历山大效忠。马其顿人仍需扫除一些叛党，但波斯帝国此时基本上已经不复存在了，成了亚历山大治下马其顿帝国的一部分。在接过波斯权柄后，亚历山大宣布古希腊军队已不必继续服役，而是可以根据自己的意愿选择回乡，也可以以雇佣兵的身份重新加入马其顿军队。这支军队随后向东进军，攻克了剩余的波斯领土，并在这些领土上实行了马其顿统治。

亚历山大除鼓励古希腊地区的追随者与当地社群联姻外，还为促进各民族间的和谐共处做了很多事情。当然，这些都是他以皇帝的身份完成的。他安排自己的追随者以领主的身份管理被征服地区；而在其他地区，他则允许现有的制度继续实施。

印度和海达斯佩斯

公元前326年，亚历山大的军队已经到达印度边境。一些当地领主承认了他的统治，而另一些则决定与亚历山大战斗。这使亚历山大的征程变得十分艰苦，他自己也不止一次在战斗中受伤。这时，军队已经产生越来越多不满，甚至有暗害亚历山大的阴谋被揭露出来。

亚历山大最后一场重大战役发生在海达斯佩斯（Hydaspes）

下图 现代画家笔下公元前326年马其顿长矛兵在海达斯佩斯河与印度战象作战的场景。亚历山大避免与战象直接对抗，而是派骑兵粉碎了印度军的支援部队，然后利用紧密方阵击溃了战象。

海达斯佩斯河会战（前 326 年）

亚历山大军队派诱敌部队吸引部分敌人的火力，其余部队在印度人部署完成前，越过海达斯佩斯河发动攻击。这样机智的战术成功压制了印度战象。如果没有使用这一战术，亚历山大的骑兵可能会遭受重创。

河。印度国王波鲁斯（Porus）提出在海达斯佩斯与亚历山大交战。波鲁斯军中有装备强力弓箭的弓箭手、大型六人战车和 200 多头战象。

马其顿人部署好诱饵，试图迷惑印度人。之后，他们又赶走了前来阻止他们渡河的一支骑兵队和战车部队，占据了正面面对敌人的位置。诱饵部队很好地发挥了作用，引开了一部分印度军，但马其顿军在人数上仍处于劣势。不过，由于他们仍未部署好兵力，印度军被打了个措手不及。

马其顿重甲骑兵面对战象无能为力，因为这些野兽长相可怕、声音吓人、气味难闻，任何没有经过专门训练的马匹都会受到惊吓，无法与重甲骑兵一起行动。亚历山大利用骑兵的机动性来避免与战象接触，并转而击溃印度骑兵。随后，亚历山大派出方阵步兵，通过投枪密集射击和长矛进攻对付战象。虽然饱受压制，但马其顿步兵最终还是成功赶走了战象，一部分战象在逃跑的过程中还踩踏了己方的士兵。方阵步兵随后排成紧密队形推进。大多数印度军明白马其顿军胜利在望，于是要么投降，要么逃跑了，那些没有选择投降的印度士兵最终命丧战场。

最终，波鲁斯向亚历山大投降。不过，这位国王在战斗中和失败后的勇气给亚历山大留下了深刻印象。亚历山大饶了他一命，并允许他向自己宣誓忠诚，还保留了他的王位。

海达斯佩斯河一役过后,亚历山大继续向东推进,在未受到过多抵抗的情况下完成了进一步征服。然而,由于接下来可能要与更强大的印度王国作战,亚历山大的军队拒绝继续前进。这场兵变并不激烈,但亚历山大无法说服自己的士兵改变主意。于是,军队转而南下,开始了穿越新领土的回国之旅。之后,军队又继续征战,但事实证明,只要行军的大方向是回到国内,亚历山大的士兵还是能接受的。

最后,军队回到了波斯,而亚历山大最终殒命于巴比伦。目前,学界仍不清楚他究竟是死于疾病、中毒、酗酒、伤口恶化,还是所有这些因素的结合。

装备与军事组织

古希腊城邦的部队有些单一,完全依靠重甲步兵作战。而马其顿军队更多运用混合兵种战术,让轻甲和重甲步兵在骑兵的支援下作战。

> **马其顿的辛塔哥马**
> 辛塔哥马是马其顿长矛兵的标准单位,由256人组成,一个辛塔哥马通常以32人一行排成8排战斗;或者采用更宽的编队作战,排成16人一行的16排阵型。部队的指挥官在最右前方战斗。

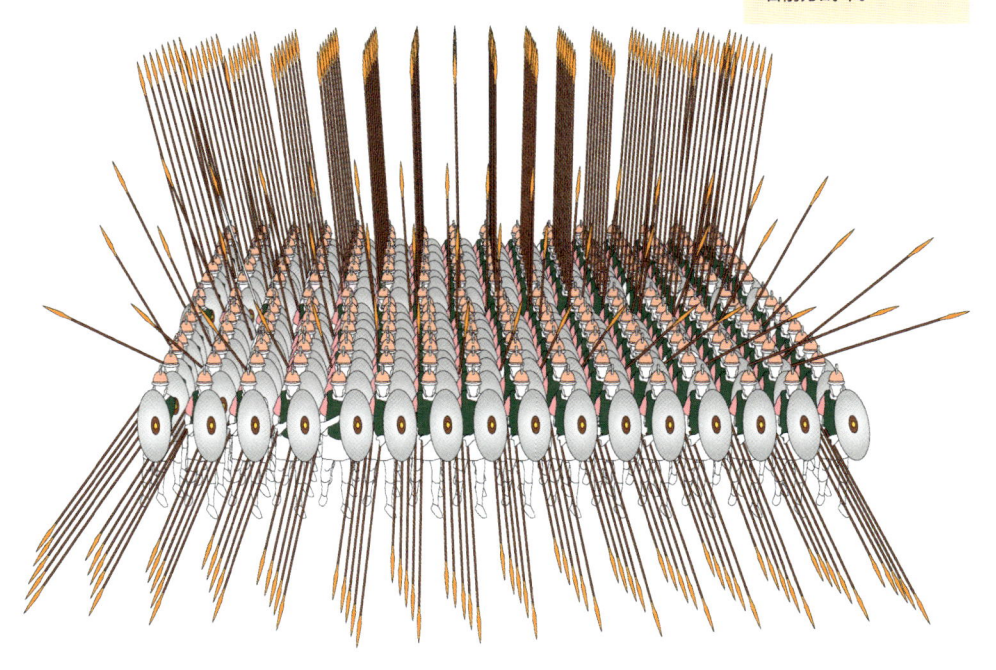

辛塔哥马的结构

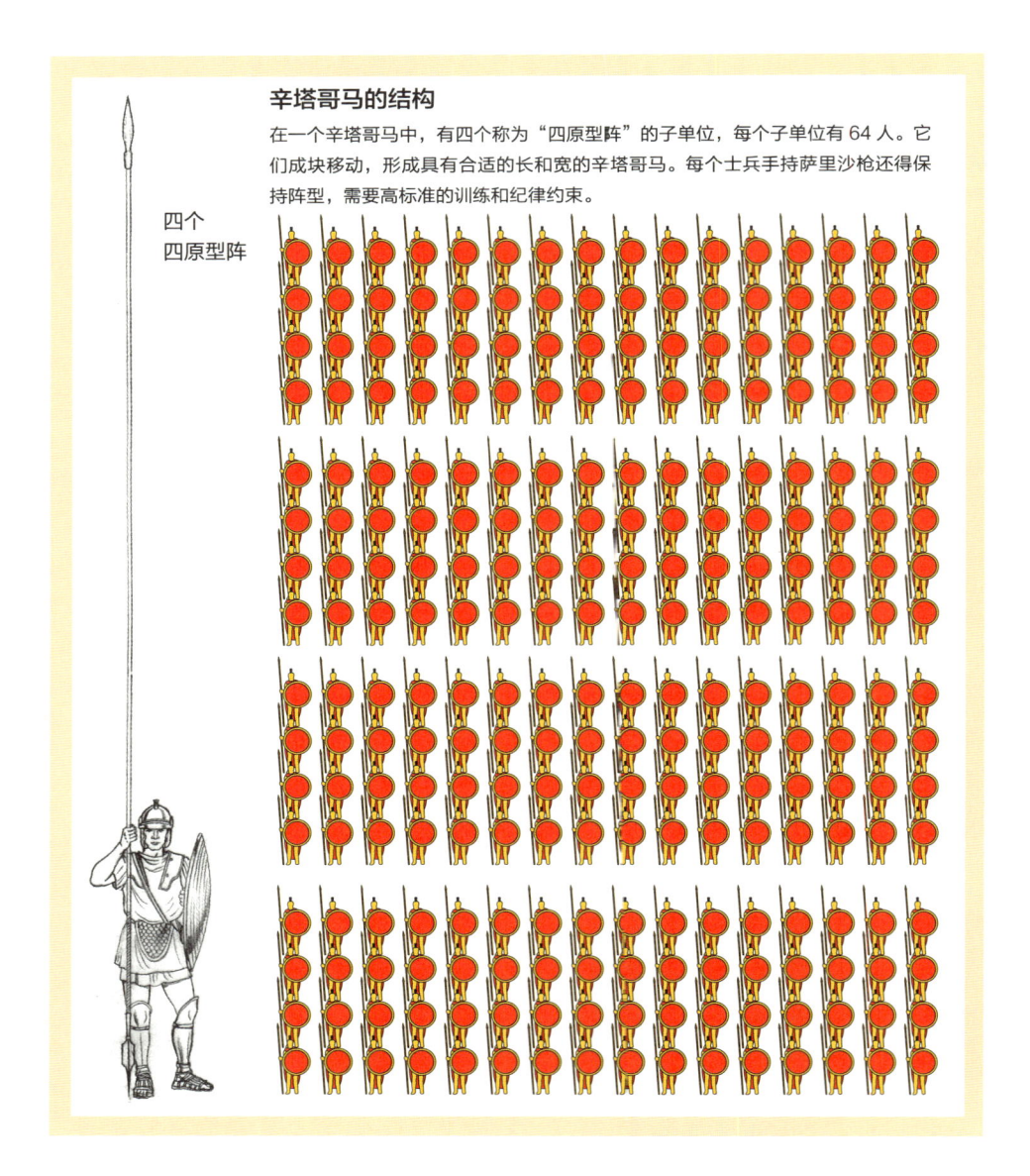

在一个辛塔哥马中,有四个称为"四原型阵"的子单位,每个子单位有64人。它们成块移动,形成具有合适的长和宽的辛塔哥马。每个士兵手持萨里沙枪还得保持阵型,需要高标准的训练和纪律约束。

四个
四原型阵

轻甲步兵起屏障保护作用,部署在重甲步兵主力侧翼的前方。投枪兵对付战象很有一套,还可以骚扰敌人的步兵部队,扰乱他们的阵型。不过,他们的主要任务还是保护重甲部队,防止他们在侧翼受到打击。

虽然存在一些相似之处,但马其顿军队的重甲步兵不同于古希腊的重甲步兵。马其顿重甲步兵使用的是萨里沙枪,这是一种长达5.4米的长枪,他们使用的盾牌也比古希腊的重甲步兵小。

运用萨里沙枪需要相当大的力量和相当高超的技巧。这种枪的长度给马其顿的方阵步兵带来了一些优势。最明显的一项优势，是士兵可以在敌人的重甲步兵或长矛兵进入攻击距离之前，就先击中敌人，造成伤害。枪的长度也让更多方阵步兵得以用枪尖排成矛墙，使方阵的杀伤力胜过对手。

在方阵内部，马其顿步兵被编成名为"辛塔哥马"（spiera）的单位，这使得方阵有了一定程度的战术灵活性。相邻的辛塔哥马可以后撤排成梯形编队，覆盖相邻部队的侧翼，同时形成"斜向"侧翼，也可以彼此分开以绕过障碍物，或排成第二条战线。

持盾卫队

马其顿还有一支被称为"持盾卫队"的精锐步兵部队。与方阵士兵相比，持盾卫队的装备更轻，他们使用的武器与重甲步兵相似，是一种比萨里沙枪短的长矛。他们的不寻常之处在于，尽管他们不是步兵中装备最重（即最昂贵）的，但却是一支威望很高的部队。

在战场上，持盾卫队机动灵活，行动敏捷，是十分强大的兵种。他们能够迅速重新整队，保护阵线上的薄弱点或进攻敌阵出现的弱点，而且他们都训练有素，可以分散开来躲避威胁，还能够再重新排成有效作战队形。

使用战斗素质较高但装备相对较轻的步兵，是马其顿作战方式和其他城邦的一个主要区别。此外，马其顿的方阵更为灵活，对轻甲部队的使用也更有条理。

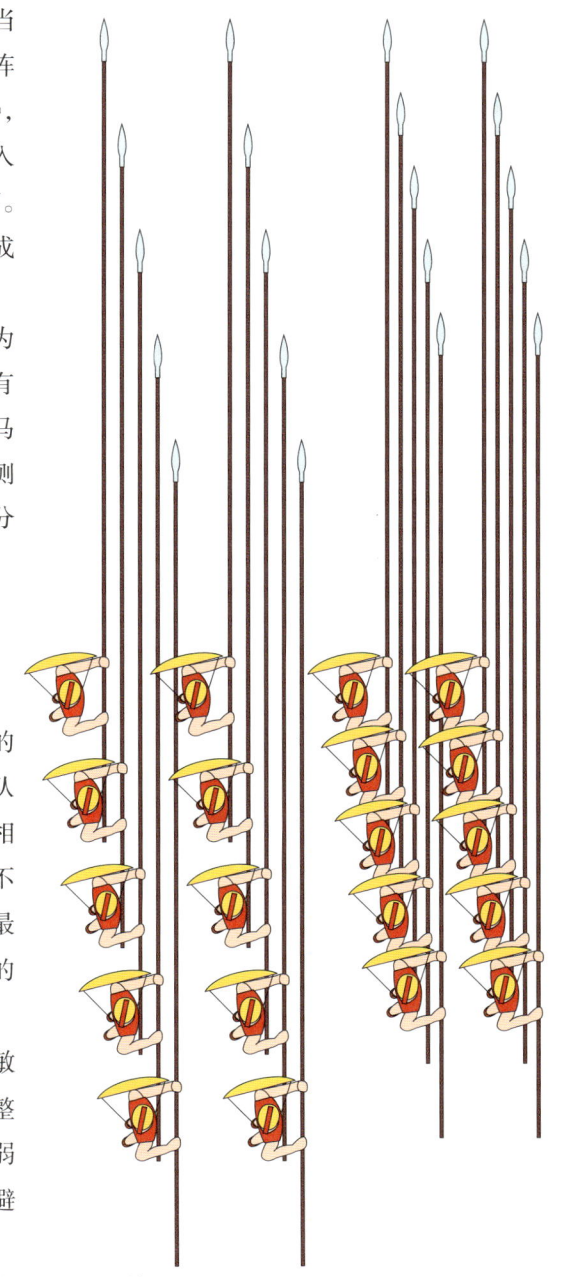

上图 萨里沙枪的长度让马其顿方阵能将矛头对准每个敌人，敌人也很难近身与他们作战。

亚历山大战象

马其顿军队在遇到使用战象的敌人后，也将其引入了战象。战象并不是最可靠的军事力量，如果受到惊吓，它们很容易发狂。驯象师会坐在战象脖子上控制战象，他们是战象这种作战单位的薄弱点。

马其顿步兵虽然受到尊敬，但并不像古希腊城邦部队中的步兵那样是主要战力。步兵的主要作用是钳制敌人防线，以便让军中的精英部队——重甲骑兵完成致命一击。

重甲骑兵是马其顿军队的主要战力。在亚历山大时代，他的近卫骑兵是军队中的精英。他们是亚历山大的朋友、保镖，也是他的私人兵团。

虽然重甲骑兵没有马镫辅助，但他们仍然能够骑马飞速冲锋，也能在战斗中使用长矛。他们装备盔甲和头盔，纪律严明，反应迅速。他们还能随时脱离战场接受新的命令，亚历山大不止一次地在冲锋后重新集结骑兵，并组织他们攻击新的目标。这是重要的优势，这一优势也成了高加米拉一役的胜负手。

马其顿重甲骑兵还有盟国的骑兵支援。这些骑兵包括使用长矛的重甲骑兵特遣队和使用轻武器的骑兵散兵。在海达斯佩斯河一役中，来自大益（Dahae）的骑射手就协助亚历山大的近卫骑兵包抄侧翼。在近卫骑兵冲锋之前，这些骑射手向敌军骑兵射箭，打乱了他们的队形。

然而，如果没有纪律严明、可以理解且执行命令并能始终保持阵型完整的部队，马其顿军的灵活战术就将毫无价值。为发挥战术的灵活性，马其顿还需要一位熟悉战术的指挥官指挥发令。亚历山大就是这样的一位指挥官，同时也是古希腊的英雄领袖。他在马上马下带领将士冲锋陷阵，好几次与死亡擦肩而过。

这种将生死置之度外的勇气给了他的部下极大鼓舞。不过，如果指挥官受伤或死亡，或者出现指挥官逃离战场的情况，整支军队就将有失利的危险。与亚历山大形成鲜明对比的是在高加米拉一役中逃离战场的大流士。大流士的逃跑也导致了波斯军在高加米拉的溃败。不过，有些史料显示，大流士其实是在军队大败后才逃走的。

亚历山大的继任者延续了马其顿的军事体系，也继承了他军队的基本要素。军队的基本系统进行了调整，纳入了战象等新兵种。灵活性是马其顿军事体系的关键优势。古希腊城邦演化出的军事体系非常适合与某个拥有相同军事体系的敌人（即另一个城邦）作战，而马其顿演化出的体系可以让他们击败他们遭遇到的任何敌人。在这一体系下，他们也可以吸取战败的教训以及面对新敌人时根据学到的经验将战术做出调整。

"破城者"攻城塔

古希腊人好用极其复杂的攻城塔进攻。公元前305年，古希腊人用九层的"破城者"攻城塔攻陷罗德令人印象深刻。破城者有铁板保护，并有机械操作的护窗，以便在重新装载时关闭其炮口。这一攻城塔需要3000多人才能操纵。

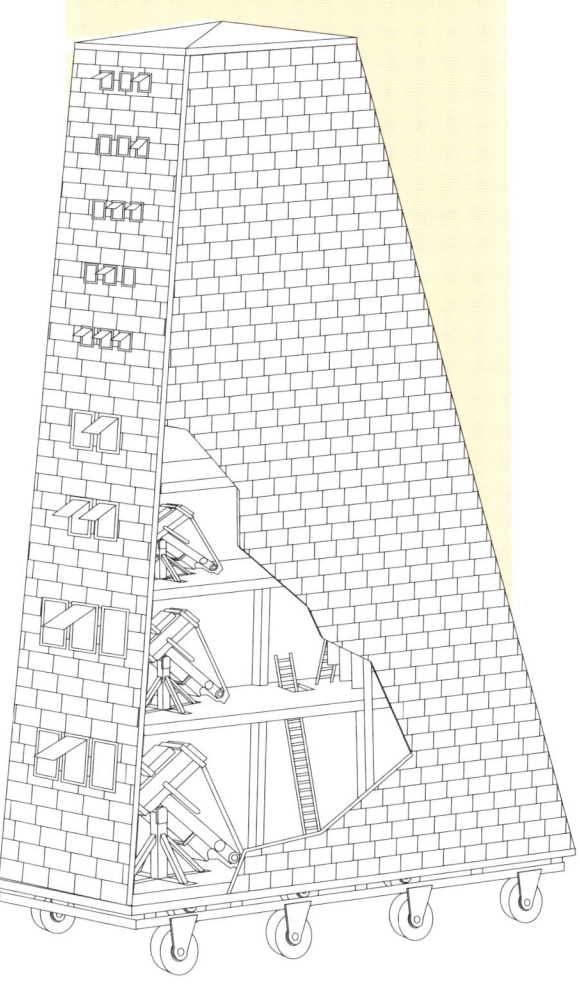

继承国

亚历山大大帝于公元前 323 年去世。由于他没有明确指定继承人，他麾下的将军们开始了激烈的政治内斗，冲突也随之爆发，各种派别开始出现。卡山德（Cassander）统治着马其顿本土，而古埃及则由托勒密一世（Ptolemy I Soter）控制。色雷斯落入利西马科斯（Lysimachus）之手，而安提柯（Antigonus）则接过了安纳托利亚的权柄。在美索不达米亚，西流古（Seleucus）执掌着一切。

继承国之间为了控制亚历山大的领土而相互争斗。有一些卓越的首领成功建立了王朝，统治国土多年，成功融合了当地文化和马其顿文化，建立了塞琉古波斯和托勒密埃及等国家。

没有一个亚历山大的继任者能重新统一全境。随着时间的推移，他们所领导的新国家开始各自发展为大国，不再是以前由马其顿帝国分裂的碎片国家。继承国之间不断建立联盟，联盟又不断破裂，因为每个国家都想寻求优势，或至少避免落于下风。

没有一个继承国愿意看到敌人或对手获得过多的权力。因此，如果两国冲突，一国濒临灭国的话，获胜国可能会被战败国的敌人缠上，产生新一轮的冲突。

公元前 301 年，安提柯执掌的安纳托利亚成为最强大的继承国。安提柯与他统治马其顿的儿子德米特里乌斯（Demetrius）结盟，在与其他继承国的斗争中逐渐取得上风，并有机会重新统一亚历山大的帝国。然而，此时其他继承国结成了联盟反抗他们。

盟军在菲里吉亚（Phrygia）的伊普苏斯（Ipsus）与安提柯的部队相遇。双方都派出了由步兵、骑兵和战象组成的混合部队。安提柯的骑兵更强，盟军的战象作战更勇猛，双方步兵的实力则大致相当。

安提柯的方阵纵深更深，大部分骑兵都镇守在右翼的位置；相比之下，盟军则将骑兵均匀地部署在两翼，将方阵和战象部署在阵型中央，并留有一部分战象作为后备军。

双方都派出轻甲步兵作为屏护部队，以常规接触战的方式拉开战幕。随后，双方的战象发起了冲锋，安提柯的骑兵在右翼发起了攻击。他们的攻击起初十分顺利，但随后遭遇了盟军战象后备军的阻截。

盟军逐渐占了上风，他们通过远程进攻削弱了安提柯的强大方阵。在持续攻击之下，方阵开始崩溃，安提柯在试图亲自重新召集方阵时被敌军所杀，引发了军队

左图 塞琉古步兵
塞琉古波斯在后期派出了一支由大约 5000 名步兵组成的部队,其装备和训练模式与罗马军团非常相似。这是他们与崛起中的罗马共和国交战学习的结果。

上图 塞琉古战象
印度盟友给塞琉古人提供了战象。为了在战斗中保护这些战象,塞琉古人给战象穿上了盔甲。公元前 162 年,塞琉古与罗马签订条约,条约要求塞琉古摧毁大部分波斯象群,这表明罗马人认为装甲战象极其危险。

左图 塞琉古散兵
波斯人广泛使用装备廉价的散兵,也许是因为亚历山大马其顿军队中有很多轻盾兵。有的散兵来自波斯境内各个部落,也有的是从海外招募的雇佣兵。

的全面崩溃。虽然德米特里乌斯逃过一劫,但安提柯的派系自此被大大削弱了。此外,经伊普苏斯一役后,马其顿建立统一帝国的机会就消失不见了。

托勒密稳固了自己对古埃及的控制,建立起了一个王朝。王朝最终被罗马的军事力量废黜。西流古在公元前 281 年击败了卡山德和利西马科斯,但他很快就被暗杀,其王朝仍然继续统治着波斯。

古希腊统治的时代已经结束了,不过,这一事实需要漫长的时间才能慢慢为世人发现。随着时间的推移,罗马军队将利用优越的新军事系统征服托勒密埃及、古希腊和波斯的部分地区。

第四章
罗马的战士
WARRIORS OF ANCIENT ROME

罗马军最初只是一支为保卫城市而组建的民兵队,后来逐渐发展为古代世界最强大的军事力量。训练有素、组织严密的罗马军团可以在任何地形上击败几乎所有敌人。他们最初是一支无敌之师,直到后来帝国的实力被接连爆发的内战削弱了,军队失去了对边境的控制,帝国才开始崩溃。

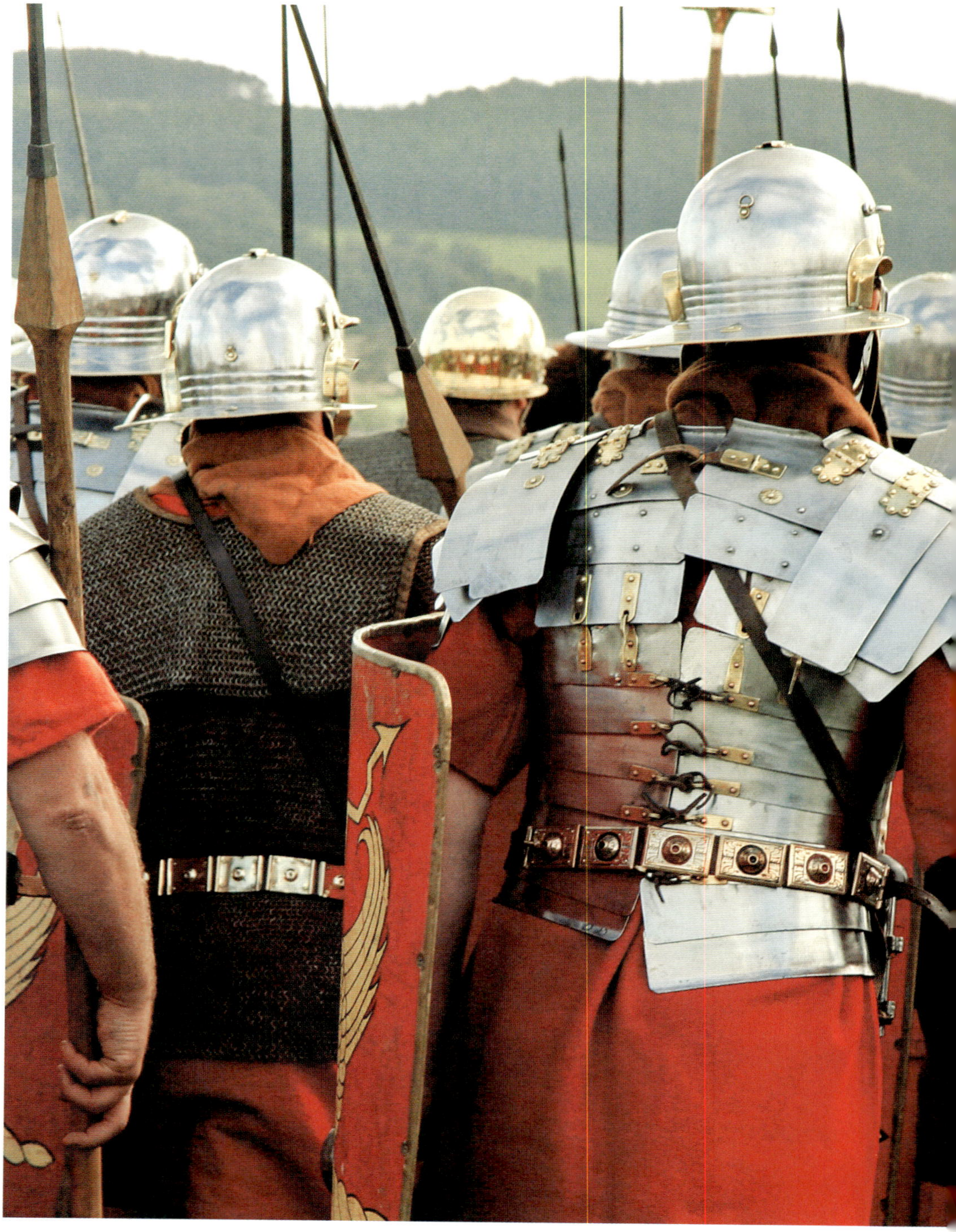

第四章 罗马的战士

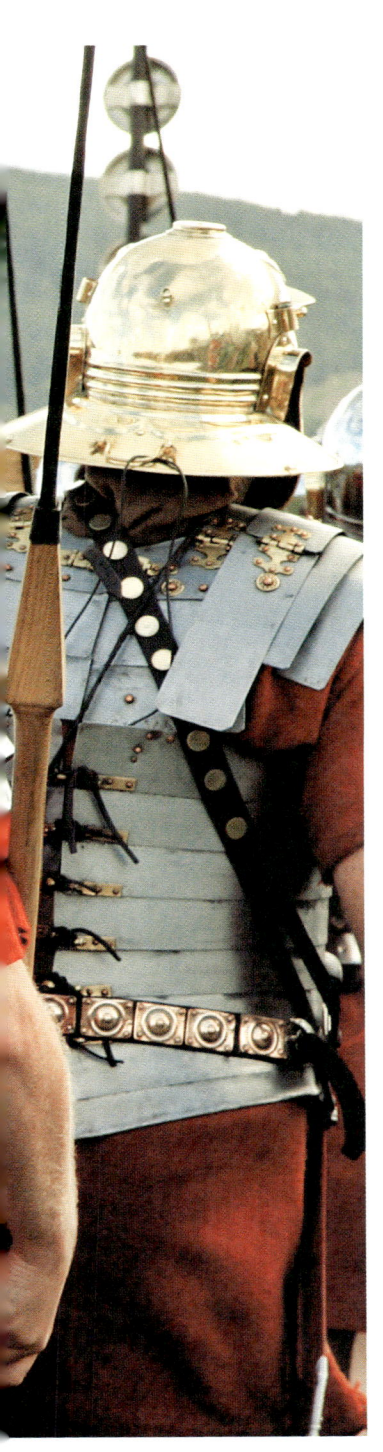

　　罗马可能是在公元前 750 年左右建立的。罗马最初是一个王国，公元前 500 年左右发展成为共和国，不过一开始只有贵族才有资格被选为高级官员。后来，这种情况逐渐改变。纵观罗马共和国和帝国的历史，政治、社会地位和战争三者的关系紧密而不可分割。在罗马，参军服役是获取公民身份的条件之一，军队会按需征召士兵。民兵队是由召集者或指定的指挥官领导的，从组织形式上讲有些临时安排的意味。不过，后来在历史上的某个时刻（并不清楚具体时间），罗马引入了一套更为正式的体系。

　　罗马的人口被划分为五个军事等级，所有拥有地产的男性都有资格服役。按规定，每个人都必须拥有适合自身军事等级的装备，并在需要服役时响应征召。罗马军队被称为 Legio，这一词大致意思是"众人"。从理论上讲，所有男性人口在需要时都可以服役作战，这和希腊城邦的公民士兵基本相同。

　　和古希腊一样，罗马的大部分部队也都是步兵，使用的装备与重甲步兵很相似。他们用长矛作战，用盾牌保护自己。最具声望的第一等级士兵用剑作战，装备胸甲和头盔。第二和第三等级的士兵也使用类似的作战装备，但护甲较少或不穿护甲，而是改用一个面积稍大的盾牌。第四等级的士兵使用价格更为低廉的装备，通常使用长矛和投枪作战，有的士兵还装备有一个小盾牌。这一等级的士兵都不穿盔甲作战。第五等级的士兵是弹弓兵，他们也同样不装备盔甲。

　　少量的骑兵来自社会上层阶级。同样出自这一阶级的还有领导军队的指挥官和军官。主要受人数不足限制，骑兵很少能打胜仗。虽然骑兵可以作为流动的后备力量，下马作战

跨页图　表演者重现古罗马装备。蛮族通常会瞄准敌人头顶从上而下用剑击砍，而罗马人的盔甲和头盔的设计主要就是为了防御这种攻击。

支援步兵,但他们的主要职责还是追击战败后逃散的敌军。

罗马军标准的战斗队形是排成古希腊式的方阵作战,由骑兵和轻甲部队负责支援。方阵机动并不灵活,移动缓慢而笨拙,罗马当地的地形并不非常适合方阵作战,因此罗马方阵曾数次被更具机动性的对手击败。

意大利的地形与古希腊有很大的不同,更重要的是,两国的政治军事环境也大不相同。古希腊是一个城邦国家,统治者寻求以程式化战斗的方式解决争端,而意大利则由定居在丘陵地区的部落主导,这些部落更倾向于进行长期的突袭和反突袭战争。这就要求罗马改变古希腊重甲骑兵式的战斗方式。

罗马共和国早期的战争

罗马军队开始对附近的部落、城镇和城市展开攻势,它们或被征服,或在外交谈判和结盟提议失败后被迫签订条约。罗马逐渐成为联盟城市中的佼佼者,随时可以调用自己的军队作战。

对罗马生存构成威胁的第一个巨大挑战始于公元前390年左右,当时高卢部落开始向意大利发动袭击。罗马组建了一支大约1.5万人的军队迎敌,但在阿里亚(Allia)河之战中惨败于对手。不久后,罗马城告破,高卢人将城市洗劫一空。

罗马城遇劫是共和国史上的伤疤。这一事件推动罗马开始重大军事改革。不过,这场劫掠并没有对共和国的经济或政治造成太大的打击,很快,罗马又开始继续扩张。

罗马扩张的主要障碍是附近的一个强大部落萨莫奈(Samnites)。公元前343年,罗马开始了与萨莫奈人的战争。公元前341年,罗马占据了上风。然而,拉丁城市间爆发的叛乱转移了罗马人的注意力。一直到公元前327年,罗马人才开始想办法完成对萨莫奈人的致命一击。

这次重新爆发的冲突史称第二次萨莫奈战争,从公元前

上图 早期罗马战士的石雕。罗马军队在最早期模仿古希腊重甲步兵的装备,身穿胫甲,手持刺矛。

上图 萨莫奈腰带

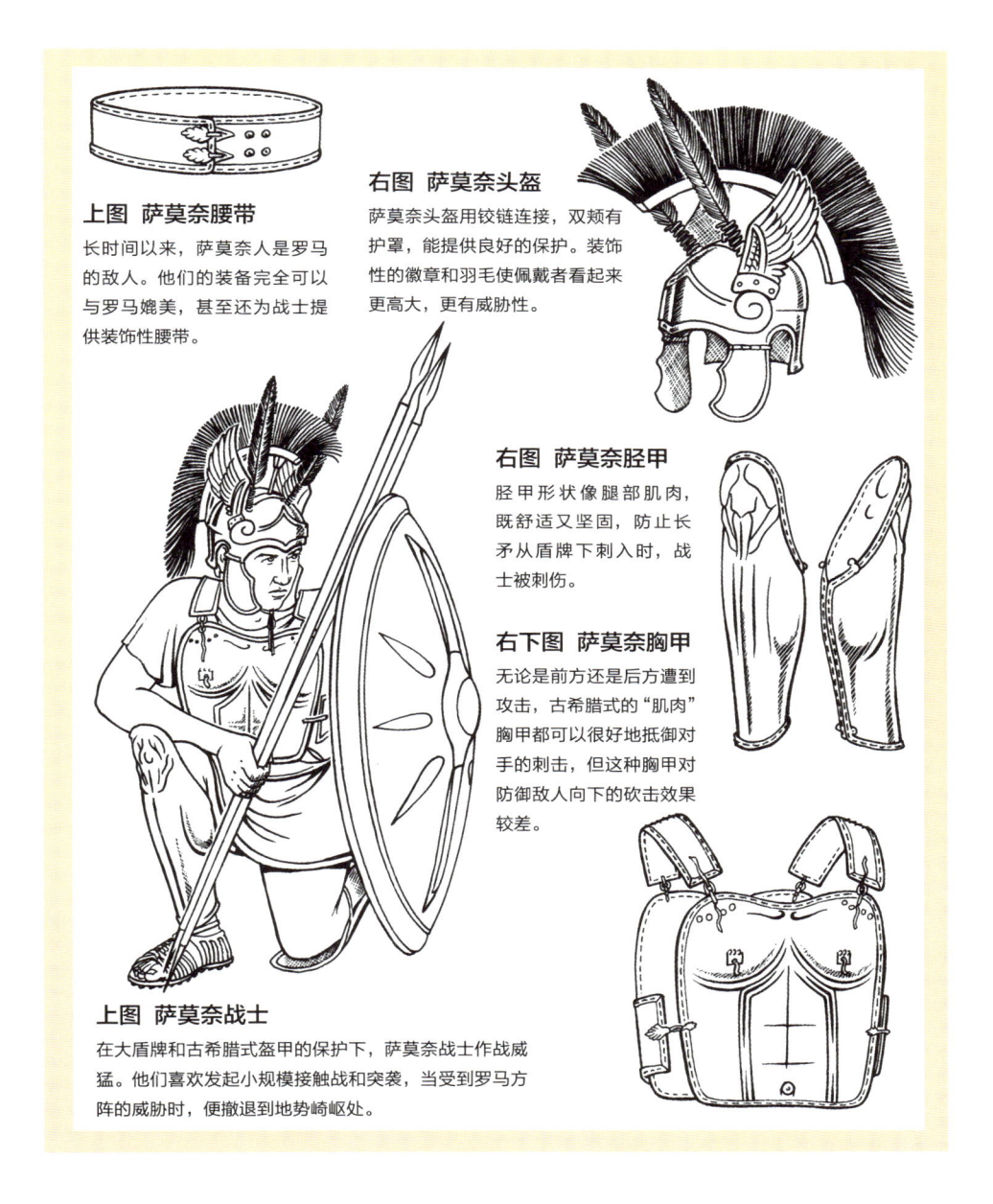

长时间以来，萨莫奈人是罗马的敌人。他们的装备完全可以与罗马媲美，甚至还为战士提供装饰性腰带。

右图 萨莫奈头盔

萨莫奈头盔用铰链连接，双颊有护罩，能提供良好的保护。装饰性的徽章和羽毛使佩戴者看起来更高大，更有威胁性。

右图 萨莫奈胫甲

胫甲形状像腿部肌肉，既舒适又坚固，防止长矛从盾牌下刺入时，战士被刺伤。

右下图 萨莫奈胸甲

无论是前方还是后方遭到攻击，古希腊式的"肌肉"胸甲都可以很好地抵御对手的刺击，但这种胸甲对防御敌人向下的砍击效果较差。

上图 萨莫奈战士

在大盾牌和古希腊式盔甲的保护下，萨莫奈战士作战威猛。他们喜欢发起小规模接触战和突袭，当受到罗马方阵的威胁时，便撤退到地势崎岖处。

326年开始，一直持续到公元前304年才结束。罗马将战争用作外交工具，在每次胜利后，都会向萨莫奈人提出对他们不太有利的媾和条件。萨莫奈人并不满意双方最后的和解协议，于是在公元前298年起义。罗马在战局之初曾接连失利，其他国家见状也加入了这场战争，但罗马共和国用了16年的时间就打败了所有的参战国。

击败萨莫奈人后，罗马在意大利半岛的大国地位得以巩固。不过，该地区还有其他势力存在，如意大利南部还有古希腊的殖民地。虽然古希腊的国力已经衰弱，但它仍具有强大的军事力量和海上力量。

罗马－希腊战争

由于担心自己可能成为罗马扩张的目标，意大利的古希腊殖民地向伊庇鲁斯（Epirus）国王皮洛士（Pyrrhus）寻求支援。在皮洛士的帮助下，古希腊在殖民地募集了4万多兵力。这支部队主要由步兵组成，排成传统的紧密方阵作战。虽然他们无论灵活性还是机动性都不如罗马军团，但古希腊的方阵很难攻破，而且骑兵也给予了方阵十分有力的支援。皮洛士还派出了战象，这是罗马人以前从未见过的作战方式。

为了对付战象，罗马人使用了燃烧武器和装有钉子的牛车，在实在没有办法时，还采取了撤退到战象无法活动之处的权宜之计。事实证明，皮洛士的战象还是一如既往的败事有余：在公元前275年的贝内温图（Beneventum）战役中，战象冲进了自家的古希腊方阵，把阵型搅得一团糟。

虽然屡战屡败，但罗马军队还是给古希腊军队造成了严重的伤亡。这也创生了"皮洛士式胜利"的概念，这一词语用来指代以不可接受的高昂代价赢得的战斗。尽管古希腊人不断赢下战斗，但他们无法取得有效的战果，盟友也随之开始叛变。由于获胜无望，皮洛士最终从意大利撤军。

罗马迅速占领了古希腊在意大利的殖民地。公元前270年，基翁（Rhegium）成了最后一个沦陷的殖民地。这使罗马得以统治意大利波（Po）河以南的所有地区。更重要的是，这是罗马崛起为世界强国的开始。罗马证明了自己的军队可以打败像伊庇鲁斯这样的一流军事强国，获得了巨大的政治声誉。

"进军意大利，是建立起世界帝国的第一步，没有人比你更有资格拥有这个帝国。罗马新败，现在是采取行动的时候了！"

——法鲁斯的德米特里厄斯

布匿战争

拉丁词汇"布匿"(Punic)意为迦太基居民。这一词汇成为罗马和迦太基之间的三次战争的统称。第一次布匿战争(前264—前241年)是为争夺西西里岛控制权而爆发的海上冲突。在这场战争中,罗马迅速组建了一支舰队应对迦太基的海上力量,但由于经验不足,战斗最后还是以惨败收场。由于无法按自己熟悉的作战方式对付迦太基的船只,罗马人决定改变规则。

罗马在桨帆船上安装了一种名为乌鸦吊桥的装置。乌鸦吊桥可以看成是一座铰链式的登船桥,士兵可以把吊桥投放到敌舰上,便于进行跳帮作战。罗马步兵在任何地形上作战都显得得心应手,通过乌鸦吊桥,罗马人实际上把海战变成了在极度狭窄区域内开展的陆战,得以发挥自己最大的优势。

战争以大部分迦太基舰队在埃加迪(Aegates)群岛附近被摧毁而结束。迦太基求和后,双方的"冷战"仍在继续。罗马获胜后控制了西西里岛,并收获了大量贡品。战后,迦太基爆发内乱,罗马趁机吞并了撒丁岛和科西嘉岛。

在接下来几年的时间里,罗马击退了入侵的高卢人,并继续增强自己的实力。山南高卢(即意大利波河以北地区)的凯尔特人一直是罗马的敌人,不过双方只是时不时产生冲突。公元前225年,罗马军挥师北上,在五年内征服了凯尔特人,将该地区纳入了罗马的版图。这次征服虽然消除了高卢和迦太基之间联盟的可能性,但并没有阻止第二次布匿战争的发生。

迦太基步兵
这名迦太基步兵的盾牌由颈带和常见的臂环携带固定住。士兵将肩膀转向敌人,盾牌便成了随身堡垒。

划船编队

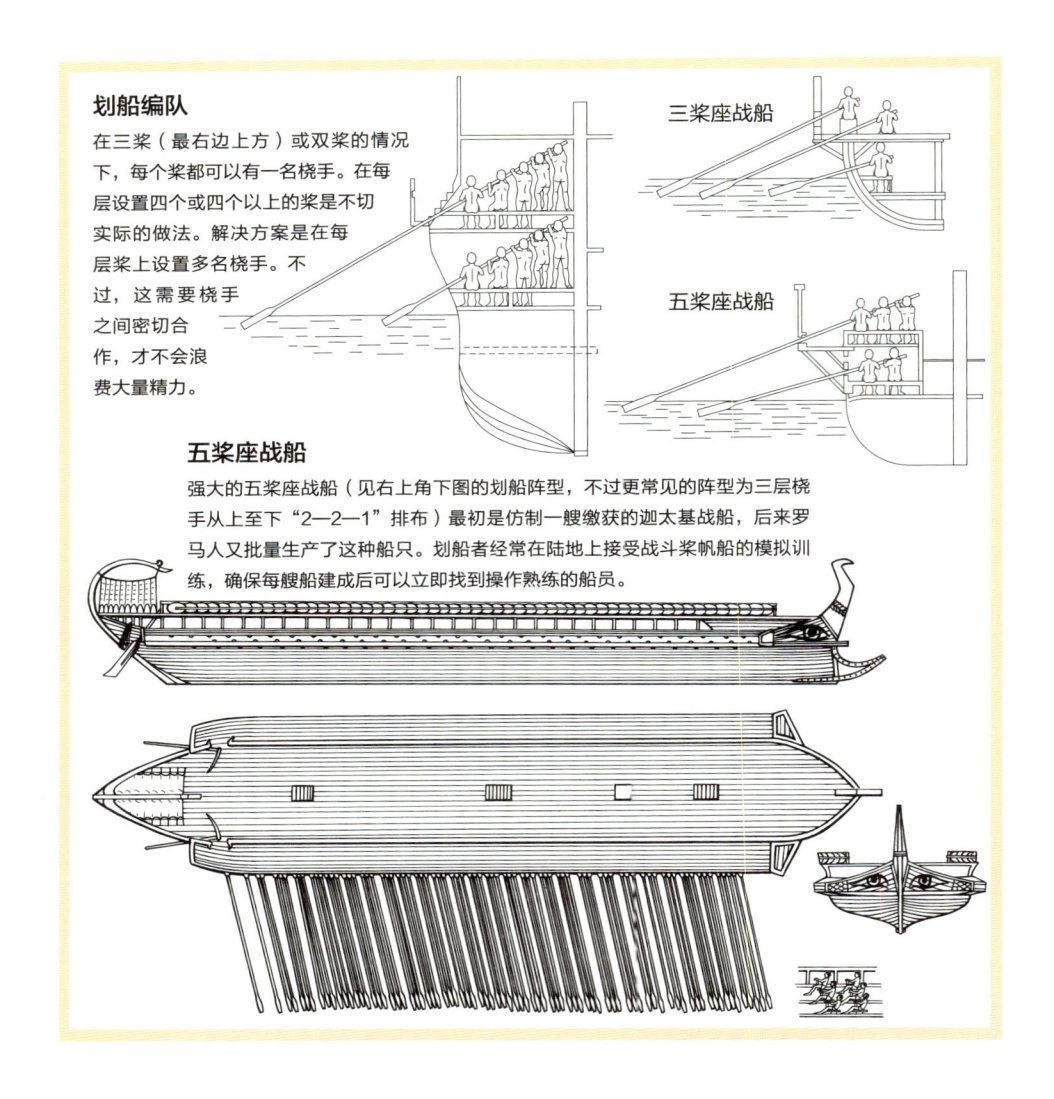

在三桨（最右边上方）或双桨的情况下，每个桨都可以有一名桡手。在每层设置四个或四个以上的桨是不切实际的做法。解决方案是在每层桨上设置多名桡手。不过，这需要桡手之间密切合作，才不会浪费大量精力。

三桨座战船

五桨座战船

五桨座战船

强大的五桨座战船（见右上角下图的划船阵型，不过更常见的阵型为三层桡手从上至下"2—2—1"排布）最初是仿制一艘缴获的迦太基战船，后来罗马人又批量生产了这种船只。划船者经常在陆地上接受战斗桨帆船的模拟训练，确保每艘船建成后可以立即找到操作熟练的船员。

一段时间以来，已从第一次布匿战争挫折中恢复的迦太基一直在寻求扩大自己在伊斯帕尼亚（Hispania）[①]地区的财富的方法。公元前219年，迦太基军队袭击了伊斯帕尼亚一个对罗马友好的城市萨贡图姆（Saguntum），引发了外交事件。在其他时期，这次外交事件可能会不了了之，因为是萨贡图姆挑起了事端，而条约上没有任何明文要求罗马需在这种情况下为该地区的任何城市提供援助。但罗马和迦太基之间积怨已深，在这次事件中，全面战争已然不可避免。

---

① 伊比利亚半岛的旧称。

特雷比亚河战役（前218年）

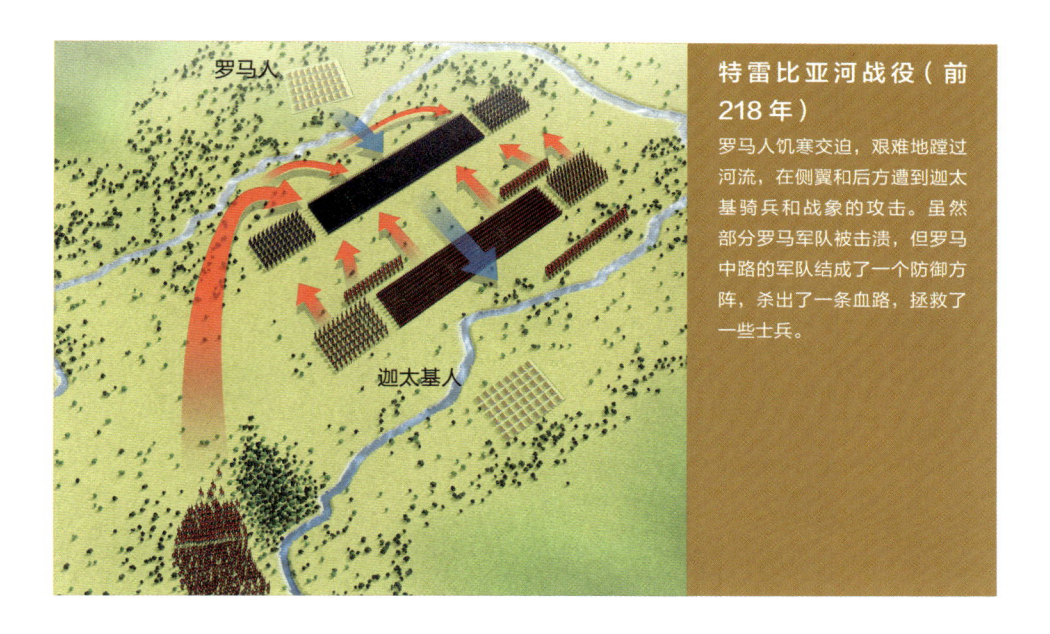

罗马人饥寒交迫，艰难地蹚过河流，在侧翼和后方遭到迦太基骑兵和战象的攻击。虽然部分罗马军队被击溃，但罗马中路的军队结成了一个防御方阵，杀出了一条血路，拯救了一些士兵。

　　迦太基指挥官汉尼拔·巴卡（Hannibal Barca）祭出高招。他率军从伊斯帕尼亚出发，穿过高卢南部，经阿尔卑斯山进入意大利。率领任何一支军队穿越阿尔卑斯山都已经十分困难，但汉尼拔·巴卡甚至带着战象完成了这一任务，创造出相当了不起的成就。

　　当汉尼拔从陆路向意大利推进时，罗马军正从海上进入伊斯帕尼亚。到达伊斯帕尼亚后，罗马军发现当地城市并不特别倾向于支持任何一方，于是开始争取一些盟友加入自己。在这一过程中，他们无意中得到了汉尼拔侄子汉诺（Hanno）的"帮助"。汉诺的兵力在数量上远远不如罗马，但他还是决定以现有的兵力和罗马开战。罗马战胜了汉诺，并凭借这场胜利赢得了当地人的鼎力支持。此外，罗马获胜后还获得了在陆地和海上发起进攻的主动权。

　　听闻罗马人在伊斯帕尼亚取得成功后，迦太基派来了增援，而这些增援本来可以援助入侵意大利的军队。汉尼拔的弟弟哈斯德鲁巴·巴卡（Hasdrubal Barca）试图逼迫罗马开战，他计划派骑兵包围罗马的两个侧翼，在德图萨（Dertosa）向罗马军队发起了进攻。哈斯德鲁巴战术差一点就取得了成功，但罗马军团具有强悍的战斗力，在双方都伤亡惨重的情况下，罗马还是成功突破了对手的防线。

　　虽然罗马军队未能在伊斯帕尼亚取得决定性胜利，但他们把迦太基军队限制在了此地，保证了其他地区战役的进行。此时，一场海战正在西西里岛周围的海域展开。公元前218年，迦太基人突袭利利俾（Lilybaeum）的行动失败，军队最终败给了罗马的桨帆船舰队。迦太基人还发动了夺回撒丁岛的远征作战，但他们在陆地上被不久前才加强兵力的驻军击败。

然而，意大利的战局对罗马并不有利。山南高卢地区的高卢部落之间爆发了叛乱，分散了罗马的注意力，还使本应前往伊斯帕尼亚的部队不得不转而前往山南高卢地区平叛。在汉尼拔到达该地区时，叛乱仍在继续。

罗马派出一支部队拦截汉尼拔，两军骑兵就此在提契诺（Ticinus）河爆发了冲突。在战斗中，罗马不敌对手，不得不回撤至特雷比亚（Trebia）河对岸。虽然罗马没有遭受严重损失，但这次小小失利带来了十分严重的政治后果：更多的部落开始反对罗马统治，也进一步扩大了汉尼拔军队的规模。

为入侵非洲而集结在西西里岛的罗马部队被匆匆召回并派往北方。这支部队来援后，罗马人终于能以大致相同的兵力抵御入侵者。不过，迦太基的骑兵比罗马骑兵作战能力更强。

在一段时间的接触战后，罗马军队被迫在特雷比亚河开始战斗。这对罗马来说是一场灾难：在开始战斗前，早饭都没得吃的部队还不得不先横渡特雷比亚这条冰冷的河流。渡河后，士兵的战斗力大打折扣。迦太基的一支分队随后从后方偷袭罗马军队，使罗马军减员一半。

罗马军队被迫放弃山南高卢，向南撤退。敌军撤退后，迦太基军得以在当地部落中征兵扩大军队的规模。相比之下，罗马只能匆匆忙忙地拼凑新的部队，处于劣势。公元前217年，汉尼拔挥军南下，成功将敌人引入特拉西梅诺湖（Trasimene）的埋伏圈。罗马人被困在敌人和湖水之间，部队遭到全歼。

汉尼拔可以杀进罗马，但他却选择了先向意大利南部进军，试图说服当地的城市效忠自己。由于意大利南部城市完全有可能叛变，罗马采取了非同寻常的措施：他们任命昆图斯·费边·马克西姆斯（Quintus Fabius Maximus）为独裁官，给予了他独掌军务的权力。

汉尼拔的军队太强大了，费边不敢冒险直接对抗。因此，他开始实施"费边战略"。他派军跟踪迦太基人，一有机会就骚扰他们。费边没有与迦太基人展开正面对决，保全了唯一一支有实力保护罗马的军队。费边战略让罗马避免了失败，但却无法帮罗马赢下战争。

兵败坎尼

公元前216年，费边被解除了指挥权，作战更积极的执政官接管了军队。由于汉尼拔占领了罗马在坎尼（Cannae）的补给站，罗马派出庞大兵力向坎尼推进，希望驱逐迦太基人。罗马的这次出兵正中汉尼拔下怀，他在坎尼的行动就是为了引出罗马军队。

在之后的坎尼会战中，罗马遭遇了惨败。汉尼拔故意把部队中心位置的兵力设置得较为薄弱，罗马人也不出所料地将这一位置的士兵逼退了。当罗马攻打汉尼拔部队中路时，迦太基骑兵在侧翼击败了罗马骑兵，并开始向后方发起进攻。随着迦太基中路士兵进一步回撤，迦太基两翼实力更强的步兵开始向罗马的侧翼靠拢。最后，罗马前面是迦太基兵力增援后的中路，后面有骑兵包围，侧面还有步兵攻击，在这种情况下，罗马军彻底崩溃，惨遭屠杀。

一些意大利城市听到罗马在坎尼战败的消息后纷纷起义，但另一些城市则坚持与罗马结盟，因为罗马仍有能力派出强大的军队。这些军队是用来对付汉尼拔在意大利和海外的盟友的。在西西里岛，宣布支持迦太基的叙拉古在公元前214年被罗

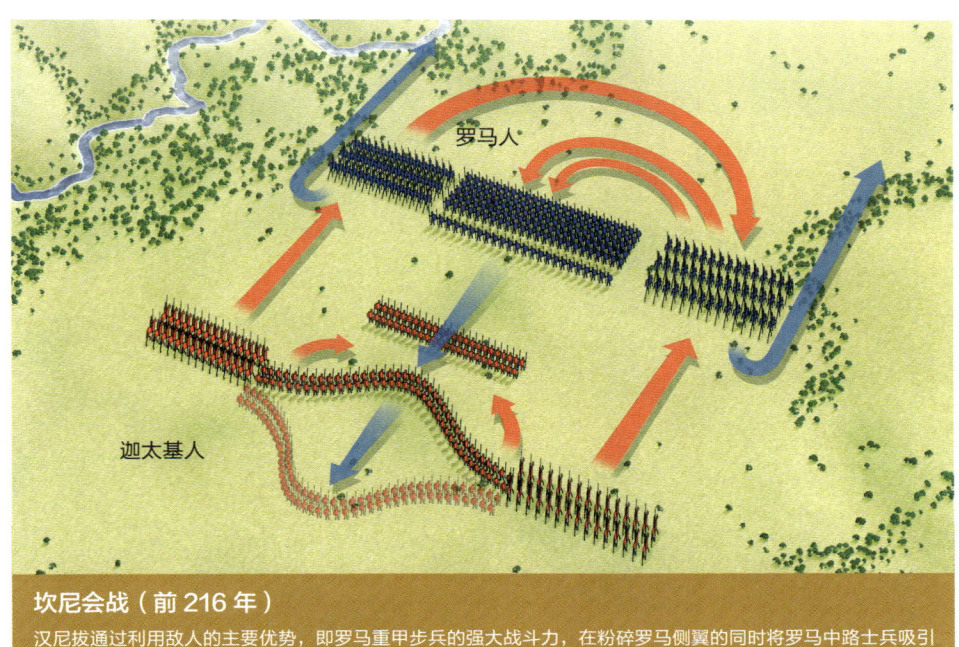

坎尼会战（前216年）

汉尼拔通过利用敌人的主要优势，即罗马重甲步兵的强大战斗力，在粉碎罗马侧翼的同时将罗马中路士兵吸引进自己阵型的中心。面对来自四面八方的进攻，罗马主力不堪重负。

跨页图　一幅 16 世纪早期的画作，描绘了汉尼拔带着他的军队和战象抵达意大利的场景。虽然那些在行军中幸存下来的战象活不了多久，但能带着它们行军本身就是一项了不起的成就。

第四章 罗马的战士

马军队包围。与此同时,罗马在伊斯帕尼亚开始了第二次战役,他们希望收回自己的财富。

公元前 211 年,罗马军兵败伊斯帕尼亚。落败后,罗马军在北部继续顽抗,但已经无法开展进攻行动。公元前 210 年,罗马统帅大西庇阿率领的军队在伊斯帕尼亚登陆,并在一年后占领了卡塔赫纳(Cartagena,新迦太基)。大西庇阿的作战很成功,但他无法阻止哈斯德鲁巴带着增援部队向意大利进发,前去支援自己的兄长。

大西庇阿在伊斯帕尼亚的战役于公元前 206 年达到高潮,最终他成功将迦太基人赶走。与此同时,罗马军队一步步削弱了汉尼拔在意大利的联盟,占领了一些城市,还让迦太基军队吞下了一连串的小败仗。

公元前 204 年,大西庇阿在非洲登陆,并开始向迦太基推进,但这时汉尼拔的部队对罗马来说仍旧还是一个威胁。汉尼拔被召回保卫迦太基,并试图通过谈判与罗马媾和。和谈最终失败,迦太基的政局变得越来越不稳定。

汉尼拔对自己将要指挥的部队也有严重的顾虑。这支部队中虽然有一些老兵,但许多士兵几乎没有受过任何训练。尽管如此,在公元前 202 年的扎马(Zama)反击战中,迦太基还是和罗马打得难解难分。一开始,迦太基步兵还取得了不错的战绩,但是随后部队后方遭到了罗马骑兵的进攻,这些罗马骑兵是追击完迦太基的骑兵后重新整队集结的。迦太基军就此崩溃,战败的他们别无选择,只得接受罗马严苛的媾和条件。

迦太基以罗马附庸国的身份一直生存到了公元前 149 年。在这些年里,迦太基遭受了努米底亚(Numidia)的袭击,因此他们选择了违反投降条款,组建了一支军队来保护自己。这一举措为那些赞成彻底摧毁迦太基的罗马人提供了借口。罗马向迦太基提出一系列越来越不合理的要求,迦太基最终再也无法忍受,拒绝遵守这些要求。

罗马随即发动了一次惩罚性远征。迦太基最初成功击退了罗马,但在公元前 149—前 146 年的这段时间里,他们遭到了罗马军队猛烈进攻。迦太基最终沦陷,并被完全摧毁。不过,迦太基周围的田地很可能并没有像传说的那样被洒满了盐,因为在古代世界,盐是非常昂贵的物品。而且在随后几年的时间内,迦太基就向罗马出口了大量粮食。

与迦太基的战争让罗马扫除了称霸地中海的一个主要对手。迦太基完全丧失了西地中海霸主地位,而罗马则取而代之,成了古代世界主要的海上力量之一。事实上,对地中海的控制是后来罗马共和国和帝国发展的重要因素之一。

罗马－马其顿战争

第一次马其顿战争不过是公元前214—前205年间发生的一个小事件。罗马军借镇压海盗之名在爱琴海东岸登陆，骚扰了那里的古希腊军队。他们真正的目的是防止马其顿军队进一步进入意大利本土。从这一点看，这场战役是成功的，罗马得到了以埃托利亚联盟（Aetolian League）为主的古希腊盟友的协助。

第二次马其顿战争爆发于公元前200年，持续了四年之久。战争的导火索是一部分古希腊国家指责马其顿与波斯签订了条约。这一条约对罗马在该地区的利益构成了威胁，于是他们出兵征讨马其顿。

双方进行了一段时间的接触战，但没有分出胜负。公元前197年，罗马和马其顿军队在库诺斯克法莱（Cynoscephalae）交战。这一役让罗马军团优越的指挥结构和灵活性优势尽显。由于在行动困难的地形上作战，两支部队都显得有些混乱，但这对马其顿人的影响远远大于对罗马的影响。

马其顿使用长矛，在两军首次接触时会有优势，但一旦双方开始近距离交战，罗马人就将是难缠的对手。不过，罗马军团还是感受到了巨大的压力，敌人在中路和左翼的攻势尤其凶猛。罗马指挥官就在左翼作战，如果换了别的军队出现指挥官

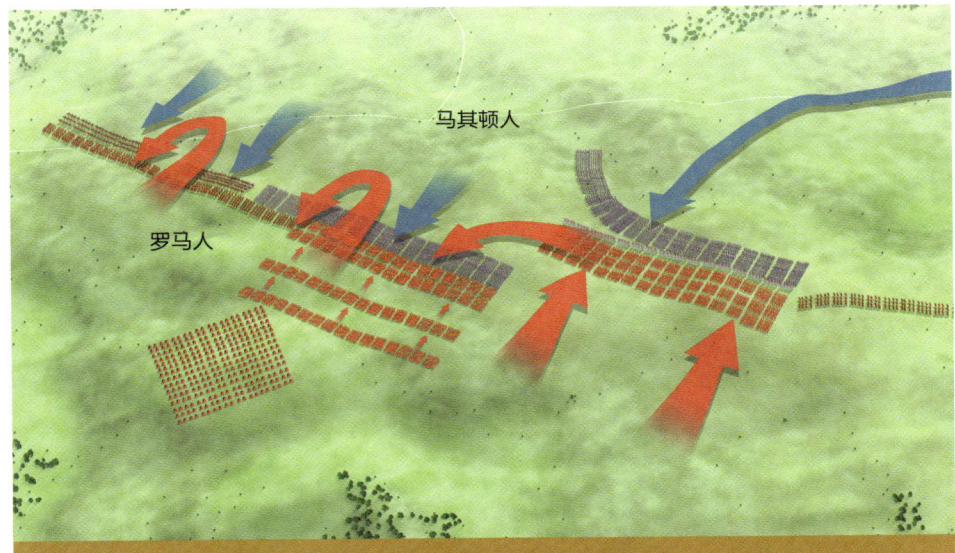

库诺斯克法莱战役（前197年）
刚开始，马其顿方阵击退了罗马人。但由于地势崎岖，战斗艰苦卓绝，马其顿最终失去了凝聚力。当方阵被打散时，罗马军团在近距离作战中战胜了他们，并从侧翼对马其顿军队中心发动了攻击。

陷入苦战、无法分心指挥的情况，军队的整体指挥运作将可能被拖慢甚至完全陷入瘫痪。

但罗马向来鼓励士兵发挥主动性。在没有得到上级明确命令的情况下，罗马右翼的军官用他们为数不多的战象发起了进攻，这极大地扰乱了马其顿军的队形。之后，罗马军官又命令军团步兵发起猛烈进攻，一举杀进马其顿大军之中。与此同时，所有预备士兵都收到指示，对敌人的侧翼发动攻击。

库诺斯克法莱战役的胜利既要归功于罗马小部队在重新集结后迅速归队、等待上级发令的能力，也要归功于统帅战场行动的指挥官拥有的战斗力与技能。这场胜利基本结束了战争，促成了条约的签署，马其顿的许多附庸城邦就此变成了罗马的盟友，且马其顿按规定不得再干涉外部事务。

讽刺的是，这场战争虽然是为了防止马其顿与波斯结盟而发动的，但埃托利亚联盟随后与波斯达成了对抗罗马的协议。埃托利亚联盟之所以与波斯联手，主要是因为罗马分给前来援助联盟国家的领土非常少，这让他们十分不满。

波斯军队在古希腊登陆，但分别于公元前 191 年和公元前 190 年在温泉关和玛

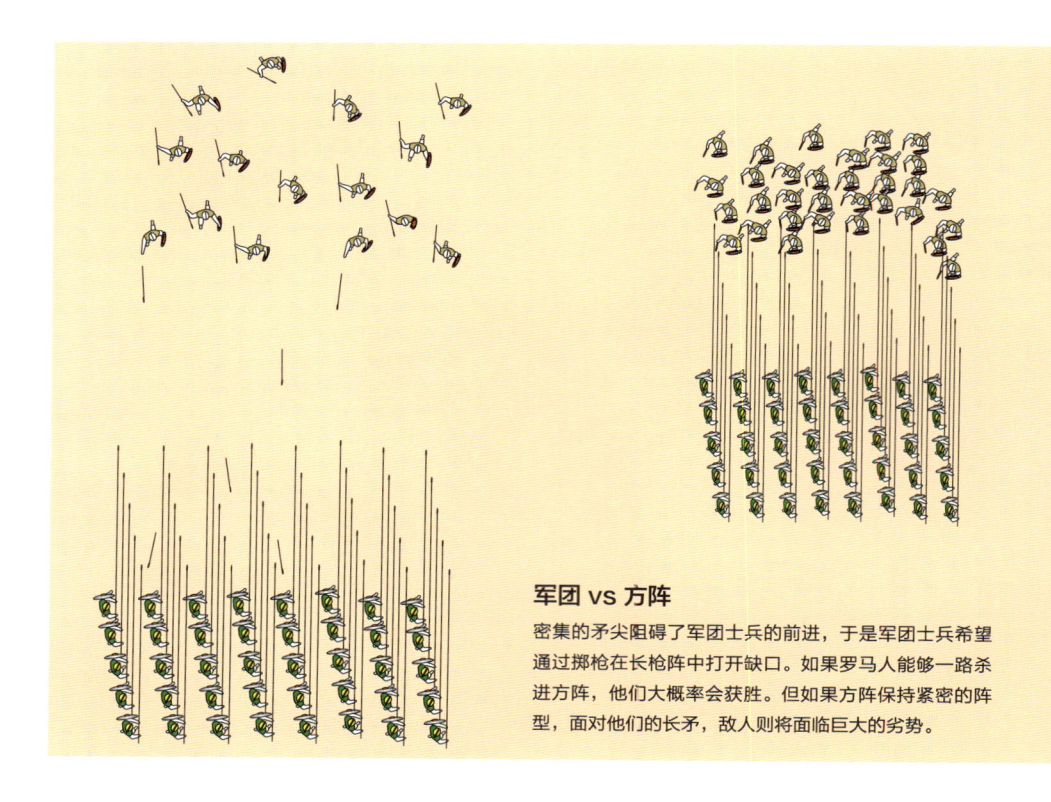

军团 vs 方阵

密集的矛尖阻碍了军团士兵的前进，于是军团士兵希望通过掷枪在长枪阵中打开缺口。如果罗马人能够一路杀进方阵，他们大概率会获胜。但如果方阵保持紧密的阵型，面对他们的长矛，敌人则将面临巨大的劣势。

格涅希亚（Magnesia）被击败。波斯随即求和，并不得不向罗马支付了巨额赔偿金。

在相安无事约 20 年后，马其顿再次开始尝试恢复自己的权力与威望，这威胁了罗马在该地区的利益。罗马希望分裂古希腊，使古希腊无法对自己构成任何太大的威胁。于是，一支罗马军队进入了马其顿领土，但一直未能取得任何进展。后来，新指挥官卢基乌斯·埃米利乌斯·保卢斯（Lucius Aemilius paullus, 前229—前160年）上任，局势开始有所变化。他除提高了部队的士气和训练水平外，还推出了一项政策，即实施军事行动会提前发布命令。政策实施后，保卢斯的下属可以确保指挥已经就绪，军队不会再因为突然下达的行动命令而措手不及。

罗马和马其顿之间的"胜负手"出现在公元前 168 年的彼得那（Pydna），这一场战争又是军团与方阵的对决。罗马

下图 在公元前 168 年的彼得那战役中，罗马军团和轻甲部队与马其顿方阵对峙。罗马短剑和马其顿长矛之间攻击距离的差距显而易见，但罗马军队最终取得了胜利。

军团将方阵步兵引诱到了一块崎岖不平的地面上，打乱了他们的队形，随后在近身作战中击败了方阵步兵，让对方吞下了一场失败。战后，马其顿分裂成四个共和国，不久后这些共和国都被解散，马其顿终于成为罗马的一个行省。

军团战术

罗马军团招募的士兵与其他任何军队的士兵没有什么不同。罗马人并不比任何其他民族更强壮、勇敢和坚韧，他们的优势其实在于超强的组织能力上。

因此，其他国家的士兵可能会学习如何使用武器，部队也许还会进行一些演习，而罗马则不同，罗马士兵接受的是一套经过精心设计的训练制度，这套制度旨在培养出军纪严明、作战勇猛的士兵。部队进行复杂的机动，阵型也不会变得乱七八糟。罗马战斗系统的一大关键是部队有能力集结并迅速回到军官的控制之下，这让部队即使在艰苦的战斗中也能保持作战能力。

军团士兵接受了挖掘、建设以及战斗方面的训练。在行军途中，他们每晚都要搭建起一个带有防御设施的营地，这种做法可能很累人，但可以防止部队被敌军突袭。在帝国的漫长历史中，这一做法可能也避免了一些战略灾难。搭建临时桥梁的能力也提高了士兵的战略机动性，使军队能在敌人意想不到的地方出击。

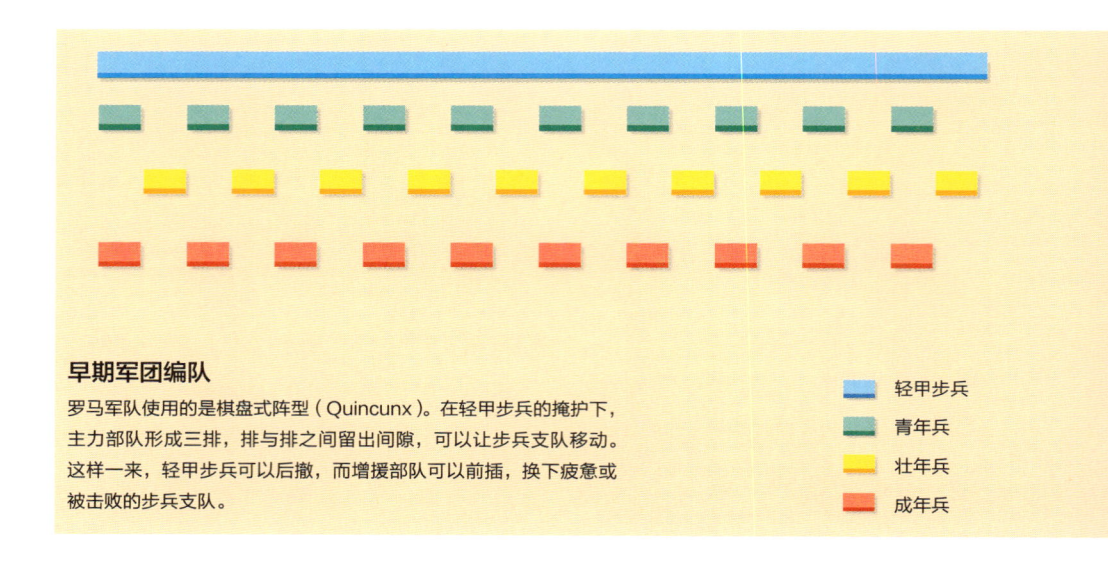

早期军团编队

罗马军队使用的是棋盘式阵型（Quincunx）。在轻甲步兵的掩护下，主力部队形成三排，排与排之间留出间隙，可以让步兵支队移动。这样一来，轻甲步兵可以后撤，而增援部队可以前插，换下疲惫或被击败的步兵支队。

- 轻甲步兵
- 青年兵
- 壮年兵
- 成年兵

罗马的组织天赋也创造了优秀的后勤系统，这又使更多部队得以投入到关键战役中，士兵也能比对手在战场上作战更长时间。有了这些优势，罗马军可以出动更多士兵，行动更迅速，在遭受失利后也恢复得更快，对突如其来的灾难也有一定的抵抗力。不过，如果部队本身作战能力不强，这些优势就将毫无意义。

罗马军队进行高标准的训练。罗马士兵喜欢单打独斗，但也懂得如何支持和协助战友。他们可以在需要时（如需要交错盾牌抵御箭矢攻击的时候）排成密集阵型。但一般情况下，士兵彼此间会留出足够的空间，方便挥舞武器或进行战术机动。

军团标准的战术是在两军刚要接触前丢掷重型投枪，然后持剑冲锋。每个士兵不仅要与离自己最近的对手作战，还要注意寻找机会帮助战友。如果有机会的话，趁敌不备杀死正和另一个军团士兵交战的敌人并不是什么不道德的行为。

罗马军队也很清楚，一名士兵在战斗中有效作战的时间不过数分钟。罗马不断替换前线受伤或疲惫的士兵，使军团能作为整体在长期作战中持续保持战斗力。撤离战线的士兵休息后就可以重新投入战斗。这些士兵可以组成预备队随时处理战场上出现的问题，也可以在敌军弱点暴露时乘胜追击。

军团制度催生了一支职业化军队。罗马军队的水准极高，甚至在近代之前都很少有其他军队能望其项背。但是，罗马帝国军队后期往往打的是内战，与同样训练有素、

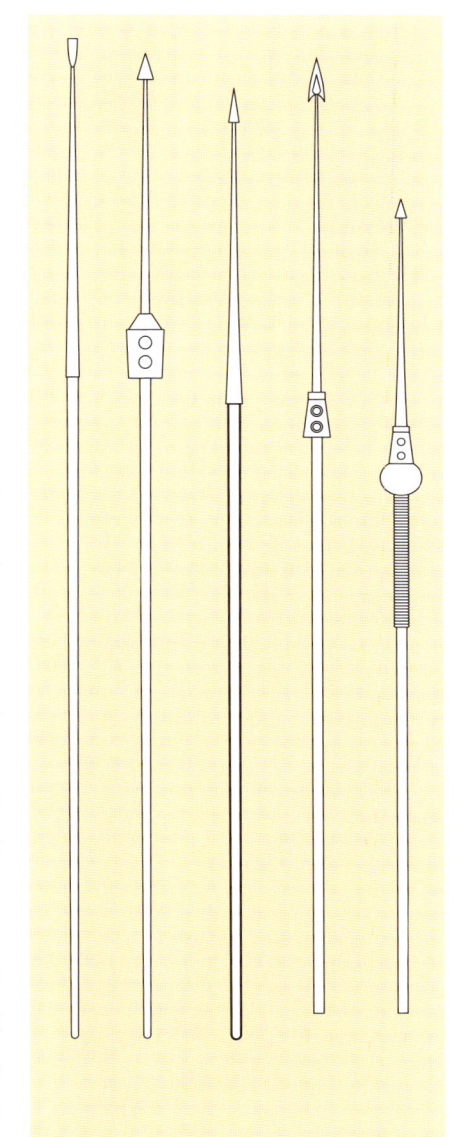

投枪

罗马军队的各种投枪设计中，枪头重、枪杆细长的投枪被视为经典，这样的投枪能够击穿盾牌、重伤敌军。即便不能重创，沉重的投枪也不容易从盾牌中拔出来，使盾牌失去作用。

彼得那战役（前168年）

从公元前179年起，马其顿与罗马的联盟开始解体。公元前172年，一支罗马军队挥师进攻马其顿。为了抵御入侵，马其顿国王珀尔修斯（Perseus）召集了约3.9万名步兵和4000名骑兵迎敌。马其顿步兵以方阵步兵为主，他们装备长矛，训练排成密集队形作战的方法。和方阵步兵对阵的每个士兵都要同时面对好几个枪尖。

罗马人则派出了一支由执政官指挥，由两个罗马军团、两个意大利军团以及辅助部队组成的军队，部队中还有34头战象。罗马凭借这支总计约3.7万名步兵和2000名骑兵的部队取得了一些成功。然而，他们并没能取得任何决定性的胜利，因此罗马方面任命保卢斯为新指挥官。再次与马其顿交战前，罗马还进行了一段时间的准备和训练。

公元前168年，两军在彼得那城附近相遇。罗马人一面行军一面排兵布阵，而马其顿部队已经严阵以待。保卢斯派出战象攻击马其顿左翼，对敌军造成了相当大的破坏。然而，中路的罗马军团却无法穿透方阵。虽然他们的攻击非常强力，但却被面前致命的矛墙挡开。更可怕的是方阵步兵开始向前推进。

方阵推进至地形崎岖处，队形开始有些混乱，矛墙出现了缺口，军团士兵趁机冲杀。一旦开始近距离作战，罗马军就能占有相当大的优势。即使方阵步兵放下长矛，拔出剑或匕首迎敌，他们也只能是以罗马人的方式而不是自己习惯的方式作战，而这正是罗马人想要的。

在指挥官的带领下，罗马军团步兵支队开始乘胜追击。马其顿方阵解体，侧翼遭受攻击。没过多久，在战斗开始时还约有2.1万人的巨大方阵就完全崩溃了，马其顿的溃败就此开始。

马其顿的一些小队负隅顽抗，进行最后一搏，但大部分军队四散奔逃。指挥官珀尔修斯也逃跑了，随后很快投降，他的王国被分割成四个共和国，然后被重新组合成一个行省，这也是罗马在古希腊的第一个行省。

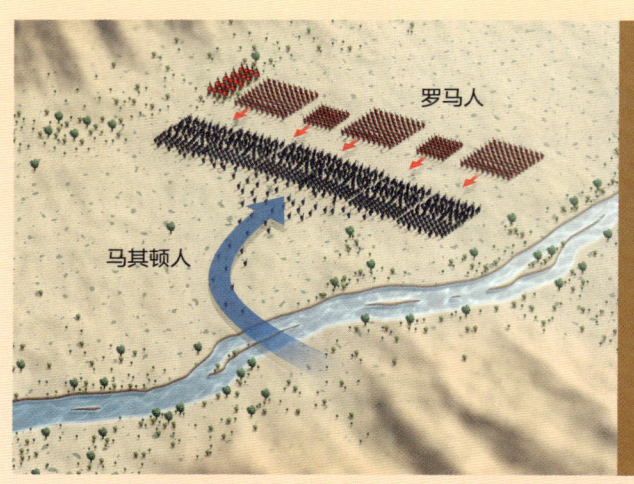

彼得那战役

马其顿人渡河发动进攻，但他们的左翼被罗马战象击溃。高低不平的地面让马其顿方阵的剩余部队无法成形，罗马的小股部队得以乘虚攻入。马其顿方阵最终瓦解并被击溃。

装备精良的士兵自相残杀,而不是处理国家外部面临的麻烦。罗马帝国沦陷并不是因为军队有任何缺陷,而是因为指挥、管理军队的军事体系存在问题。

装备与军事组织

在罗马共和国早期,罗马军队进行改革,发展成为一支作战能力更强的军队。军队被分为两个军团,分别与统治罗马的两名执政官联系在一起。后来,执政官军队的概念出现。一支执政官军队由两个罗马军团和辅助部队组成。

除了组成两支执政官军队的第一至第四军团外,其他军团都是按需组建或解散的。罗马在有需要时会组建更多军团,并从盟国征召更多部队。按照规定,罗马在作战中每投入一个军团,意大利同盟城邦就需要同样向罗马派出一个军团。

军团制度脱胎自民兵或公民士兵制度,征召军团的过程演变成了类似征兵的过程。应征服役的罗马人会成为军队的一部分,一直到军队解散为止。一旦公民加入军团,他就会一直在该军团中服役,直到军团解散或自己被开除。

存在时间较长的军团在战斗中积累战斗经验,士兵的训练水平也会很高,这是军团制度的主要优点。公民服役的时间不超过16年,但这对于需要离开自己农场或商铺的公民来说是非常长的时间。实际上,服役期在大多数情况下要比16年短得多。不过,公民可能会被再次征召,与新组建的军团一起出征。

罗马剑

大多数罗马剑都是短剑的变体。最左边的武器是半长剑,剑的长度接近骑兵使用的长剑。最右边展示的是罗马匕首。

在罗马共和国早期，军团的核心战力是重甲步兵，这些士兵来自能支付得起必备装备的社会阶层。这些装备包括胸甲、头盔、盾牌、匕首、剑和重型投枪。

步兵根据作战经验被分为三组。作战经验不足的年轻人会加入青年兵。年纪更大（按说也更为稳重）的壮年男子（30岁左右）会加入壮年兵。青年兵和壮年兵在战斗中组成军队阵线的第一排和第二排。

最有经验的士兵在第三排作战，这些士兵被称为成年兵，他们不用投枪，改用长矛作战。他们的作用是组成稳定的后备力量，在前排落败时掩护他们撤退，或者在战斗难解难分时推进。对于正在前排艰苦作战的士兵而言，成年兵能鼓舞士气：这些已久经沙场的成年兵正在看着面前的年轻人证明自己。

这三条阵线又各自被细分为十个步兵支队。青年兵和壮年兵的每个步兵支队都由两个60人的百人队组成，而成年兵则由30人的百人队组成。因此，一个满员的军团是由1200个青年兵、1200个壮年兵以及600个成年兵组成的重甲步兵队。

顾名思义，百人队最初是由100名士兵组成的单位，但随着时间的推移，一个百人队单位里的士兵减少，后来又演变成两个百人队共同组成一个步兵支队。步兵支队中包括"前百人队"和"后百人队"。前百人队的位置在后百人队的右侧，前百人队负责指挥整个步兵支队。

一条战线上的步兵支队是仿照棋盘交错部署的，前排的青年兵两个步兵支队之间会留出一个与后排壮年兵步兵支队宽度相等的间隙。第三排的成年兵步兵支队镇守在最前排中队的正后方。这是一个极其灵活的阵型，在给部队留出移动空间的前提下，前线依然十分坚固。

军团还包括一支由1200名轻甲步兵组成的部队。这些士兵来自负担不起军团标准装备的贫民阶层。他们充当侦察兵，保护队伍侧翼，还需要镇守那些不值得步兵支队亲自出马的地形地貌。在实战中，轻甲步兵会在重甲步兵面前形成一道屏障，用投枪骚扰敌人，然后从步兵支队棋盘式阵型的缝隙中撤退，避免在部队发生冲突时被夹在中间。

军团中还有一支骑兵队，共有10队，每队30人。重甲骑兵的装备十分昂贵，因此只有社会上层人士才能成为重甲骑兵。除了合适的坐骑外，骑兵还必须为自己配备剑、长矛、头盔、胸甲和盾牌。骑兵队中有时还有轻甲骑兵加入，他们负责骚扰敌人，并为重甲骑兵提供支援。骑兵经常下马作战，这种作战方式与此前罗马王政时期的骑兵如出一辙。

马略改革

在罗马共和国早期，军事制度存在一大缺陷，即每当危机出现时，就必须重新招募军队。虽然一些应征服役的人可能曾经当过兵，但一旦军团在战争后解散，军队整体就会丧失作战经验。

此外，要招募足够的士兵来保卫罗马大幅扩张的领土也越来越困难。虽然罗马此时在名义上不是帝国，但它实际控制的地区面积非常大，而且大部分地区都在海外，而且罗马必须从相当小的人口基数中招募部队保卫这些地区。

公元前107年，与高卢部落的持续纠纷以及和北非的战争使罗马对军队的需求超过了现有系统所能支持的上限。此外，有资格服兵役的这部分公民对罗马经济有重要意义，而今这些人不得不长期离开自己的商铺和农场，这给罗马的经济造成了损害。

由于大部分部队都忙于北上对抗高卢人，执政官盖乌斯·马略（Gaius Marius，前157—前86年）面临

青年兵

手持投枪和短剑的青年兵构成了军团前线，率先与敌人交战。如有必要，他们会与装备相似但更有经验的壮年兵交换位置，轮流整顿休息，然后重新作战。

成年兵

成年兵经验丰富，比青年兵或壮年兵年纪稍长。他们是后备力量，手持长矛而非投枪。"依靠成年兵"是罗马人的一种说法，指的是在绝境中使用仅存的后备力量，也是绝境求胜的作战策略。

龟甲阵

在面对重火力时（比如在围攻中接近城墙时）士兵会形成龟甲阵。这种队形虽然行动缓慢，但能很好地抵抗箭和其他投掷物的攻击。

投枪战术

投枪是一种重型标枪，在两军快要接触时投出去。常规做法是在 10 到 15 米处投掷一排投枪，然后在敌人阵型被打乱的情况下，持剑冲向目标。投枪也可以用来瓦解骑兵的进攻。

着一项艰巨的任务。他被委以重任，要赢下在北非与朱古达（Jugurtha）国王的战争。要做到这点，他需要更多军队，但眼下罗马却没有军队。于是，马略开始了罗马军事系统改革，这项改革产生了深远的影响。他开始招募社会最底层民众参军，并改由国家负责军队的武器和装备。

对于许多贫穷的罗马人来说，参军是一个很有吸引力的选择。加入军队意味着有饭吃，有钱拿，有稳定的工作，退伍后还能分到土地。对于其他同盟国的公民来说，在罗马军队服役就可以获得罗马公民身份，这对很多人都十分有吸引力。

通过改革，马略不仅组建了一支常备军队，他还发明了一种新的军事制度。改革后，士兵们不再是自费武装并在危机期间服役的公民，罗马军队将变为常备部队，士兵将是长期服役的专业人员，随军奔赴一场又一场的战役。

组成常备军后，罗马士兵进行了持续的训练和演习，体能、技能和纪律水平都提高到了古代世界其他地区难以达到的水平。罗马开始向全军实施一套标准化的训练，士兵接受的训练包括在手持加重盾牌的情况下用双倍重量的木剑砍击木桩。这种训练锻炼了士兵的力量和耐力，也提高了他们的作战技术。在罗马灭亡后的很长一段时间里，这还一直被视为标准的训练方法。

授土制度是一箭双雕的做法。由于退役士兵会被授予边疆地区的土地，他们自然成了戍边的后备军，更重要的是，他们还能发挥社会和政治影响：被征服的边地受罗马退役士兵的开发和影响，文化会逐渐向罗马靠拢。

不过，不再使用公民军队的做法确实导致了一个重大问题。军队会首先忠于自己的指挥官，而当指挥官发现自己与上级不和时，军队就会成为内部政变的工具。从某种程度上说，困扰罗马共和国和帝国的许多内战是马略改革造成的。

下页跨页图　日耳曼人的辛布里部落几次重创罗马军，使整个罗马境内都心有余悸。盖乌斯·马略改革后，他领导的一支军队打败了辛布里部落。

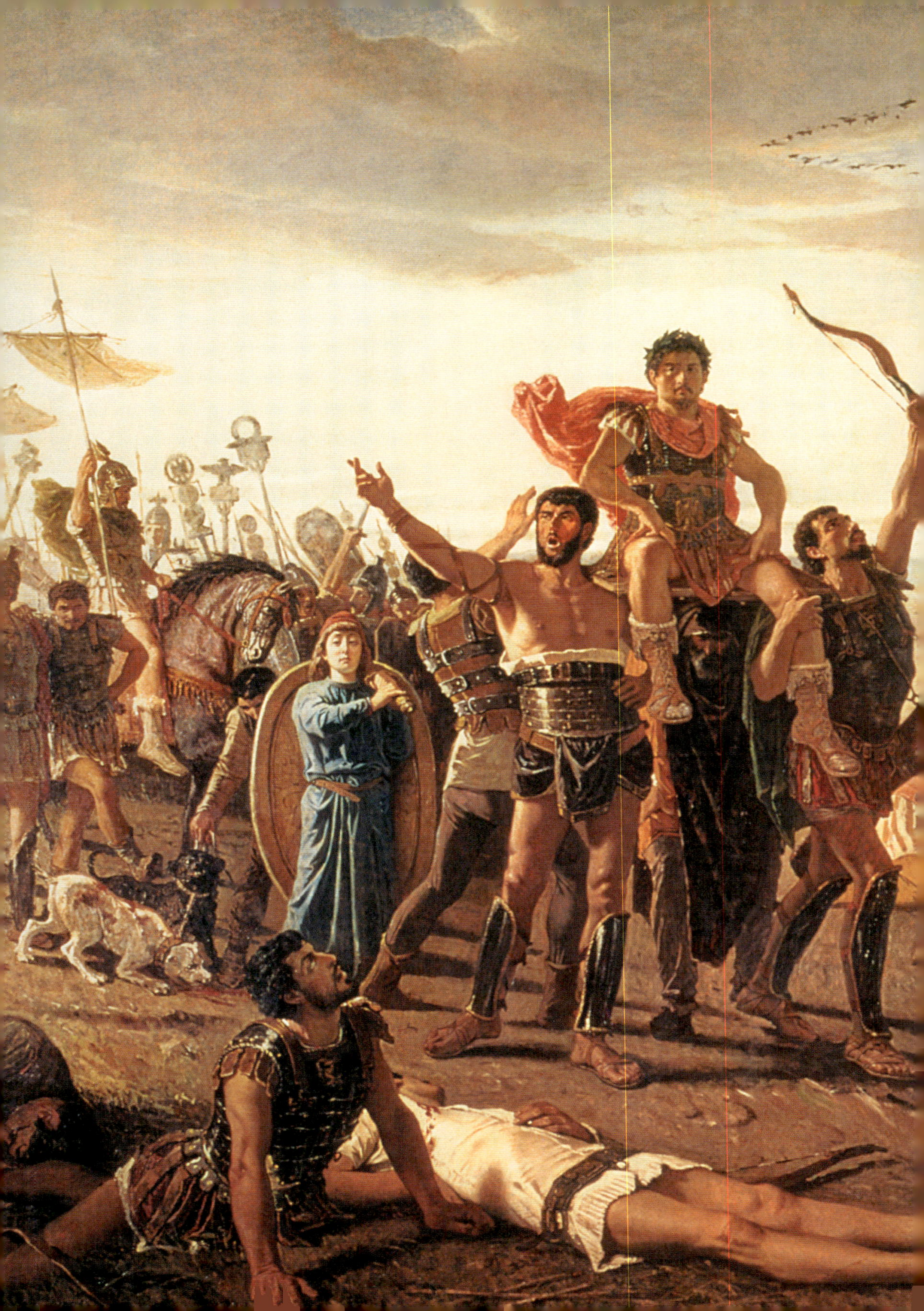

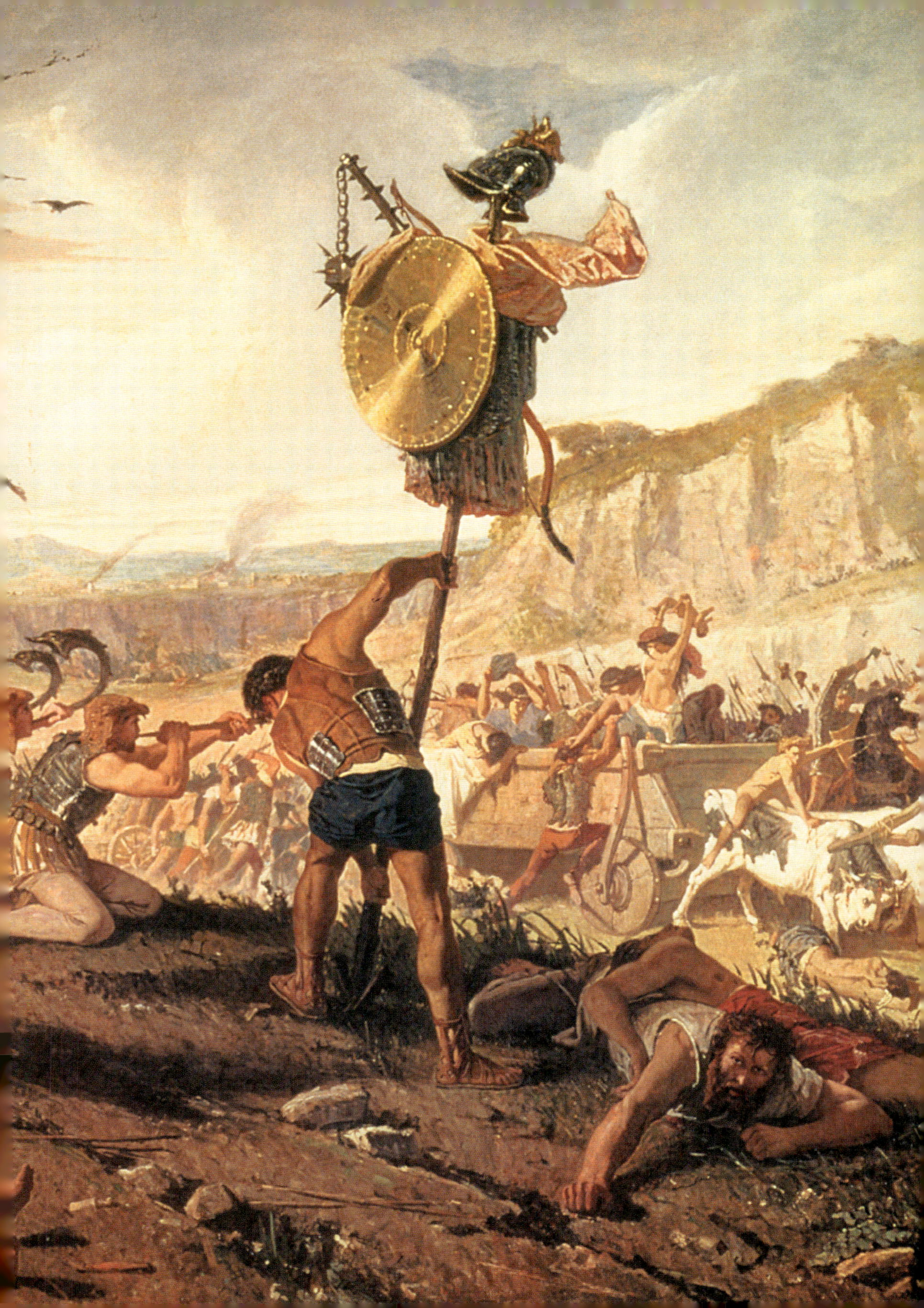

标准化军团

马略改革后，军团的组织和结构都标准化了。最小的分队是八人小队，在行军过程中和在营地里同睡一个帐篷，共用一个锅。以这个最小的分队为基础，罗马构建起了百人队和营这些单位。

罗马的标准战术单位是百人队，它的定位是一支能独立战斗和行军的部队。百人队会携带在战场上作战所需的所有武器和装备，外加几天的口粮。额外的装备由随队出征的辎重车携带，但每个战士本身的负重也很高，因此士兵很快就得了"马略的驴子"的诨名。

一个百人队的标准人数为 80 人，军团有 10 个营，每营各包含 6 个百人队，即每个营有 480 名士兵。军团的第一个营后来进行了重组，由五个双倍大小的百人队组成（即每个百人队 160 人），这样该营就共有 800 名士兵。根据需要，罗马可以派遣两个或两个以上的军团和辅助部队来组建军队。

马略改革后，军队还在逐渐发生改变。渐渐地，来自意大利任何地方的军团都会被认为是罗马军团，而不是盟军的部队，提供援助的任务落在了辅军（Auxilia）身上。军团由重甲步兵构成，重甲步兵使用官方规定的标准装备，而辅军则负责提供援助。辅军包括轻甲步兵、骑兵和其他任何被人们认为是组成战斗部队所必需的兵种。

罗马直至帝国后期都还在使用马略的这套体系。不过，到了帝国后期时，情况已经发生了翻天覆地的变化，组建军团的行为十分普遍，但军团的人数只在 1000 左右，使用的装备也与共和国时期的重甲步兵不同。

马略在非洲取得了成功，但没能击败高卢人。公元前 105 年，有五支罗马军队被高卢人击败。罗马威信受损，境内叛乱四起。公元前 102 年，马略在高卢指挥作战，他率军来到罗纳（Rhône）河边，在高卢人到来前扎营。

马略明白敌人的可怕，也知道自己的士兵十分紧张。他最初拒绝出战，在设有防御的营地里按兵不动。高卢部落不断来到罗马军团营地前叫阵，但罗马没有回应。在劫掠了当地的乡村后，这些部落变得不耐烦了。一些人对罗马营地发动攻击，但进攻没有章法，被罗马轻易击败了。

这正是马略希望看到的。他的部队已经习惯了这些身材高大、声音吵闹的高卢人，不再感到恐惧。虽然只是一场小胜，但士兵已经在战斗中和敌人有过交锋，并赢下了战斗。现在，马略认为士兵已经做好迎战高卢人的准备，不至于再被他们的

塞梯埃河之战（前 102 年）

罗马人的主力部队在冲向高卢人之前，向敌人投掷了一排投枪来刺激敌人，让他们鲁莽地冲上山锋。与此同时，一支隐蔽部队袭击高卢人的侧翼和后方，导致他们彻底溃败。

名声吓得未战先怯了。

后来，高卢人向意大利方向行进。罗马士兵紧随其后，但拒绝开战，每晚都在适合防御的地形上建造坚固的营地休息。马略打算按计划时间开战，但到了塞梯埃河（Aquae Sextiae）时，取水队伍间的小规模冲突升级为两军的大规模冲突。马略的士兵现在充满自信，准备在第二天和对手决出胜负。

马略在坡顶选定好位置埋伏，然后派骑兵挑衅高卢人，诱使对方冲锋。当高卢人奋力冲上山坡时，他们遭到投枪齐射。随后，罗马士兵在马略的带领下冲下坡去。高卢人被赶下坡，但还是设法在平原上排好了战线。这时，一支罗马部队从后方袭来，高卢人迅速溃败。

在塞梯埃河的胜利消除了罗马面对的部分威胁，但高卢的大量部队仍然威胁着意大利北部。马略随即回师，开始了肃清威胁的行动。现在，他的部队经验丰富，能给作战勇敢但组织不力的高卢人造成致命打击。最终，罗马恢复了威信，在几年内都不会再有蛮族能对罗马构成威胁。

罗马共和国晚期的战争

自公元前 100 年起，意大利境内的几个罗马盟友越来越愤愤不平，他们认为自己最近在冲突中援助罗马所换来的回报实在太少。公元前 91 年，一批意大利城市起义，这些城市成立了一个同盟。自此，同盟战争开始了，这场战争的不寻常之处在于，在战场上相互对抗的两支军队从各方面看都几乎相同。

马略倡导训练、战术和装备标准化，而叛军同样执行此标准，这让罗马在面对叛军时占不到什么优势。叛军方面还能派出大量老兵作战。罗马面临着一个自己曾遭遇过的问题：如果自己在战斗中处于下风，剩余的盟友就会叛变。不过，尽管罗马在战斗中遇到了挫折，一些盟友也确实背叛了自己，但罗马和拉丁盟友还是协力作战，在战争的前半段成功避免了失利。

公元前 89 年，罗马在北方取得决定性胜利，南方的军队得以转守为攻，击败了老对手萨莫奈人。胜利后，虽然萨莫奈人还在继续作战，但一些罗马以前的盟友选择与罗马重新结盟。

同盟战争最后以谈判和改革结束，叛乱者的不满在一定程度上有所减少，那些对罗马保持忠诚的人也获得了奖赏。然而，如果罗马军队没能证明自己最终能够击败叛军，或者至少能将战争拖到所有人都无法再承受的程度，那么这些谈判和改革都将是无用的。

米特拉达梯战争

在之后的几十年里，罗马军队镇压了奴隶起义，打击了海盗活动。他们在高卢和伊斯帕尼亚征战，还发起了大规模的征服行动，将巴尔干和色雷斯纳入了版图，但也导致了与本都（Pontus）王国的一系列战争。

"……说起罗马帝国的荣耀，不得不提起最有名的庞培大帝和他的赫赫战功，因为这些辉煌可与亚历山大大帝的功绩匹敌……"

——普林尼

以本都国王米特拉达梯（Mithridates）命名的第一次和第二次米特拉达梯战争都胜负未分。公元前73—前63年，双方爆发了第三次也是最后一次战争，这是一次规模巨大的冲突。一名罗马总督叛变，在伊斯帕尼亚起兵引发重大叛乱，分散了罗马的注意力。这名叛变的总督还派出顾问，帮助米特拉达梯的军队训练。

米特拉达梯在博斯普鲁斯海峡入口附近的卡尔西顿（Chalcedon）击败了罗马军队。之后，他开始从卡尔西顿向库齐库斯（Cyzicus）进军。库齐库斯是一个具有战略意义的港口，米特拉达梯需要将这个港口作为自己进一步行动的供应基地。库齐库斯的罗马驻军不断抵抗，直到援军从海上抵达，罗马才重新掌控有利的战略地位。

库齐库斯位于岛屿上，通过一条堤道与大陆相连，米特拉达梯的部队主要部署在岛上的围城设施内。罗马人在大陆驻军，切断了米特拉达梯的供应链。这迫使米特拉达梯开始减少参与围城的兵力，并赶在补给耗尽之前拼命发起越来越多的攻城尝试。这些尝试都失败了，许多试图转移的部队也被罗马军捕获。

米特拉达梯放弃了对库齐库斯的围城作战，在撤退过程中还遭到了多次攻击。他的主力部队逐渐被削弱，几乎失去战斗能力，而其他的罗马部队还击败了他的盟友和分遣队。罗马随后入侵本都，围攻了几个城市，试图迫使本都与自己决一胜负。这场战役直到公元前72年或公元前71年（具体日期不详）才终于爆发。米特拉达梯新组建的一支军队被击败，本都部队的士气就此崩溃。

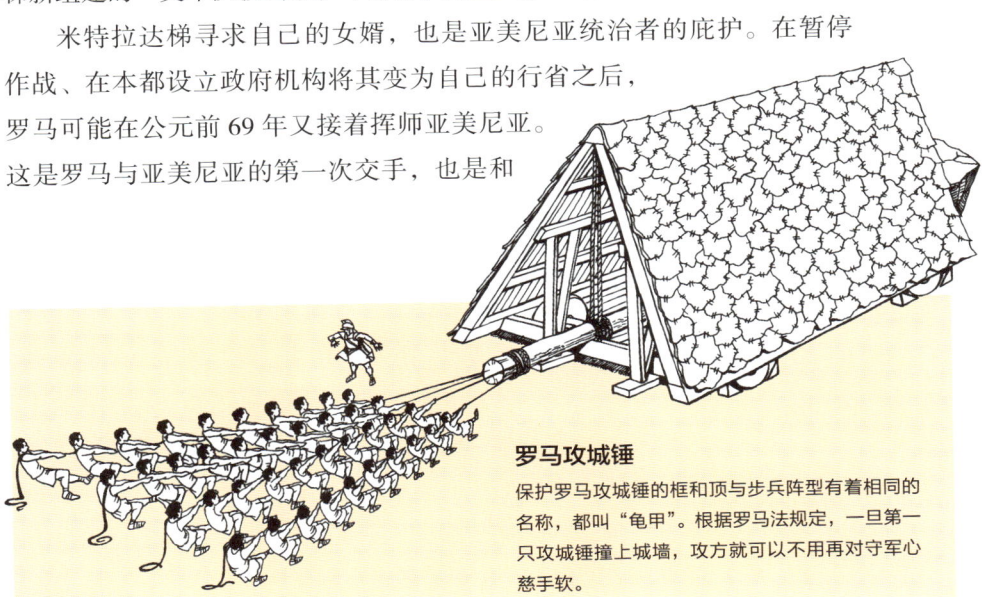

米特拉达梯寻求自己的女婿，也是亚美尼亚统治者的庇护。在暂停作战、在本都设立政府机构将其变为自己的行省之后，罗马可能在公元前69年又接着挥师亚美尼亚。这是罗马与亚美尼亚的第一次交手，也是和

罗马攻城锤

保护罗马攻城锤的框和顶与步兵阵型有着相同的名称，都叫"龟甲"。根据罗马法规定，一旦第一只攻城锤撞上城墙，攻方就可以不用再对守军心慈手软。

下页图 公元前 52 年的阿莱西亚攻城塔。罗马人非常善于围城作战，经常建设攻城坡等大规模工程。他们的攻城器械和攻城塔设计在很大程度上照搬了古希腊的设计，并在实战中加以完善。

安息（Parthia，帕提亚）帝国的第一次碰面，后者将成为罗马的长期对手。

亚美尼亚军在提格雷诺塞塔（Tigranocerta）彻底输给了罗马，但这并没有为战争画上句点，因为罗马对亚美尼亚首都阿塔克萨塔（Artaxata）的围城作战也没有成功。很快，战役的发展开始对罗马不利，米特拉达梯率领一支主要在亚美尼亚组建的军队重新返回了本都。

米特拉达梯的军队在泽拉（Zela）发起进攻，本都的罗马驻军遭遇惨败。这一消息使从亚美尼亚返回的罗马军队士气崩溃，许多部队拒绝服从命令。

罗马做出了迅速而果断的反应：已被公认为优秀指挥官、政治家，最近还在打击西西里海盗战役中取得了惊人战绩的格涅乌斯·庞培·马格努斯（Gnaeus Pompeius Magnus，前 106 年—前 48 年）被委任指挥这场战争。庞培还被赋予了额外的权力，即可以在不经元老院批准的情况下结交同盟和签署和约。

在与安息结盟后，庞培向米特拉达梯媾和，但遭到断然拒绝。米特拉达梯固守在达斯特拉（Dasteira）建造的堡垒，却在几周的冲突后被迫撤退。在撤退过程中，他的营地又遭到了庞培军团的攻击，米特拉达梯逃至属于王国一部分的克里米亚避难。他在那里一直顽抗。公元前 63 年，米特拉达梯的儿子篡位推翻了他。米特拉达梯很快死去，死因很可能是自杀。

与此同时，庞培开始了一场征服运动，率军进入了亚美尼亚和今天的格鲁吉亚。当米特拉达梯的死讯传来时，他已经一路征服到了叙利亚。公元前 61 年，庞培凯旋，回到罗马。

在米特拉达梯战争结束时，罗马已经获得了大片新领土，并缴获了大量财宝。这场战争也标志着塞琉古波斯的终结。在亚历山大大帝的所有继承国中，只有古埃及仍然没有被纳入罗马的统治。这时罗马还不是一个正式的帝国，但它在东方的领土已经几乎达到了最大范围。

第四章 罗马的战士 197

尤里乌斯·恺撒的征服

为了获得财富和军事荣誉,进一步实现自己的政治野心,盖乌斯·尤里乌斯·恺撒(Gaius Julius Caesar,前100—前44年)在公元前58年策划了一场冲突。当时,赫尔维蒂(Helvetii)人正在进行部落迁徙,在迁徙过程中与罗马的盟友爆发了争斗,恺撒就这样给自己找了一个出兵压制他们的借口。

恺撒指挥六个军团跟踪赫尔维蒂人。他非常娴熟地利用了侦察手段,方法与现代军队已别无二致。骑兵巡逻队跟随着赫尔维蒂人,但避免与他们交战,巡逻队后还跟有侦察员,确保主力部队前进的路线上没有障碍物和伏击。

恺撒的军队在比布拉克特(Bibracte)附近遭到赫尔维蒂人的攻击。在骑兵侦察员提醒后,恺撒让部队在山丘上排成传统三条阵线的队形。赫尔维蒂人冲上山丘,向在丘顶待命的罗马军发起进攻,双方交战的方式是塞梯埃河之役的翻版。罗马军在15米远处齐射投枪,打散了赫尔维蒂

下图 一些史料记载显示,高卢人领袖维钦托利骑着他高贵的战马出城投降,下马把武器放在恺撒的脚下。恺撒自己对这一事件的描述则没有那么隆重。

人的阵型，随后罗马的第一排阵线冲进了陷入混乱的赫尔维蒂军中。一支后来才加入战局的高卢部队给罗马的侧翼构成了威胁，但阵线第三排的士兵一个营一个营地轮番上阵，解除了威胁。与此同时，第一排和第二排的士兵继续推进。经过五小时的冲突后，赫尔维蒂人彻底战败。

随后，恺撒又收到了其他高卢部落的援助请求，开始了新的征服。这次的敌人是高卢一个名为阿里奥维斯图斯（Ariovistus）的国王，讽刺的是，这位国王不久前才被评为"罗马之友"。在同一年两次赢得重大胜利对一些指挥官来说可能已经足够了，但尤里乌斯·恺撒却不满足于此。

恺撒开始了一系列针对高卢人、日耳曼人甚至不列颠人的战役，其中一些冲突是恺撒故意挑起的，而有的冲突则是前一次冲突导致的，因为有的部落会因为附近部落战败而感到恐慌。最终，高卢这个传统上各个部落相互分隔的民族也开始组织起来对抗恺撒。阿维尔尼（Arverni）部落的维钦托利（Vercingetorix）成为领袖，并派出了一支按高卢标准组织已经算得上良好的部队。公元前52年，大量部落起兵反抗罗马及其盟友。

恺撒的部队被起义军打了个措手不及，而且他们补给不足，在某些地区的防御相当薄弱。然而，他们还是通过主动、坚定的反击为自己赢得了主动权，并说服了

阿莱西亚战役（前52年）

恺撒军队在阿莱西亚周围建造了一道双重围墙，既能抵御外部攻击，又能将高卢人围困其中。即便有时情况不容乐观，但罗马人还是成功守住了城墙，抵住了敌军多次突围进攻和增援部队到来，高卢人最终投降。

许多没有结盟的部落不参与战斗。这让罗马的盟友放宽了心,继续向罗马提供粮食和草料的援助。

除了拥有战斗力非常可观的军团外,罗马部队还有其他优势。优于敌军的补给供应让罗马士兵得以保持兵力集中,而相比之下,对手则必须分散开来寻找食物。罗马为获得优势还展开了欺诈行动:他们让奴隶和随军人员伪装成军团士兵,派他们行军欺骗敌人的侦察兵。

高卢人逐渐被击垮,他们的城镇也被围困。最后,高卢主力军来到阿莱西亚(Alesia)避难。由于没有把握通过直接进攻拿下对手,罗马开始了围城作战。为防止高卢人突围,罗马军在阿莱西亚周围筑起了一道围墙,并在城市外建造第二圈防线保护围城部队,也防止援军进入该城。

经过一段时间的围城作战和高卢人日益绝望的突围尝试,高卢人终于承认失败,选择了投降。但这并没有完全结束高卢人的叛乱。次年,一场规模较小的起义又被罗马轻易镇压。罗马既展开野蛮报复,又出于政治考量对一些叛乱指挥官宽大处理,作为权宜之计,最终使高卢地区恢复了稳定。

上图 恺撒大帝可以说是最出名的罗马伟人,他是独裁者,但从未称帝。如果他活得更久,他超凡的才能和雄心可能会让罗马帝国更早建立。

恺撒与罗马内战

高卢恢复稳定后,恺撒带着荣光回到罗马。然而,恺撒树敌不少,一旦他失去军队的指挥权,这些人就会对恺撒施以打击,这就导致了一个问题:一旦恺撒越过意大利与山南高卢的界河卢比孔(Rubicon)河,他就将失去指挥军队的权力。如果恺撒率军进入意大利,那就是公开违抗法律。但如果他不这样做，就得任由对手摆布。公元前 49 年，恺撒率领部分军队进入意大利，导致了内战的爆发。恺撒与元老院选出的庞培大帝针锋相对。庞培意识到罗马的兵力无法战胜恺撒的老兵。由于需要时间将军队训练到必要的水平，庞培转移到马其顿，而恺撒在两个月内便控制了整个意大利。

与此同时，恺撒挥师西进，前往伊斯帕尼亚。他希望避免双方出现严重伤亡，因此这次战役只是战术机动，而不是正面冲突。恺撒的策略奏效了，敌人的军团最终投降，恺撒将他们纳入了自己的军队。

公元前 48 年，恺撒最终带着七个军团在马其顿登陆，对抗庞培的九个军团。庞培的舰队切断了恺撒的补给线，使恺撒孤立无援，而且缺少食物。恺撒发动了一次大胆的突袭，夺取了庞培的一个补给库，在一定程度上缓解了食物的不足，但在接下来几个月的时间内，恺撒的部队仍然处于危险的境地。

在马克·安东尼率领的另外四个军团的增援下，恺撒终于得以占据优势。他尝试攻占都拉基乌姆（Dyrrachium），两军之间爆发对抗，这场对抗最终变成了一场在关键地带建设防御工事的竞赛。恺撒试图围攻庞培，而庞培则建造堡垒，防止自己被恺撒的围攻线包围。

小规模战斗在防御工事建设期间持续进行，当恺撒部队试图闭合他们修在庞培部队周围的防御圈时，战斗变得更加激烈。双方都遭受了打击，但恺撒的部队受到的打击更大。恺撒放弃了围攻，将军队转移到内陆。庞培紧随追击，两支军队在厄尼普斯（Enipeus）河畔的法萨卢斯（Pharsalus）发生激战。

恺撒让军队左翼靠河，右翼派骑兵镇守，另有轻甲步兵支援。庞培希望自己在数量上压制恺撒的骑兵能发挥左右战局的作用。他计划派军团对付恺撒的步兵，并让骑兵在弹弓兵和轻甲步兵的支持下将恺撒的骑兵逐出战场，然后从侧翼和后方同时发起进攻。在当时的情况下，这是庞培明摆着会选择的战术，而恺撒也做好了准备。"营"这一单位的战术灵活性使恺撒能从每个军团的第三排中抽调出一个营，建立起第四排战线，保护脆弱的侧翼。这支队伍隐藏在骑兵之后，庞培无法看到。

恺撒的步兵向前推进，向庞培的军团发动进攻。庞培军团停在原地，并没有按罗马作战习惯那样推进。与此同时，庞培的骑兵也发动了攻势，进攻过程陷入了一些混乱。虽然恺撒的骑兵被击退了，但第四排战线的步兵向还处在混乱中的庞培骑兵发起了冲锋。纵观历史，步兵很少会对骑兵发动进攻，成功的进攻就更是屈指可数。但这次步兵进攻的选择完全正确。

恺撒步兵的进攻引发了一场激烈的战斗。庞培部队的人数占据优势，阵型排列紧密，在作战经验丰富的恺撒士兵面前仍不甘示弱。这时，庞培的骑兵已经逃离战场，所以恺撒第四排战线的士兵可以自由机动，他们从侧翼发动攻击，成为战斗的胜负手。恺撒的第三排战线也加入了战斗。庞培军最终崩溃，庞培也逃跑了。庞培最终来到了古埃及，被寻求恺撒支持的古埃及宫廷成员谋杀。

在处理完米特拉达梯之子法纳西斯二世（Pharnaces II）对本都的侵扰后，恺撒开始着手消灭剩下的对手。尽管他有时作战的准备不足，甚至会鲁莽开战，但他经验丰富，仍能取得一场又一场的胜利。最后，恺撒击败了所有对手，成为罗马无可争议的霸主。

恺撒虽自封"终生独裁者"，但他表现出相当大的宽容，甚至任命以前的敌人担任高级职务。然而，公元前44年，一群各怀鬼胎的议员策划了对恺撒的暗杀，恺撒在元老院的一次会议上遇刺。罗马共和国就此落幕，罗马帝国开始登上历史舞台。

罗马共和国的终结

恺撒遇刺后，罗马进入了政治动荡时期。随后，自封为"解放者"的刺客与想为恺撒报仇的人之间爆发了新一轮内战。布鲁图斯（Brutus）和卡西乌斯（Cassius）

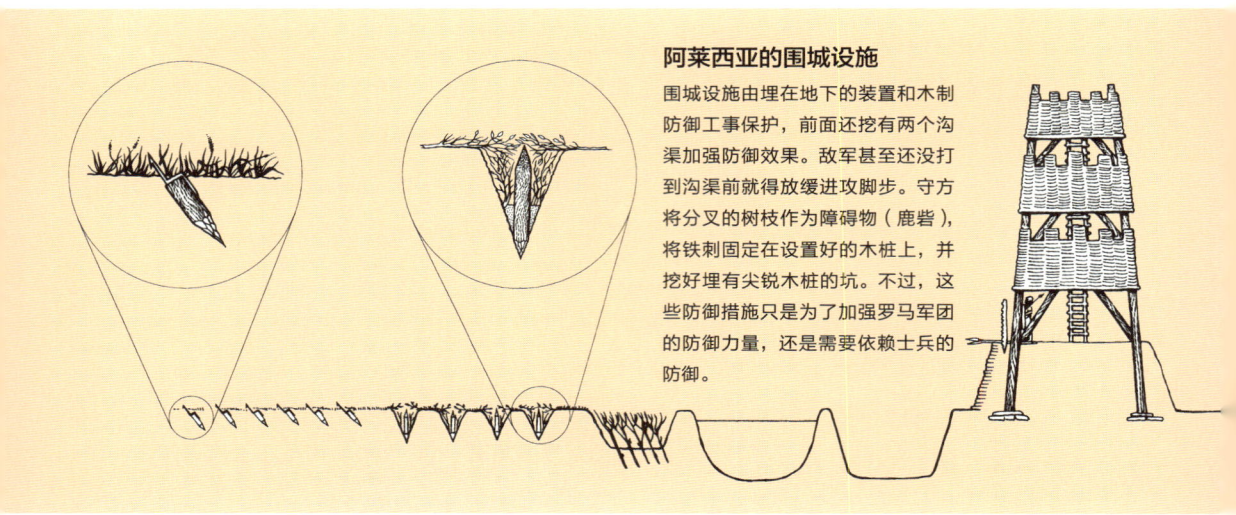

阿莱西亚的围城设施

围城设施由埋在地下的装置和木制防御工事保护，前面还挖有两个沟渠加强防御效果。敌军甚至还没打到沟渠前就得放缓进攻脚步。守方将分叉的树枝作为障碍物（鹿砦），将铁刺固定在设置好的木桩上，并挖好埋有尖锐木桩的坑。不过，这些防御措施只是为了加强罗马军团的防御力量，还是需要依赖士兵的防御。

公元 1 世纪的军团

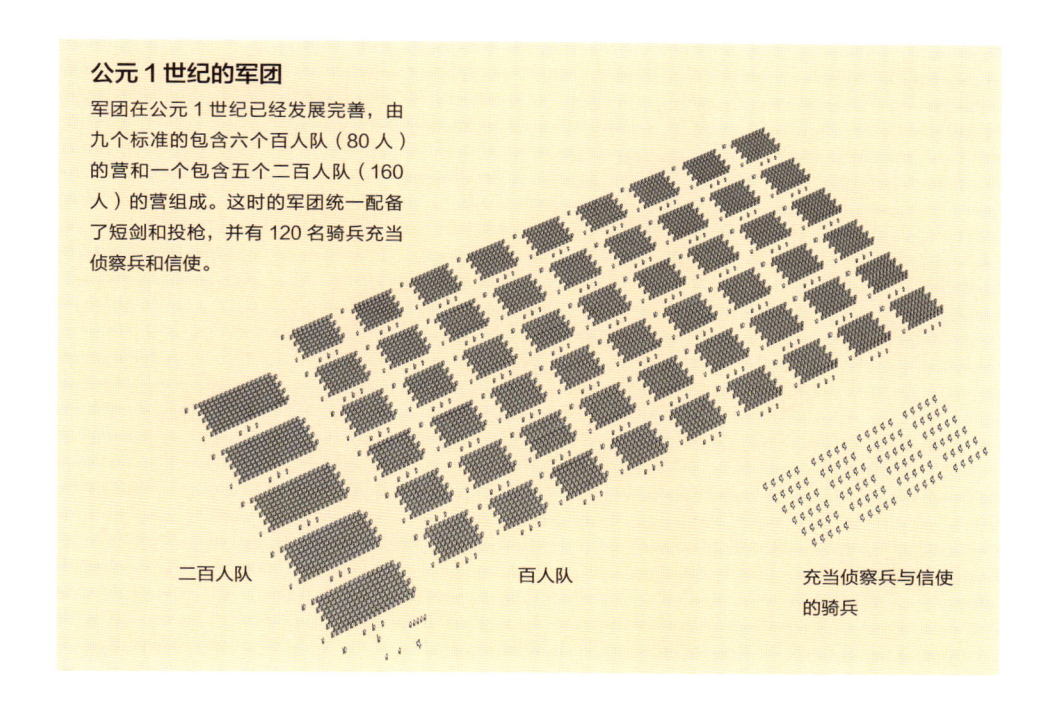

军团在公元 1 世纪已经发展完善，由九个标准的包含六个百人队（80 人）的营和一个包含五个二百人队（160 人）的营组成。这时的军团统一配备了短剑和投枪，并有 120 名骑兵充当侦察兵和信使。

二百人队　　　　百人队　　　　充当侦察兵与信使的骑兵

是"解放者"中的首要人物，他们在东部行省里建立了一个基地，并获得了安息等邻国的援助。与此同时，由马克·安东尼（Mark Antony）、恺撒继承人屋大维（Gaius Octavius Augustus）和马尔库斯·埃米利乌斯·雷必达（Marcus Aemilius Lepidus）领导的亲恺撒派仍留在罗马，控制着西部行省。

公元前 42 年，安东尼和屋大维率军进入马其顿。亲恺撒派和"解放者"在腓力比（Philippi）发生战斗，双方兵力大致相当。在腓力比的第一场战役中，双方势均力敌，不分胜负。不过，卡西乌斯在听到布鲁图斯被打败的假消息后自杀了，布鲁图斯接过总指挥。士气低落一直是"解放者"面临的问题，卡西乌斯自杀后，士气进一步下降。布鲁图斯除了给士兵发放薪酬外，还试图通过送额外的东西（基本是给奖金或收买）来提升士气。

随后是一段防御和反防御的时期。布鲁图斯希望通过舰队对海洋的控制切断敌人的供应线。但在封锁生效之前，布鲁图斯的雇佣兵和他的一些盟友就开始逃离战场，这迫使他不得不在军队全数逃跑之前发动进攻。

布鲁图斯的军队最终被击溃，他想逃回营地寻求庇护，却发现入口有屋大维的军队把守。布鲁图斯只能带着自己能召集到的部队进入山丘，但他还是陷入绝望，

步兵头盔

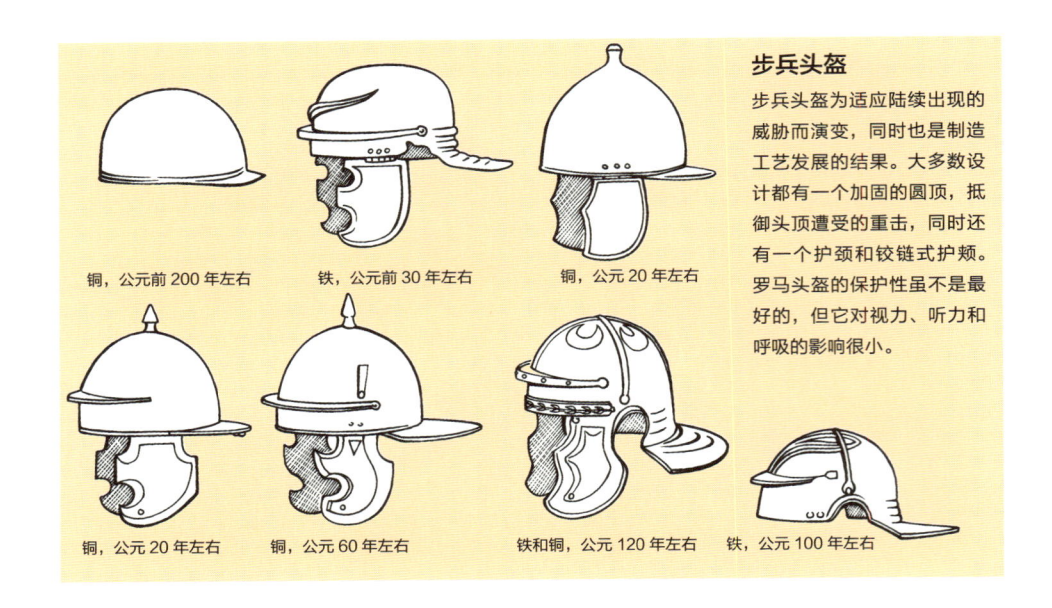

步兵头盔为适应陆续出现的威胁而演变，同时也是制造工艺发展的结果。大多数设计都有一个加固的圆顶，抵御头顶遭受的重击，同时还有一个护颈和铰链式护颊。罗马头盔的保护性虽不是最好的，但它对视力、听力和呼吸的影响很小。

铜，公元前 200 年左右

铁，公元前 30 年左右

铜，公元 20 年左右

铜，公元 20 年左右

铜，公元 60 年左右

铁和铜，公元 120 年左右

铁，公元 100 年左右

不久后自杀。他剩下的部队被俘，最后被收编成为胜利者队伍的士兵，这种情况在罗马内战中并不罕见。

虽然"解放者"的一些首领仍逍遥法外，但他们派系的力量在腓力比被瓦解。然而，这并不代表罗马的麻烦消失了。安东尼和屋大维因内部纠纷一度开战，而东部边境则面临安息军队的入侵。罗马与安息的冲突已经断断续续地持续了很多年，而且罗马常常占不到什么上风。

以步兵为主的罗马军队没有做好和安息士兵作战的准备，安息将骑射手和重甲骑兵结合起来。在公元前 53 年的卡莱（Carrhae）战役中，罗马遭受了几个世纪以来最惨痛的失败，而安息则再次证明了自己是一个难缠的对手。罗马失去的领土最终被马克·安东尼率领的军队夺回。后来，罗马出征安息，但在途中遭到伏击，攻城设备被毁，不得不选择撤退。

安东尼的军队消耗严重，但屋大维只派来很少的援军，远远不足以弥补伤亡损失的兵力。不过，古埃及的克莉奥帕特拉七世（前 51 年—前 30 年在位）能提供足够的军队，而且她和安东尼的关系非常好——好到甚至和安东尼生了三个孩子。他们广为人知的恋情和政治联盟引发了更多的内讧，并最终成为公元前 31 年罗马和古埃及之间全面战争的导火索。

屋大维在陆地和海上都占据着上风，而安东尼却因士兵临阵脱逃而战力受挫。最终，安东尼的舰队被封锁在阿克提姆（Actium）海湾，不得不尝试突围，面对强

舰载武器

右图 弩炮是优秀的舰载武器。在陆地上,弩炮的主要缺点是缺乏机动性,但弩炮本身的机动性在海上无关紧要,因为它们是船的一部分,可以随船移动。

下图 罗马海军建造的战舰规模越来越大。图中的船有两组桨,每层设置 16 名船员。

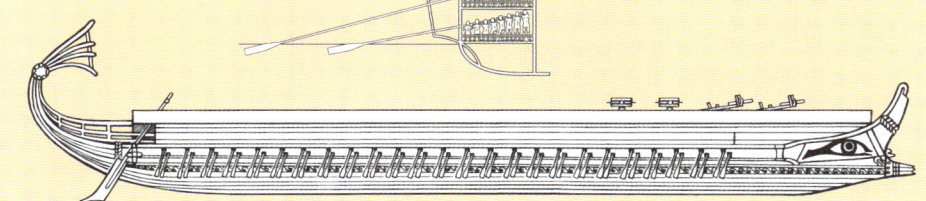

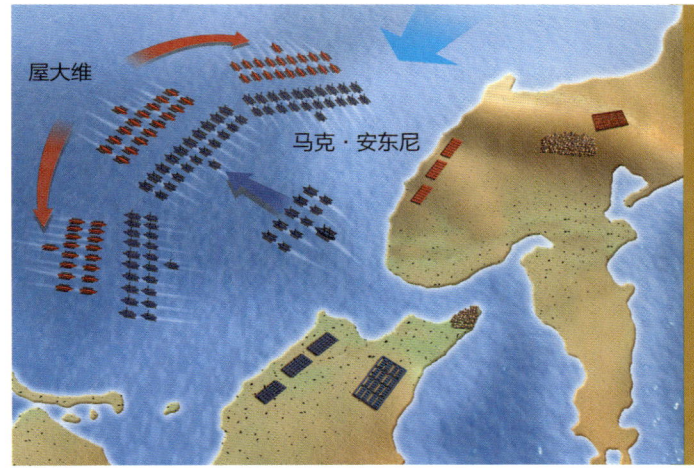

阿克提姆海战(前 31 年)

马克·安东尼的部队在陆地和海上遭遇封锁,试图从海上突围。当左翼卷入激战时,敌人的舰队发动了侧翼包抄,克莉奥帕特拉的舰队得以逃到开阔水域。安东尼的舰队多半被毁,但安东尼本人逃脱了。

于自己的敌军部队。虽然安东尼的部分舰队在克莉奥帕特拉部队的帮助下逃脱了,但实际上安东尼的部队已失去作战能力。随着在亚历山大城的战斗再次落败,安东尼和克莉奥帕特拉双双自杀。

  这一事件后,屋大维得以统治罗马。公元前 27 年,屋大维被授"奥古斯都"称号,并通过修路等市政项目逐步提高了自己的权力和威望。其他头衔和荣誉随之而来,后世的皇帝也沿用这些头衔。

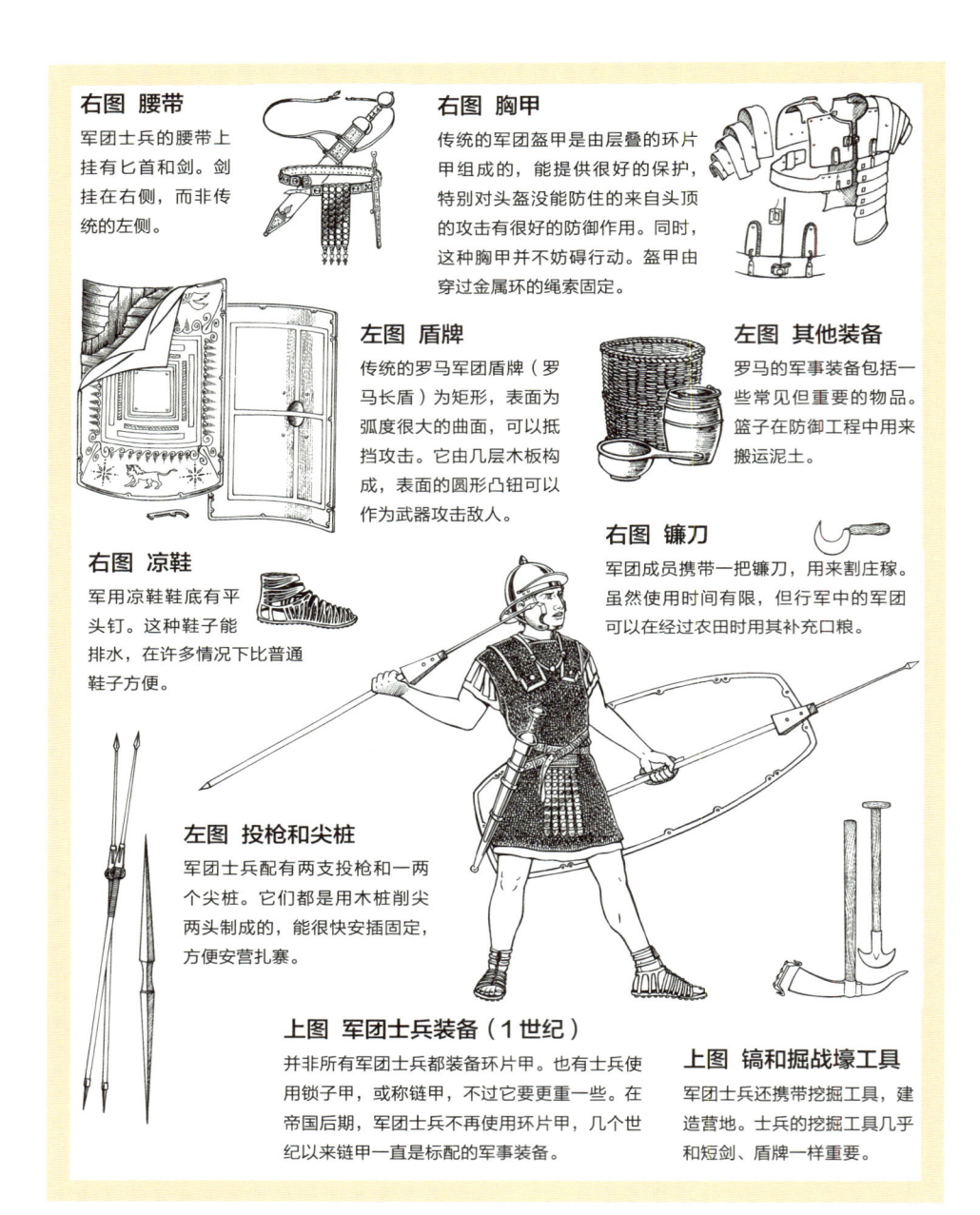

右图 腰带
军团士兵的腰带上挂有匕首和剑。剑挂在右侧,而非传统的左侧。

右图 胸甲
传统的军团盔甲是由层叠的环片甲组成的,能提供很好的保护,特别对头盔没能防住的来自头顶的攻击有很好的防御作用。同时,这种胸甲并不妨碍行动。盔甲由穿过金属环的绳索固定。

左图 盾牌
传统的罗马军团盾牌(罗马长盾)为矩形,表面为弧度很大的曲面,可以抵挡攻击。它由几层木板构成,表面的圆形凸钮可以作为武器攻击敌人。

左图 其他装备
罗马的军事装备包括一些常见但重要的物品。篮子在防御工程中用来搬运泥土。

右图 凉鞋
军用凉鞋鞋底有平头钉。这种鞋子能排水,在许多情况下比普通鞋子方便。

右图 镰刀
军团成员携带一把镰刀,用来割庄稼。虽然使用时间有限,但行军中的军团可以在经过农田时用其补充口粮。

左图 投枪和尖桩
军团士兵配有两支投枪和一两个尖桩。它们都是用木桩削尖两头制成的,能很快安插固定,方便安营扎寨。

上图 军团士兵装备(1世纪)
并非所有军团士兵都装备环片甲。也有士兵使用锁子甲,或称链甲,不过它要更重一些。在帝国后期,军团士兵不再使用环片甲,几个世纪以来链甲一直是标配的军事装备。

上图 镐和掘战壕工具
军团士兵还携带挖掘工具,建造营地。士兵的挖掘工具几乎和短剑、盾牌一样重要。

在屋大维的领导下,罗马军在伊里利亚(Illyria)、帕诺尼亚(Pannonia)、伊斯帕尼亚和加拉提亚(Galatia)征战,进一步扩大了罗马的版图。除了直接控制地区外,罗马还建立了缓冲国抵御入侵。罗马建立的缓冲国包括他们在阿尔卑斯山征服的领土和国土东部的附庸国。

奥古斯都的统治给罗马带来了深远的影响。各省税收制度的改革或许是最重要的一个变化，罗马政府自此有了稳定、可预测的收入来源。此外，公路系统开始运行，部队行军更加快捷，信息传递更为迅速。罗马有了专业的消防和警察系统，还有了一支禁卫军。禁卫军最初是一支保卫部队，但最终发展成为一支政治力量。

不过，奥古斯都统治下的罗马并非一切顺利。公元9年，罗马发动了一次进入日耳曼的大型远征，战斗中，罗马在被敌人引入条顿堡森林（Teutoburg Forest）后遭到伏击，损失了三个军团和支援部队。罗马在日耳曼的扩张就此结束，国界停留在莱茵河畔。奥古斯都于公元14年去世，他把头衔和权力传给了继子提比略，自此罗马皇帝便一个个传位下去。

早期罗马帝国

罗马军队的第一个任务是平定北部边境。为了给日耳曼部落一个下马威，让他们不敢进攻，罗马有必要展示军事实力。公元15—16年，一支罗马远征军进入日耳曼尼亚（Germania）①，击败了当地的部落，之后找到并埋葬了条顿堡森林一役中落败的军团士兵的遗骸。

公元43年，罗马入侵并用典型的罗马模式征服了不列颠。罗马人在当地寻找盟友，这些盟友往往喜欢在自己的对手遭遇入侵时送上一臂之力。罗马从英吉利海峡的登陆点开始，逐渐向北和向西扩张自己的版图。

公元58年，亚美尼亚的王位继承出现争议，罗马与安息的战争再次爆发。不同于以往，罗马这次取得了成功，将自己青睐的候选人送上亚美尼亚王位。罗马此次获胜，还要得益于安息贵族内部的一系列叛乱。不过，安息在平定内乱后就马上开始反攻，在朗代亚（Rhandeia）打败了罗马军队。公元64年，双方达成了和平协议，但在此后的多年时间里，罗马帝国和安息之间还是持续存在着断断续续的冲突。

罗马人在犹太行省的统治一直很混乱。公元66年，犹太再次爆发叛乱。这场叛乱最初是成功的，但当罗马军队以通常的方式反击，积极向敌人推进时，犹太人就在伯和仑（Beth-Horon）山口被击败了。

① 在今法国东北、比利时、荷兰一带。

继承战

公元 68 年，尼禄皇帝去世，围绕帝国王位继承权的争议阻碍了罗马对犹太反叛的镇压。在"四帝之年"[①]的事件中，罗马军队为支持自己青睐的候选人而发生内斗。韦帕芗（Vespasian）笑到了最后，建立了弗拉维王朝。或许这一事件传递的更重要的信息是，韦帕芗证明了拥有军队支持的将军可以仅凭武力就把自己送上王座。

罗马军队逐渐恢复了对犹太省的控制，围攻耶路撒冷，并最终消灭了马萨达要塞中最后的奋锐党（Zealots）[②]守军。渐渐地，内部和外部的不稳定因素都被平息，罗马迎来了一个相对稳定的时期，罗马的统治也随之达到了新高度。

罗马围城战术

罗马人非常善于引进和改造先进技术。他们的许多围城器械都是基于古希腊设计建造的，而他们的军事技术则可以追溯到历史更久远的冲突中。

除射箭外，罗马军还使用弩炮攻击敌人，或掩护围攻中的军队。弩炮是一种轻型器械，看起来像一支非常大的十字弓，可以射出石头或投枪，弹道相对较为扁平。罗马有时会将弩炮部署在军队中，有时也会推出去用于正面冲突。从 1 世纪起，理论上军团的每个"百人队"中都有一门弩炮协助作战（实际情况会根据弩炮的存量发生变化）。罗马士兵还经常在攻城塔顶上部署一种比弩炮轻，名为"蝎子"的武器。曾经还存在一种通过曲柄操作的"蝎子"，可以自动装填弹药，但实战证明，这种武器的作用有限。罗马还有一种名为"野驴"的弩炮，可以高抛掷出弹药。因为发射时弩炮会有明显"尥蹶子"的动作，因此得名"野驴"。这种武器可以造成人员伤亡、摧毁轻型障碍物，有时还用于投掷燃烧弹。

这些武器机械被用于支持围城作战。罗马围城作战的手段与以往军队的手段几乎没有不同，不过罗马人凭借组织能力，把围城作战的艺术提升到了很高的水平。罗马人懂得如何挖地道破坏城墙，也常常在攻城塔上搭载撞锤，把城墙砸碎。

攻城塔上可以搭载不止一种武器。塔上设有弓箭手或弩炮攻击的平台，再加上

[①] 指公元 69 年，罗马相继出现了四位皇帝，争夺对帝国的控制权。
[②] 指犹太教中的"狂热派"，是激进、反罗马、主张宗教与政治革命的党派。

下图 "野驴"弩炮

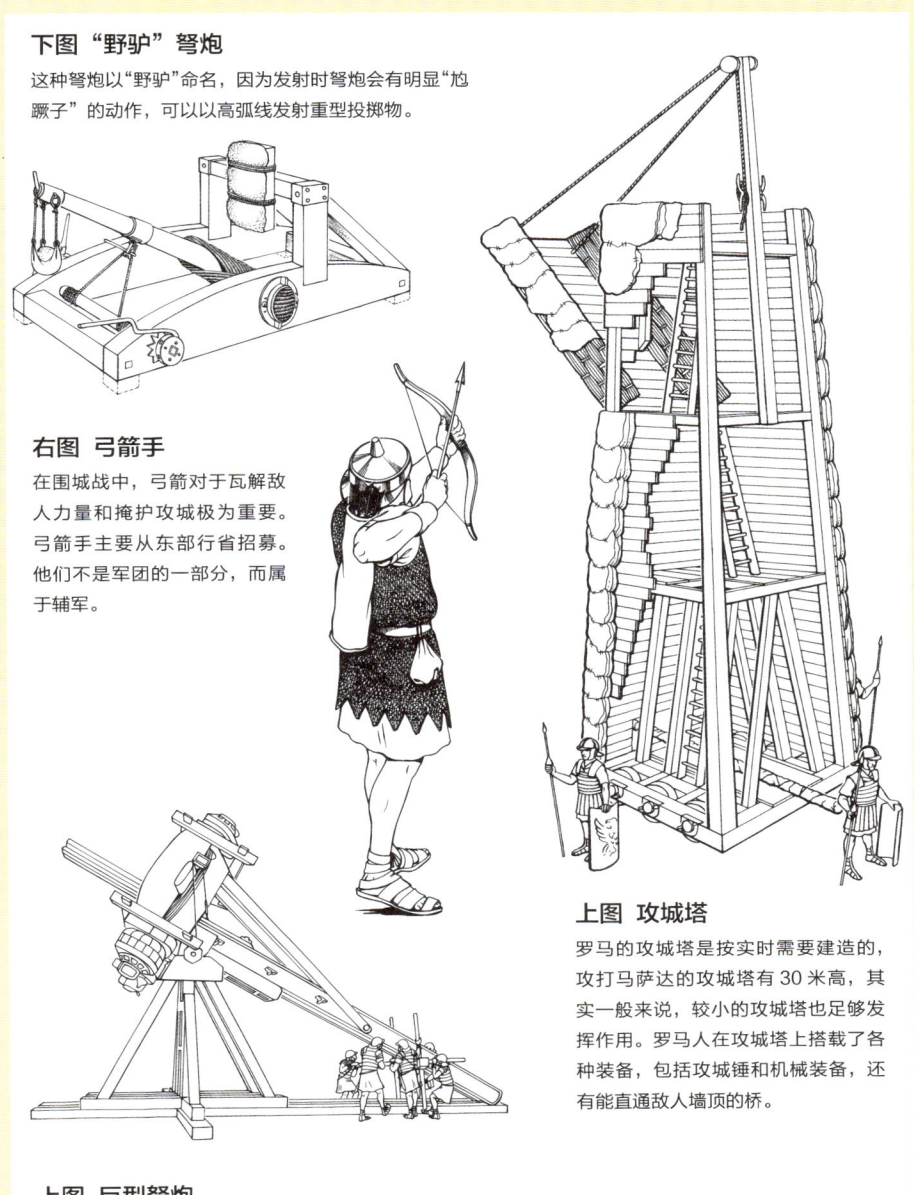

这种弩炮以"野驴"命名,因为发射时弩炮会有明显"尥蹶子"的动作,可以以高弧线发射重型投掷物。

右图 弓箭手

在围城战中,弓箭对于瓦解敌人力量和掩护攻城极为重要。弓箭手主要从东部行省招募。他们不是军团的一部分,而属于辅军。

上图 攻城塔

罗马的攻城塔是按实时需要建造的,攻打马萨达的攻城塔有30米高,其实一般来说,较小的攻城塔也足够发挥作用。罗马人在攻城塔上搭载了各种装备,包括攻城锤和机械装备,还有能直通敌人墙顶的桥。

上图 巨型弩炮

炮台有各种尺寸。更大、更有威力的器械拥有更远的射程和更强大的打击力,但建造弩炮和准备每一次射击都需要花费很长时间。因此,大型器械只有在长期的围攻中或放在固定的防御位置才比较实用。

耶路撒冷围攻战（70年）

在罗马占领期间，犹太行省有好几次几乎爆发叛乱。终于，在公元66年，犹太行省爆发全面叛乱。罗马在早期败退，后来又被公元68—69年的内战分心，最后才在公元70年时基本上平定了叛乱。

耶路撒冷仍然被叛军控制。早在公元前63年，庞培领导罗马军队攻打耶路撒冷时，罗马就发现这座城市十分难缠，因此，这次罗马也不可能轻易就攻下这座城。除了常住人口之外，还有约2.4万名反叛的犹太人在耶路撒冷避难。耶路撒冷城外有坚固的防御工事，

耶路撒冷围攻战
罗马军队连续穿过多座城墙，一路作战，依次清扫城市的各个部分。尽管犹太人坚决抵抗，也尽力反击，但他们在圣殿和旧城的最后据点最终还是被攻破，起义结束了。

一个能让部队轻松越过城墙的撞锤或吊桥。不过，要把攻城塔推到城墙边上是一件困难的事，如果城墙建在高地上或城墙前挖有一条沟，就更加困难了。有攻城坡就可以克服这些困难。

修建攻城坡是一项大工程，若是还必须在敌军炮火下修筑，难度还得更上一层楼。罗马人在组织方面天赋异禀，在修筑这种工程时有相当大的优势。尽管守方竭力破坏城墙下的攻城坡，但工程还是可以迅速有效地推进。

罗马围城作战时有一个惯例，即当撞锤第一次攻击守军防御工事时，守军可以体面地投降。在大多数情况下，撞锤第一次击中防御工事就意味着防守的告破已不可避免，而如果驻军继续抵抗，则有可能遭到屠杀，因为攻方在进攻时会遭受巨大

城内还有内墙把耶路撒冷分割成若干区。

耶路撒冷城外有约3.5万名罗马士兵,由提图斯·弗拉维乌斯(Titus Flavius)领导。提图斯亲自侦查了耶路撒冷的防线,在侦查时还差点被一队从防线内冲出的犹太人杀死。当罗马军开始在城前站稳脚跟时,犹太人发起了一次大型反击。犹太的这次进攻几乎将罗马击溃。在犹太人险胜之后,罗马也开始了围城作战的准备工作。罗马做了十分周全的准备,他们建造了一个安全的防御营地,并设立了炮兵阵地。罗马人从阵地里用攻城器械向守军射击,而守军则用从罗马驻军那里缴获的弩炮反击。

在大炮的掩护下,罗马军开始朝城墙架设攻城坡。守军出城进攻,试图摧毁罗马的攻城器械,并通过远程进攻阻碍罗马围城作战。不过,攻城坡最终架上了城墙,开始对城墙发动攻击。

城墙告破后,罗马冲锋队迅速赶跑了守军,并开始从街道上推进。之后,罗马还需要再攻破两道内墙才能接近叛军设在圣殿的据点。街道上的小规模冲突、对攻城作业队的伏击和敌军偶尔的突击一度阻碍了罗马前进的步伐,但最终罗马还是打进了叛军据点。

罗马军花了17天才将攻城坡搭上圣殿的墙壁。在此期间,叛军曾竭力尝试冲进罗马营地。一些围城作战的士兵士气受挫,开始逃离战场。提图斯·弗拉维乌斯于是下令建造一道防御墙,切断了城市的食物供应,并保护了自己的部队。之后,罗马又建造了一些攻城坡,这次他们花了21天,而内城的城墙也最终告破。

罗马开始不断发起冲锋,血腥的白刃战持续了一天之久。罗马对抗着背水一战的守军,一路杀进圣殿。在战斗进行到某个时刻时,圣殿着火了,幸存的叛军撤退到他们最后的避难所——耶路撒冷旧城。

罗马修筑了更多攻城坡,最终冲进了旧城。此时,守军已饥肠辘辘,无心恋战。抵抗最终崩溃,叛乱也随之结束。不过,一群奋锐党仍然坚守在马萨达堡垒。要想攻下马萨达,需要建造一个庞大的攻城设施——罗马需要搭起一个100米高的攻城坡,并将一个约30米高的攻城塔推上去才能突破城墙。

伤亡,需要杀人泄愤。

一旦城防出现了突破口,或者攻城塔在城墙上放下了吊桥,就会有军团士兵冲上去,因为他们使用的短剑非常适合近距离作战。战斗进行到这一阶段,技术兵和工程兵将退出战场,轮到背水一战的守军和专业的罗马军团登台较量。

罗马帝国的鼎盛期

公元101年,图拉真皇帝入侵达契亚(Dacia)。达契亚国王德塞巴鲁斯(Decebalus)几十年来第一次团结了人民,并开始招募士兵,他招募的对象多是罗

投射轨迹

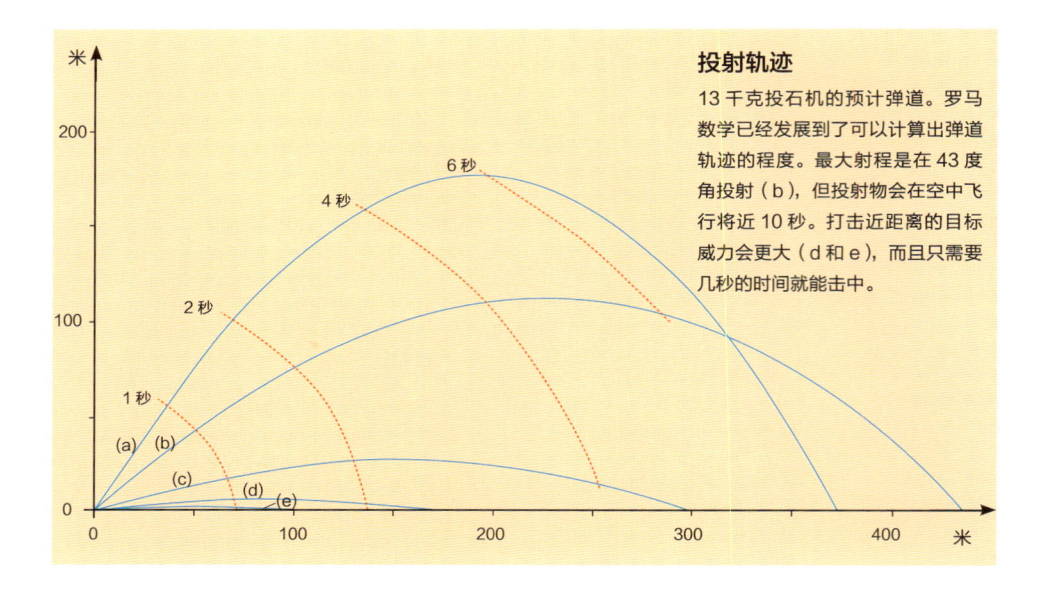

13千克投石机的预计弹道。罗马数学已经发展到了可以计算出弹道轨迹的程度。最大射程是在43度角投射（b），但投射物会在空中飞行将近10秒。打击近距离的目标威力会更大（d和e），而且只需要几秒的时间就能击中。

马军团的逃兵。德塞巴鲁斯用这些部队袭击了罗马的领土，大挫罗马军队，使罗马当时不得不转而向他们进贡。

图拉真率领九个军团进攻达契亚，军中还有其他军团分队的支援部队。他将一些部队集中起来，部署了几个规模较小的特遣队，交由他们处理零散的目标。

达契亚人在进入国境的通道上修筑了防御设施，并派步兵驻守，同时向盟友萨尔马提亚（Sarmatia）请来重甲骑兵增援。与此同时，罗马人在多瑙河上建造了一座浮桥，并修筑了防御工事，保护后勤和通信的运作。

达契亚人以典型的蛮族步兵方式作战，在战斗中几乎不穿盔甲，使用剑、投枪和弓箭进攻。他们最可怕的武器名为"达契亚镰刀"，它是一种长柄武器，带有弯曲的镰刀状刀刃，可以伸到盾牌下面进攻。这也是士兵需要胫甲保护腿部的原因之一。

当时，罗马让辅军排在队伍最前面，军团则居于其后。这样做的一个原因是军团步兵训练更充分，纪律性也更强，能更快对命令做出反应。军团士兵是比辅军步兵更优秀的后备力量。这种布阵救了罗马人一命。

图拉真的军队在塔佩（Tapae）的战斗中取胜，并继续前进，边走还边烧毁达契亚人的定居点。与此同时，达契亚人派遣部队越过多瑙河，袭击罗马驻军，这使得图拉真不得不在继续作战前先追击这些袭击部队。

这场战役十分艰难，但在公元 102 年达契亚人终于还是投降了。罗马在和约中要求达契亚人裁军，并交出罗马逃兵，不可再招募他们入伍。而德塞巴鲁斯很快就撕毁了这一协议。公元 105 年，战争再次开始。

图拉真结合武力和谈判的策略将达契亚地区的首领劝降，逐渐削弱了德塞巴鲁斯的地位。在公元 106 年，图拉真的军队发起了一次重大攻势。这一次，罗马通过一座由军队工程师专门建造的巨大石桥渡过多瑙河。图拉真的军队推进至达契亚首都，发动了围城作战。德塞巴鲁斯不愿投降，选择了自杀，战争宣告结束，达契亚成为罗马的一个行省。

公元 114 年，罗马与安息之间硝烟再起，导火线又是关于亚美尼亚继承权的争议。图拉真集结了当时 30 个军团中的 17 个，并带上了大量支援部队和物资。他的入侵行动进展顺利，成功占领了亚美尼亚、美索不达米亚和安息的大部分地区，连安息首都泰西封也被罗马拿下。然而，公元 116 年，新领土爆发了叛乱，同时古埃及也起兵造反，罗马军队像消防队一样跑来跑去，四处救火。

公元 117 年，哈德良从图拉真手中接过权柄。他无心扩张领土，而是更倾向于维持稳定。因此，哈德良并没有发起任何征服运动，而是努力确保训练有素的军团能在精明军官的领导下守卫边境。他下令修建横跨不列颠北部的城墙，这基本上代表他放弃了征服更北部的土地。

哈德良还下令用石头重建以前边境地区用木材建造的基地和防御工事。这使罗马军队有了更安全的作战基地，同时也意味着罗马已经不打算向前开拓。此前的基地是为了满足边境再次扩张的需求建造，但哈德良的新基地发出了一个信号，即帝国已经达到了最大规模，现在主要关注的是保护其拥有的东西。

之后，帝国度过了一段稳定繁荣的时期，这段时期有时被称为"五贤帝时代"，原因是帝国继承顺利，内部纠纷很少。继承之所以如此顺利，原因之一是罗马放弃了简单将王位传给长子的做法，转而采用了指定继承人的做法。继承人的候选人已经在经济、政治和军事等事务中证明过自己非常适合统治帝国。这一时期还有一个别称是"罗马和平时期"，人们用这一名称纪念罗马统治给帝国领土带来的和平。

罗马衰颓开始

当然，在罗马和平时期，帝国内部和边境地区也遇到过麻烦，但驻扎在附近的军队战力强大,基本能化解危机。因此,尽管在马可·奥勒留执政期间,日耳曼部落常常在边境地区发动袭击,但帝国并未受到严重威胁。

在公元 180 年,马可·奥勒留之子康茂德继任,他后来精神失常,对帝国造成了相当大的损害,最终他死于暗杀。

继任康茂德的是塞维鲁,他也是塞维鲁王朝的第一任皇帝。塞维鲁把军队视作政治权力的基础,扩大了军队在政治中的影响力。到公元 235 年亚历山大·塞维鲁

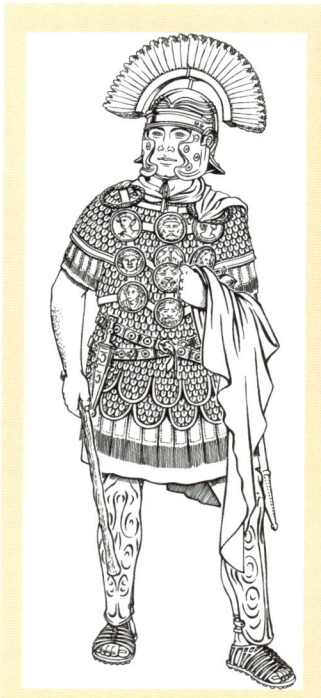

下图 鹰旗手(1世纪后期)
鹰旗手(Aquilifer)是高级信号兵,持有罗马军团的鹰旗。鹰旗手名称来自"鹰旗"(Aquila),鹰旗是从公元前 104 年开始使用的军旗;在这之前,狼、野猪、公牛和马曾被作为军旗的标志。鹰旗是军团最重要的财产,丢失鹰旗对部队来说是极大的耻辱。

上图 百夫长(1世纪后期)
罗马帝国早期军队的百夫长。百夫长在百人队右前方的角落,这是作战时相当危险的位置。这样以身作则的百夫长很容易伤亡。

上图 辅军步兵(1世纪后期)
在罗马帝国中期和后期的边境战争中,辅军步兵守卫着帝国的前哨站,他们扮演的角色越来越重要。他们不像传统军团那样装备精良或训练有素,但当帝国难以招募到优秀的新兵时,辅军步兵的数量变得越来越多。

遭到暗杀时，皇帝已经无法控制军队。

在接下来的近 50 年时间里（284—325 年），罗马有至少 25 位皇帝先后登基，军队在政治内斗的作用盖过了对帝国的保卫。军队中的各个派别或是充当权力掮客，或是通过支持青睐的候选人换取贿赂及其他好处。不过，罗马还是镇守住了边境，帝国也得以继续生存。

这段内部动荡的时期被称为"3 世纪危机"，它严重削弱了帝国的实力。然而，罗马士兵仍能镇压叛乱、保护边境，摇摇欲坠的帝国重新站稳了脚跟。

边境的战乱

公元 284 年，戴克里先皇帝登基。他认为帝国国土规模太大，难以治理，于是将其一分为二。这时，有两个皇帝在一东一西统治着罗马帝国。从公元 293 年开始，每个皇帝都有一个副皇帝协助自己，副皇帝的头衔是"恺撒"。这一制度在公元 306 年瓦解，在这一年君士坦丁大帝的父亲去世，军队随后拥立君士坦丁为皇帝。

随后，罗马爆发内战。内战结束后，帝国统一，又一次只被一位皇帝——君士坦丁统治。然而，这是一段非常不稳定的时期。君士坦丁死后，皇权被他的三个儿子瓜分。三个儿子互相争斗，尘埃落定后，只有君士坦提乌斯还活着，但他所谓的统一帝国却摇摇欲坠。后来，一个名叫希尔瓦努斯（Silvanus）的高级将领被派去处理高卢问题，他率领的军队拥立他为皇帝。这一事件表明，信任任何麾下军队规模大到足以充当政治工具的将领都是十分危险的做法。

不管怎样，军事问题仍需处理。法兰克人占领了科隆尼亚·阿格里皮内西姆（Colonia Agrippinensis，今德国科隆），而另一个名为阿勒曼尼（Alamanni）的日耳曼部落也已经开始向帝国发动大规模袭击。在阿勒曼尼人围攻奥古斯托杜努姆（Augustodunum，今法国欧坦）时，在边境上安置退伍军人的好处得到了体现。该镇的防御工作由这些退伍的老兵领导，这些士兵利用作战技能坚持了足够长的时间，让救援部队最终得以抵达。

在派人暗杀希尔瓦努斯后，君士坦提乌斯向亲戚尤里安（Julian）求助，希望血缘关系能保证尤里安忠于自己。尤里安受命率领一支军队前往高卢，军队中除有惯常的军团步兵和辅军步兵外，还有重甲骑兵（这一兵种在罗马军队中越来越常见）、骑射手，以及弩炮这样的轻型机械。带着这些部队，尤里安对阿勒曼尼人发起了一场惩罚性战役，将他们从占领的城镇中赶走。

最后，阿勒曼尼人集结了大约 3.5 万兵力对付罗马。阿勒曼尼军队的核心是部落首领的禁卫军，他们装备精良，经验丰富。阿勒曼尼人排成了一条歪歪扭扭的战线，各分队大致排成三角形的形状。阿勒曼尼阵型之所以如此，主要是因为作战最勇猛的战士挤到了前线作战。

尤里安有 1 万名步兵可以与之一战。他把 3000 名骑兵安排在地势较适合马匹行动的右翼。他们将面对对手的全部日耳曼骑兵，骑兵队中还有几队轻甲步兵，他们对阵罗马骑兵占尽了上风。尽管有些罗马骑兵重新集结并回到了战斗中，但最后还是被击溃了。

步兵战漫长而让人绝望。罗马人的第一道阵线被击穿，第二道阵线也受到严重威胁。然而，最终罗马步兵战胜了对手，击溃了阿勒曼尼。胜利之后，尤里安的士兵们称颂他为奥古斯都（即皇帝），但尤里安很快制止了他们，要求部下宣誓效忠现任皇帝。

随后，尤里安针对阿勒曼尼展开进一步行动，并同时重建边境防线。这表明罗马人打算继续使用武力，于是阿勒曼尼人选择了求和。阿勒曼尼人的危机虽然解除，但法兰克人仍然很活跃，尤里安奉命率部队与法兰克人作战，最终法兰克之乱也被平定。

公元 360 年，尤里安成功将边境恢复到了相对安定的状态。不过，在此期间，不列颠北部正遭遇从北部边境外南下的部落的攻击。罗马只派出了小规模部队增援驻军，而另一支规模相当大的特遣队则被要求前往协助君士坦提乌斯皇帝对抗波斯人。这一事件发生后，尤里安的部队再次拥立他为奥古斯都。这一次尤里安接受了，并拒绝了调动部队的命令。

骑兵（2 世纪早期）
帝国时期的罗马骑兵。骑兵有锁子甲和头盔保护，配有椭圆形的盾牌和较长的剑（罗马长剑），他们不使用军团士兵使用的长盾和短剑。长矛可以手持作战，也可以作为远程武器投掷。

值得一提的是，尤里安被一些部下用盾牌高高扛起，这种庆祝方式和日耳曼传统的方式一样。

最终，君士坦提乌斯在第二年（361年）去世，尤里安成为皇帝。公元 363 年，他率领公元 3 世纪最大规模的罗马军队向波斯人发动了战役。尤里安虽然到达了波斯首都，却没能攻下城市。他在撤退过程中阵亡，匆忙选定的继任者不得不同意波斯对罗马完全不利的和平条件。

尤里安军队失败的一个原因是缺乏大战经验。当时，罗马军主要以小部队作战应对边境的突袭。因此，所有指挥官都没有大规模军事行动的经验，指挥过程中免不了会犯低级错误。

轻量级弩炮

在帝国时期，军团开始使用轻量级弩炮。与当时许多军队相比，罗马军队较少使用弓箭，但轻量级弩炮弥补了这一不足。

西罗马帝国的衰落

匈人（Huns）迁徙至欧洲东部边境是罗马帝国最终崩溃的主要原因。流离失所的匈人开始西迁进入罗马领土，给罗马日益减弱的边防守军带来了巨大的压力。罗马尝试过因势利导，允许各部落以盟友身份在罗马领土上定居。从本质上讲，这意味罗马帝国将给予这些部落土地和援助，以换取他们对边境的保护。然而，由于这些部落自身反复无常，又或许是由于罗马对这些部落的粗暴处理，许多部落并不能成为罗马可靠的盟友。

获准在罗马边境定居的哥特人被迫反叛。公元 378 年，他们在亚德里亚堡（Adrianople）之战中击溃了前来对付他们的罗马军。在这一仗中，不仅皇帝瓦伦斯（Valens）丧命，大部分罗马军队也战死沙场。在罗马面临着前所未有压力的情况下，这场失利进一步破坏了帝国边境的稳定。公元 395

年1月17日,罗马皇帝狄奥多西(346—395年)逝世。他在临终前,将帝国分与两个儿子继承。罗马帝国分裂为东、西罗马帝国。东罗马帝国在随后的灾难中幸存下来,以拜占庭帝国的形式一直延续至中世纪;相比之下,西罗马帝国在蛮族接二连三的入侵中沦陷。

从公元405年起,阿兰人(Alans)、哥特人、苏比人(Suebi)和汪达尔人在内的日耳曼部落在高卢地区一面推进,一面劫掠。一些民族决定定居下来,而另一些民族则继续向伊斯帕尼亚推进。汪达尔人进入北非,建立了自己的王国。公元410年,罗马城遭到西哥特人洗劫;公元455年,罗马城又再次被汪达尔人洗劫;公元476年,最后一位西罗马皇帝罗慕路斯·奥古斯都(Romulus Augustus)被日耳曼蛮族国王奥多亚克废黜,后者接着在意大利建立了自己的王国。一般认为,这一事件标志着西罗马帝国的终结。

夺回西罗马帝国领土的最后一次大规模尝试是在公元533年,由查士丁尼(Justinian)皇帝发起。他派将军贝利萨留(Belisarius)将汪达尔人赶出北非和意大利。这次战役是成功的,但查士丁尼对自己富有才华的下属怀有疑心,再加上瘟疫在这个关键时刻爆发,削弱了帝国的国力,贝利萨留最终没能取得任何实质成果。

学界仍不清楚东罗马帝国何时开始自称拜占庭帝国,也不清楚夺回西罗马帝国的希望何时最终破灭。到了公元6世纪中期,拜占庭面临的危机已经越来越迫近。

右图 图拉真柱的浮雕还原了罗马士兵建造防御工事的场景,图为浮雕的仿制品。罗马皇帝图拉真通过柱子上的浮雕记载了自己的事迹。

战术与军事组织

罗马帝国后期的军队与早期有很大的不同。军队主要两个师是戍边军和野战军。戍边军驻扎在边境地区,执行驻军和巡逻任务,而野战军则从事野外作战,理论上可以作为流动预备队,处理当地戍边军无法解决的问题。

出于政治考虑,罗马减少了将领所能指挥的军团数量。一些行省里曾有多达四个军团,但罗马当局认为这支部队过于庞大,不能允许下级行政区对其掌握指挥权。有的部队级别下调,有的行省则被分割,分配给这些行省的部队也在各个新地区被分隔开来。

作战单位也更小了。一个传统军团曾有近5000名重甲步兵,而后期大多数军团只有1000名左右的重甲步兵。随着时间的推移,除重甲步兵以外,帝国还在军团中编组了大量骑兵或轻甲步兵作战。辅军部队的规模也比以前小了,其中骑兵队的人数往往不超过500人,而步兵队的人数可以达到1000人。

罗马授予了帝国境内所有自由人公民权,人们失去了服役的主要动力。因此,军团的大部分兵力都是从帝国外招募的。这些蛮族部队根据罗马的标准进行装备和训练,但随着时间推移,军队已经失去了优势。罗马士兵的训练标准和作战能力下降,与蛮族步兵相比的主要优势也已基本丧失。

帝国晚期的罗马军队很适合在边境地区进行小规模作战,打退蛮族的袭击。但是,在应对重大威胁或进行过去曾得心应手的大规模战役时,士兵的作战能力就大打折扣。军队的指挥和控制受制于政治因素,在这种情况下,无论士兵多么骁勇善战,都不能交给野心勃勃的将领指挥。

军团士兵(2世纪)
军团成员虽身负盔甲、武器、口粮和营地装备,但仍能快速行军,到达适合作战或安营扎寨的目的地。这不仅需要体能,还需要纪律。在罗马帝国灭亡后,拥有这些素质的士兵在很大程度上已经消失,直到现代才重新出现。

第五章
后罗马时代的战士
WARRIORS OF THE POST-ROMAN ERA

罗马帝国北部边境定居着各种"野蛮"民族。在这些民族中，高卢和不列颠等一些民族在帝国全盛时期被征服，不同程度地受到了罗马文化的影响。在与罗马的接触中，还有一些民族虽确实在军事和文化上受到了一定影响，但仍然保持独立，在莱茵河对岸定居的日耳曼部落就是如此。

古代战士

在匈人来到东欧后，许多日耳曼部落被迫西迁，引发了"多米诺效应"，即一个部落在迁徙后，又逼迫另一个部落开始迁徙。这是罗马本就摇摇欲坠的边境最终崩溃的原因之一，而民族大迁徙时期（300—700年）产生的混乱则塑造了欧洲现在的版图。

一些部落进行了漫长的迁徙，从日耳曼尼亚出发，抵达伊斯帕尼亚，甚至远至北非地区。到这一时期结束时，许多地区定居的民族已和现在无异。现在的一些国家，有的是从大迁徙结束后定居下来的部落发展而成的。例如，意大利城市伦巴第就是以伦巴第人命名的，他们最初是日耳曼民族的一支。

哥特人

哥特属于日耳曼民族，他们在一个强大王国的统治下崛起，统治着其他一些部落。公元370年，王国被匈人占领，大量哥特人不得不迁移至罗马境内，而还有一部分哥特人则选择继续留在祖先的土地上，接受匈人的统治。

哥特的一个主要族群（后来被称为西哥特人）进入了罗马在巴尔干地区的领土。罗马允许他们在多瑙河沿岸定居，但他们得帮助防御边境，击退匈人的进攻。这一协议很快破裂，西哥特人转而与罗马开战。在公元378年的亚得里亚堡（Adrianople）战役中，西哥特人击败了罗马，签署了和平协议，被允许在罗马领土定居。但这一协定让双方都不愉快，罗马和西哥特间小规模冲突和各类事件持续不断。15年后，全面战争爆发了。

跨页图　罗马人往往会在重要公民死后纪念他们人生中的重大事件。这座公元260年的石棺描绘了罗马军队与东哥特人战斗的场景。

哥特骑兵

哥特和其他"蛮族"一样,越来越爱在战争中使用马匹,但只有最富有的人才能够骑着自己买的战马作战。蛮族骑兵常常使用与步兵完全相同的武器,将步兵作战的方式搬到了马背上进行。

在国王阿拉里克一世(Alaric I)的带领下,西哥特人进军意大利,并成功洗劫了罗马城。当时,西罗马的首都虽在拉文纳(Ravenna),但能洗劫罗马城同样有重大象征意义。随后,西哥特人与罗马达成了新协议,根据协议他们获准在高卢定居。后来,高卢的西哥特王国成长为欧洲的一支重要力量。除高卢外,它还控制了伊比利亚(Iberia),迫使汪达尔人继续向北非迁移。然而,随着法兰克王国成为该地区的主要力量,西哥特王国自公元500年初起就开始走下坡路。西哥特人仍然控制着伊斯帕尼亚,但他们开始遭受北非穆斯林民族摩尔人的入侵。随着伊斯帕尼亚逐渐沦陷,一些西哥特人选择移居法兰克王国,而另一些西哥特人则只得屈服于新穆斯林统治者的控制之下。

哥特的另一个主要族群被称为东哥特人,即使被匈人统治,他们仍然没有选择离开故土。在匈人领袖阿提拉(Attila,406—453年)死后,东哥特人击败了阿提拉继任者埃拉克(Ellac)领导的匈人军队,最终成功赢得独立。随后,东哥特人开始西迁,进入巴尔干地区,与东罗马帝国发生了接触。按照当时的习俗,东哥特贵族家庭需要把孩子作为人质送至东罗马首都君士坦丁堡,让孩子在那里生活并接受教育。狄奥多里克(Theodoric)就是人质的一员,长大后他将成为东哥特最伟大的领袖。

狄奥多里克领导的东哥特与东罗马帝国的关系时有变化——他们有时可以友好相处,有时则反目成仇。狄奥多里克本人被授予罗马人的头衔,他以帝国官员以及东哥特族国王的身份,奉命出征收复意大利。东哥特人占领了拉文纳,并于公元493年在此定都,逐渐控制了罗马帝国原先的心脏地带。在鼎盛时期,东哥特王国

左图 这幅19世纪的画描绘了东哥特国王托蒂拉在公元552年的塔吉奈之战中战死的场景。面对强大的拜占庭军队,托蒂拉明知自己不敌对手,但还是组织了一次激烈的进攻。

的版图囊括了意大利、西西里岛和达尔马提亚(Dalmatia)①。

东哥特国王狄奥多里克是东罗马帝国的官员,后罗马时代的意大利人因此承认他的王位,他们与新来的东哥特人和平共处。这两个族群都接受东哥特国王的统治,但各自还是依照自己的法律和习俗生活。然而,没过多久,拜占庭皇帝就决心重新收回意大利。

公元540年,东哥特首都拉文纳沦陷。一番谈判过后,东哥特王国重新加入了拜占庭帝国。但不到五年,东哥特就起兵叛变,再次与拜占庭开战。东哥特领袖托蒂拉(Totila)于公元552年在塔吉奈(Taginae)之战中落败,被敌军杀害。在这场战役中,坐镇拜占庭军队中轴的是排成紧密阵型作战的日耳曼联军,两侧则是拜占庭的常规部队,大批弓箭手也在侧翼作战。在寡不敌众的情况下,东哥特骑兵向拜占庭军队的中轴发起冲锋,但被拜占庭弓箭手打得溃不成军。这次交锋过后,拜占庭人逐渐占据上风。东哥特人虽一直坚持战斗至夜晚,但仍以溃败告终。

---

① 位于巴尔干半岛,今克罗地亚西南部地区。

塔吉奈之役过后，东哥特人几乎不再进行反抗，逐渐被拜占庭所征服。在一次起义失败后，他们放弃了意大利，移居至今天的奥地利一带。在那里，东哥特人就这么静静地从历史中消失了。

蛮族步兵

大多数蛮族部落的战士都是雇佣军，或者是只受到相当宽松的管理的士兵，因此，如果一场战役持续的时间太长或者离家太远，就会有越来越多的战士选择从战场脱逃。若想维持住兵力，除极具个人魅力的领导外，还需要让战士看到成功的希望，以激励他们继续作战。不管发生什么情况，战士们都必须能回到自己的农场或工坊，否则将会发生经济灾难。

即使不考虑这些因素，蛮族军队也很少有足够完善的组织来保证军队供给所需的大型辎重队。因此，虽然可以集中大量战士应对某一场战役，但战后他们又不得不很快再分散开，以便工作养活自己。

蛮族战争的规模往往相当小，以劫掠和小部队间的冲突为主。虽然战斗十分血腥，但这种冲突很少会给当地的权力结构带来长期变化。规模更大的劫掠组织难度更大，但回报非常丰厚，劫掠能收获大量战利品的文明地区更是如此。除掠夺外，还可以诱导该城通过纳贡换取平安。好战的部落会大规模开展这种相当于收保护费的敲诈战争。

蛮族地区所发生的大规模变化通常不是由某一场大战引起的，而是长期劫掠和冲突的结果，而这正是罗马帝国崩溃的原因之一。边境地区的部落冲突逐渐削弱了罗马本就不断

高卢战士（前50年）
一般来说，蛮族战士装备剑和刺矛，用木盾防身，有的士兵还会戴头盔进行保护。小盾牌足够抵挡手持武器的攻击，但很难防住箭矢。

下降的实力,久而久之,边境线的防守最终告破。

同样,大规模迁徙也不是任何一场战役造成的,是某些因素长期作用的结果。只有人们意识到继续留在当前地区的结局只有被征服或灭族时,才会发生全民族共同迁移这样的事件。他们可能并没有遭受过任何一次灾难性的失败,只不过随着劫掠中的损失逐渐加大,他们越来越确信彻底战败只是时间问题。

蛮族作战在很大程度上都是单打独斗。战士们可能以富有个人魅力的人或出身贵族的领袖为核心组成非正规的战团,也可能和来自同一村庄的其他战士聚在一起作战。在大多数

下图 这幅浮雕描绘的是公元7世纪法兰克人的葬礼。拥有剑的战士地位较高,因为地位低的人买不起剑。

日耳曼部落酋长

尽管被贴上了"蛮族"的标签，日耳曼部落还是能够制造装饰华丽的服装和高质量的武器。图中的这名日耳曼酋长就两者兼有，这象征着他尊贵的地位。

情况下，很少有人会试图建立制式统一的部队。小队都是依据社会关系组成的，战士会用各自五花八门的武器作战。

不过，大部分战士的装备都很相似。大多数人的武器是矛，做工简单，攻击范围也比较一般。装备矛的部队可以排成防御阵型，用盾搭起一堵墙，这种阵型虽然比较低级，但非常有效。战士们将盾牌紧密重叠在一起，为自己搭建起了一个防御性壁垒，他们可以在壁垒上方用长矛刺杀敌人。战士们排起盾墙后虽然机动性差，但这一阵型的防守、保护作用确实良好。在进攻中，战士们可以稍稍拉开距离，用矛刺杀，或用盾牌痛击对手。盾牌不仅仅作为防御屏障，战士还可以用它让对手失去平衡，然后再用矛轻易刺杀对手。

日耳曼战士使用的矛相当短。虽然这样的矛在近距离作战中十分有效，但许多战士还是选择用手持武器作战。匕首和手斧在很小的空间内也可以挥动，相比之下，日耳曼剑的剑身一般都很长，用于挥砍而不是刺击对手。如果要用日耳曼剑作战，需要战士周围有一定空间。而如果要进行白刃战，战士则必须把阵型的间距拉开。

蛮族军队的战术不可能太过复杂。他们虽能执行侧翼攻击、伏击等战略，但战斗一旦开始，士兵往往会分散成小团体，与任何出现在面前的敌人战斗，直到有一方选择让步。

在某种程度上讲，这种战术虽然比较粗糙，但战士们接受英勇的领袖领导，又与朋友、邻居并肩作战，因此他们不仅作战勇猛，士气也十分高涨。他们知道，自己在战场上的表现会在家乡成为谈资，所以他们愿意冒着死亡或伤残的危险作战。这样，在战斗结束后的很长一段时间里，自己都能在同辈中抬起头来。

法兰克人

公元 230 年左右，一个新的日耳曼部落联盟开始形成，这一联盟最终发展成为法兰克人。随着罗马帝国四分五裂，边境防御崩溃，法兰克人西迁进入高卢，逐渐占领了高卢大部分地区。虽然许多法兰克人选择劫掠衰落中的罗马帝国，但还有一部分法兰克人选择了保卫帝国。在公元 260 年左右，当高卢的罗马政府崩溃时，法兰克士兵和贵族重整了该省的秩序。表面上罗马军方仍旧控制着该省，但实际上军中的大部分士兵都是法兰克人。

当时，法兰克军接受着和罗马军相同的训练，使用同样的装备。不过，法兰克军惯用的武器是投斧［又名弗朗西斯卡斧（francisca）］，并不是罗马军常用的重型投枪。法兰克人还喜欢使用一种名为安贡（angon）的短矛，这种武器以投掷或刺击的方式进攻。

法兰克人曾在克洛维一世（Clovis I）的领导下短暂地联合起来，这位国王曾将西哥特人赶出高卢。但直到公元 751 年，在加洛林（Carolingian）王朝的统治下成长为大国，该王朝统治着西欧的大部分地区。

随着时间的推移，法兰克军从后罗马时代的步兵部队转变为以骑兵为主的部队，法兰克贵族会为从军作战的家臣提供锁子甲、长矛和战马。法兰克人还非常重视发展搭建与突破防御工事的技术，他们从罗马人那里继承了攻城技术和机械装备。

法兰克步兵

法兰克步兵使用的装备与同一时期"蛮族化"的罗马军团相同。相比于重型投枪，他们更喜欢用投斧或短矛作战。步兵可以手持这些武器进攻，也可以投掷。

亚得里亚堡战役（378年）

在被匈人逐出家园后，哥特人在穿过罗马帝国领土时两次受到了罗马军队的攻击：公元376年，罗马军队在马西安诺堡（Marcianople）一役中败于哥特手下。公元377年，双方又在柳林战役中交锋，这场战役对未来战局有着决定性作用。

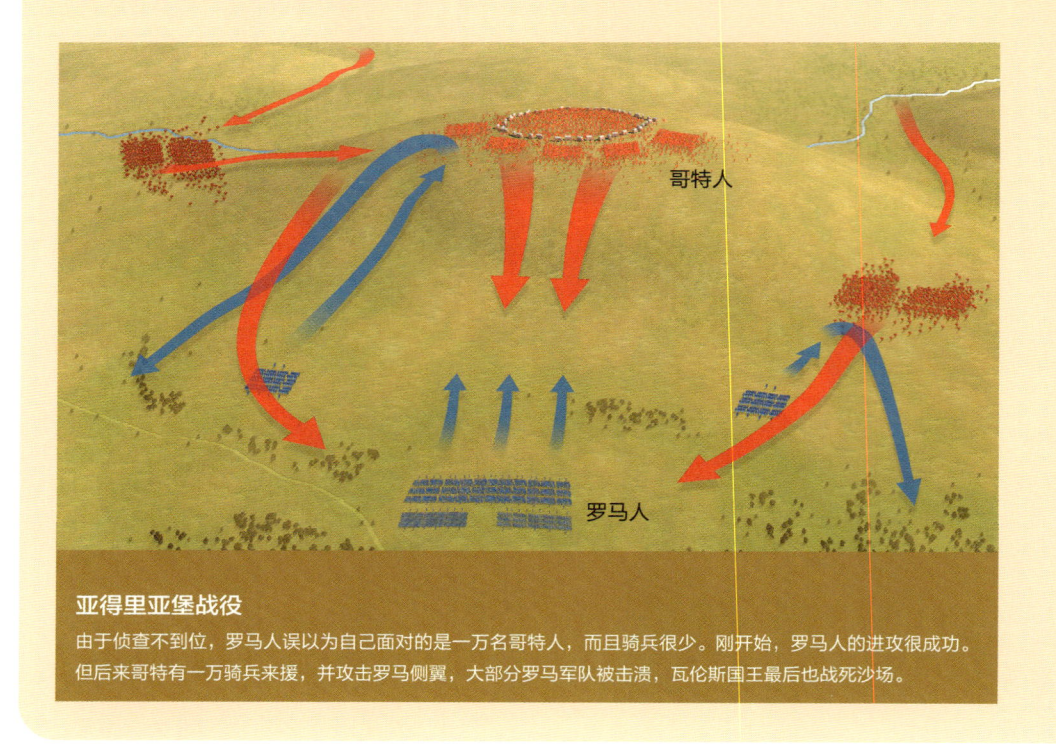

亚得里亚堡战役

由于侦查不到位，罗马人误以为自己面对的是一万名哥特人，而且骑兵很少。刚开始，罗马人的进攻很成功。但后来哥特有一万骑兵来援，并攻击罗马侧翼，大部分罗马军队被击溃，瓦伦斯国王最后也战死沙场。

汪达尔人

汪达尔人可能发源自斯堪的纳维亚半岛。公元前200—前100年左右，他们南下越过波罗的海，进入日耳曼尼亚一带。在与罗马缔结和约之前，他们对多瑙河一带的罗马领土进行了多年的劫掠。最终，汪达尔人获准在边境定居，罗马希望以这种方式为自己建立一个缓冲带。

公元400年起，匈人入侵，汪达尔人被迫西迁，他们一路作战，杀过高卢，并最终在伊斯帕尼亚定居。在伊斯帕尼亚站稳脚跟后，汪达尔人又开始征服北非。北哥特人从这两场战役中缴获了大量装备，罗马帝国因此将其视为巨大的威胁。东罗马帝国皇帝瓦伦斯率领一支约 1.5 万人的军队奔赴亚得里亚堡附近，准备与哥特开战。

当瓦伦斯的军队逼近时，哥特有大约 1 万名战斗人员可用。哥特受辎重和家属所累，选择了防御战术。他们把马车排成一圈，形成防御堡垒，派部分步兵守卫。其余士兵则在附近的山脊上列阵。

在战斗打响时，战场上的哥特骑兵很少。不过，有大约 1 万名哥特骑兵正在附近搜寻粮秣，在战斗开始的消息传开后，他们便赶回支援。而罗马对此浑然不知，他们排成双线作战，由重甲步兵坐镇中央，骑兵列阵侧翼，阵前派出散兵掩护进攻。

罗马没有马上进攻，而是与哥特开启了谈判。在此期间，罗马右翼骑兵推进并发动了攻势。这些骑兵擅自进攻的原因可能是军纪不严，因为这支骑兵是由老兵和其他缺少训练的士兵混编组成的。但不管出于什么原因，他们的确向哥特侧翼发动了进攻，但这次进攻最终被轻易化解了。

双方的全面交火就此爆发。罗马希望通过自己的经典战术来击败对手，即派出步兵从正面发动攻击。罗马左翼骑兵虽在排兵布阵上存在问题，但还是向哥特发起了进攻。这次进攻最初十分顺利，哥特步兵被逼回马车附近，艰难地抵抗罗马的攻势。但恰在此时，哥特援军抵达了战场。

赶来增援的哥特骑兵与罗马左翼部队展开交锋，并最终迫使他们从战场撤退。受此鼓舞，哥特步兵开始推进，也成功将罗马士兵逼退。随着步兵方面战斗的进行，哥特骑兵来到侧翼，击溃了罗马的多个部队。见此情景，一直没有参与战斗的罗马后备部队四散而逃。

瓦伦斯身旁只剩两个经验丰富的军团（当时每个军团大约有 1000 人）还能够坚持一段时间。这两个军团吸引走了哥特的注意力，拯救了一些同伴。不过，还是有大量罗马士兵在逃跑过程中被哥特骑兵杀死。最后，瓦伦斯的两个军团几乎被屠杀殆尽，瓦伦斯本人也命丧战场。第二天，哥特人试图攻打亚得里亚堡，但他们的进攻遭到阻碍，死伤惨重。经过一段时间的冲突后，胜负难分的双方缔结了新的和约，罗马将土地割让给哥特，但哥特必须帮助罗马保卫边境。

非成为汪达尔人的基地，他们的船只可以以北非为据点袭击整个地中海地区。他们的主要定居点则位于今天突尼斯和阿尔及利亚的海岸地区。

公元 493 年，汪达尔人征服迦太基，并定都于此。在国力鼎盛时期，他们控制了整个地中海西部，统治了巴利阿里群岛（Balearics）、科西嘉岛、撒丁岛和西西里岛。他们收到了罗马各个派系发来的援助请求后，也卷入了罗马帝国政治之中。结果，汪达尔军队选择进军意大利，洗劫了罗马城。

汪达尔最终走向衰落。东罗马皇帝查士丁尼一世盯上了巅峰不再的汪达尔，这位皇帝野心满满，希望收复曾经西罗马帝国的领土。公元 533 年，一支拜占庭军队在北非登陆，朝迦太基进军。

跨页图 描绘罗马和蛮族军队之间的战斗的 17 世纪画作。图画生动展示了战场的混乱。

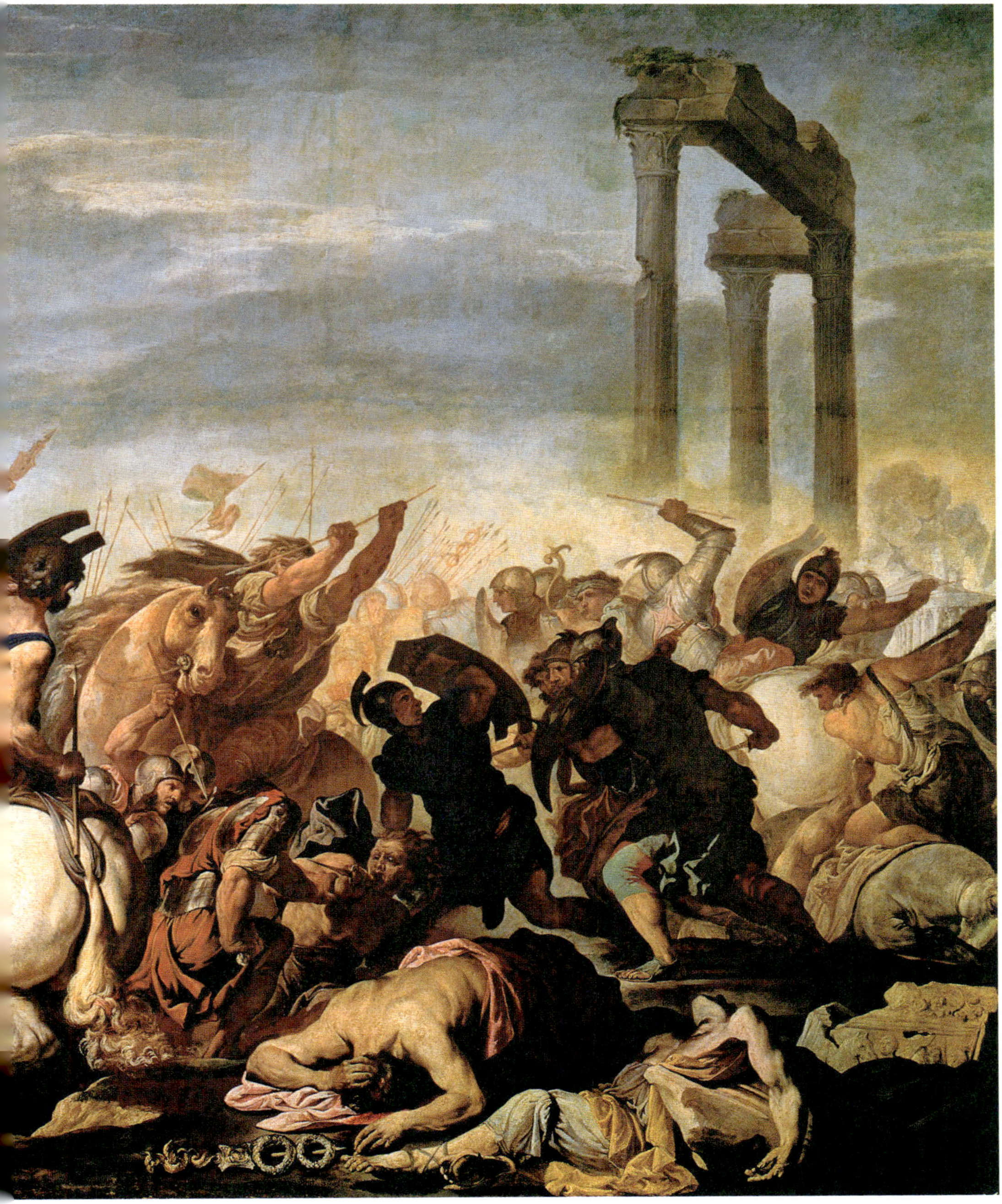

十里之役（533 年）

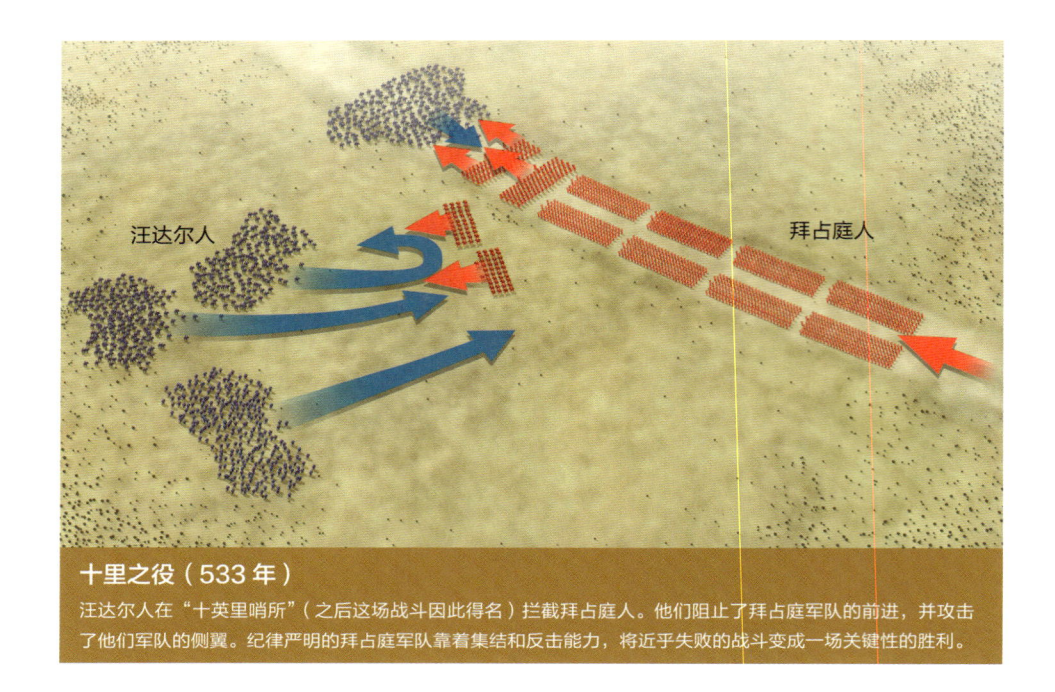

汪达尔人在"十英里哨所"（之后这场战斗因此得名）拦截拜占庭人。他们阻止了拜占庭军队的前进，并攻击了他们军队的侧翼。纪律严明的拜占庭军队靠着集结和反击能力，将近乎失败的战斗变成一场关键性的胜利。

汪达尔人在距离迦太基 16 千米处拦截了拜占庭远征军。他们的计划是先阻挡拜占庭人的进攻，然后再从侧翼发动攻击。然而，拜占庭人击退了汪达尔人侧翼的攻势，并把汪达尔人逼入守势，并最终攻下迦太基。公元 533 年 12 月，特里卡梅隆（Ticameron）会战爆发，汪达尔势力在此役过后崩溃。

之后，拜占庭军队在意大利征战，使意大利暂时回到罗马帝国的控制之下。当时，帝国的首都在君士坦丁堡。统帅贝利萨留在赢下战役后游行庆祝，这是罗马最后一次得以举行这样的游行。贝利萨留对抗汪达尔人的战役也标志着一个时代的结束。战役的胜负手不是步兵，而是重甲骑兵。这一兵种成为接下来几个世纪战场中的主流。

装备和军事组织

早期的哥特人、法兰克人和汪达尔人都是定居生活的农民，民众没有骑马的习惯。因此，组建骑兵队的想法虽然似乎十分诱人，但实际上并不可行。

这些部落民族有典型的军事组织模式。高级贵族有能力供养一小队职业战士，这些战士既是贵族的保镖，又是执行贵族意志的政治工具，还是地位的象征。当然，在战时这些战士也是军队的核心，可以通过劫掠敛财。任何军队的大部分士兵都是非正规军。根据社会契约的规定，他们需要为领主服一段时间的兵役，还有一些士兵会为了掠夺赃物和赢得认可而主动请战。

这种蛮族部队往往会征召热情满满、骁勇善战的人，尤其偏爱那些在劫掠或战斗方面经验丰富的人。他们作战的标准战术就是一鼓作气，一直战斗到敌人逃跑或投降为止。不过，部队中会少了些凝聚力。

蛮族战士的武器和防具往往相当原始。许多战士根本不穿盔甲，还有一些可能只戴了一顶皮制或金属头盔。贵族和一些专业士兵也许能买得起金属盔甲，但普通战士则只能依靠盾牌防御，或者通过积极进攻迫使对手进入守势。手斧和长匕首是他们常用的副武器。剑也是副武器的一种，但十分昂贵，它既是身份的象征，也是战场上克敌制胜的利器。大多数战士以长矛为主武器，只有在近距离作战或长矛已失的情况下才会使用副武器战斗。有些战士会装备弓箭，但更多的战士会通过投掷长矛或手斧进行远程攻击。据说法兰克人的投斧能将盾牌劈成两半，即使敌人从飞斧攻击中幸存下来，也将会无盾可用。在罗马服役的蛮族士兵使用与当时罗马军队相似的装备（很多时候甚至是相同的装备）。不过，这时罗马古典军团早已成为历史，许多罗马士兵改用长矛、盾牌和长剑作战。因此，许多罗马化蛮族使用的"罗马"装备其实与他们自己的装备相差无几。

随着时间的推移，骑兵在蛮族军队中的地位逐渐开始上升。然而，日耳曼骑兵并没有采用草原民族惯用的骑射方式作战，只是把近距离白刃战的装备搬到了

古不列颠人

古不列颠人的作战风格带有典型的"蛮族"特征。他们挥舞长刀战斗，因此不适合排成紧凑队形作战。战士凭借作战水平和侵略性打败自己的同胞，但不敌纪律严明的罗马军队，因为罗马人擅长击退任何混乱的猛攻。

右图 罗马石棺上描绘的是罗马人与一丝不挂的加拉太蛮族之间的战斗。这种雕刻是一种宣传形式，将罗马的敌人描绘成需要进行文明教化的野蛮人。

马背上使用。因此，日耳曼骑兵通常用剑作战，这种剑相当长，能远距离挥砍敌人。他们的另一个装备或替代装备类似步兵作战时使用的短矛。日耳曼骑兵可能不穿盔甲，但基本都会装备头盔和盾牌。较富裕的骑兵会在财力范围内尽可能提升自己的防御装备。

虽然战斗方式逐渐改变，但蛮族军队本质上仍是封建时期的产物。他们由贵族阶级培养和领导，而这些贵族又效忠于更高一级的贵族。这就形成了基于贵族阶级而非作战经验和训练程度的指挥结构。如此一来，军队的指挥和控制往往较为松散，而且几乎没有后勤保障。因此，在战场上维持一支蛮族军队，不论时间长短，都意味着是巨大的麻烦。在部落迁徙时，出动的人数最多，家人和辎重会跟在战斗人员身后不远处。必要时，运输物品的马车也可以兼作移动堡垒和后勤中心。蛮族军队在很多时候都必须通过搜寻粮秣才能养活自己和马匹,所以在经过某个地区时,就很容易爆发劫掠。与罗马军队纪律严明的行军和组织严密的补给车队相比,蛮族军队的这些行为会减缓行军速度,而且还会让敌人有机可乘,敌人可以通过攻击搜寻粮秣的队伍消灭部分蛮族军队。

如果不改变部落的社会结构,这种状况就不会有任何改变。按照罗马模式建立的有组织、有纪律的职业军队更适合作战,但在民族大迁徙时期,拥有大型蛮族军队的社会根本就不可能应用罗马模式建立军队。

匈人

关于匈人的起源还有一些谜团没有解开,但一种被普遍接受的观点认为,匈人也许是迫于蒙古人的压力,从中国北部开始向西迁移。匈人是游牧民族,对他们来说,骑术是日常生活中必不可少的一部分。他们的部队能根据战术和战略需求快速机动,且弓马娴熟,擅长在马背上射箭。

匈人弓骑兵

匈人弓马娴熟,即使在全速奔驰时也能准确射击。这是非常高超的驭马术,因为在当时没有马镫的情况下,骑手很难坐稳。士兵需要不断练习才将技能磨练到这种水平,而这是习惯定居的民族力所不能及的。

和其他游牧民族一样，匈人几乎没有留存什么记录，所以我们对于匈人的大部分"知识"实际上要么是单纯的猜测，要么是从二手资料中推断的。我们知道的是，在公元370年左右，匈人来到了欧洲的边缘地区，征服了那里的部落。到了公元395年，匈人来到罗马边境地区，开始引起罗马的注意。他们的骑射战术非常难以对付，靠这一战术，匈人掠夺了罗马东部的几个省份。然而，当时的匈人没有中央领导层，这就意味着罗马可以通过行贿让他们离开，甚至是让他们为罗马效力。

匈人最伟大的首领是阿提拉（Attila）。在公元434年左右，他和哥哥布莱达（Bleda）一起继承了匈人的领导权。匈人比以往更加统一，因此也变得更加强大。他们能要求罗马城市向自己进贡，并洗劫那些拒绝纳贡的城市。公元439年，东罗马皇帝决定停止支付匈人要求的大量贡品，导致匈人与东罗马帝国的和约破裂。

匈人故意以野蛮残暴的手段对付罗马，因为让人恐惧正是他们的主要武器之一。匈人沿着多瑙河前进时，摧毁了一些罗马的城镇和城市，居民要么被奴役，要么被屠杀。最后，匈人在阿尔卡迪奥波利斯（Arcadiopolis）遭遇了一支罗马军队。匈人没有进行大规模的集结作战，而是利用机动性发动了一系列小规模战役，这将罗马军队逼至克森尼索山谷（Cheronsus Valley，靠近达达尼尔海峡的欧洲一侧），让罗马军队再也无路可退。罗马最终兵败此地，东罗马皇帝被迫与匈人讲和，并承诺缴纳更多贡品。公元443年，双方达成和约，东罗马帝国暂时得以存续。但后来，由于又一次没有支付贡品，双方的战斗又开始了。

公元446年，阿提拉谋杀了自己的兄长，成为匈人的唯一领袖。他向君士坦丁堡进军，打败了两支人数众多但缺乏训练的罗马军队。由于无法进入城市，阿提拉接受了罗马人

上图 将阿提拉描绘为"上帝之鞭"的青铜板。许多人相信，阿提拉是上帝派来惩罚他们的罪孽的。

提出的新条约，由东罗马向自己缴纳对方财力所能承受的贡品。匈人随后向西移动，在公元451年开始了对西罗马帝国的征服。这次战役的细节几乎都是谜团，但有一些证据表明，匈人像之前一样进行了掠夺和屠杀。

阿提拉的部队围攻筑有城防的奥尔良（Orléans）城。奥尔良城成功地抵抗了一段时间，终于等到援军赶来驰援。援军赶来后，匈人试图撤退，但遭遇对方拦截。匈人之所以无法成功撤退，某种程度是因为军中的很大一部分士兵是行动缓慢的步兵，而不是传统的骑射手。援军由罗马军队组成，军中除了有大量来自帝国之外的日耳曼"蛮族"战士外，还包括西哥特国王派出的一支特遣队。这场战斗极为血腥，持续了整整一天。到了晚上，匈人被赶回营地，但他们仍没有被打败。

匈人在营地里按兵数日，可能是在等待对手主动进攻。西哥特人确实希望如此，但罗马指挥官拒绝了，因为他担心西哥特战胜匈人会带来某些政治影响。无法得到进攻指令的西哥特人离开了战场（有些史料认为，是罗马人主动把他们请走的），匈人则得以撤退。

阿提拉向东撤退到今天的匈牙利，并在此地从失败中恢复过来。公元452年，阿提拉再次挥师意大利。罗马人也再次成功拒敌。此时，阿提拉军中疾病肆虐，只得接受教皇斡旋的协议。罗马这次提供的贡品相对较少，但也足以让匈人在留足面子的情况下撤退。

阿提拉于公元453年去世。虽然他的几个儿子努力尝试维持匈人在欧洲的统治地位，但他们缺乏阿提拉的本领和魅力。匈人不再是一支统一的力量，无法再左右欧洲事务。

出征东罗马帝国（443年）

很少有东罗马帝国的城市能够承受住匈人的掠夺。亚得里亚堡、君士坦丁堡和赫拉克利亚防御完备，匈人无法占领，但附近的城市被洗劫一空。罗马的一支主要军队在克森尼索山谷落败后，东罗马帝国选择与匈人媾和。

装备和军事组织

马术是匈人生活的一部分，他们甚至会在马背上讨论重要事务。匈人的马匹是体型小但耐性十足的草原马。马匹体型虽小，但速度却很快，即使走上很远的路也不会过度疲劳。每个战士都拥有几匹马，轮换使用不同马匹，可减少其疲劳度。战士的马匹几乎都是母马，可以挤出马奶为骑手提供宝贵的营养。

大部分匈人是骑射手，使用一种威力强大的反曲弓。虽然当时马镫还没有被发明出来，但匈人骑术精湛，即使在马匹奔跑时也能用弓箭准确命中目标。他们的弓

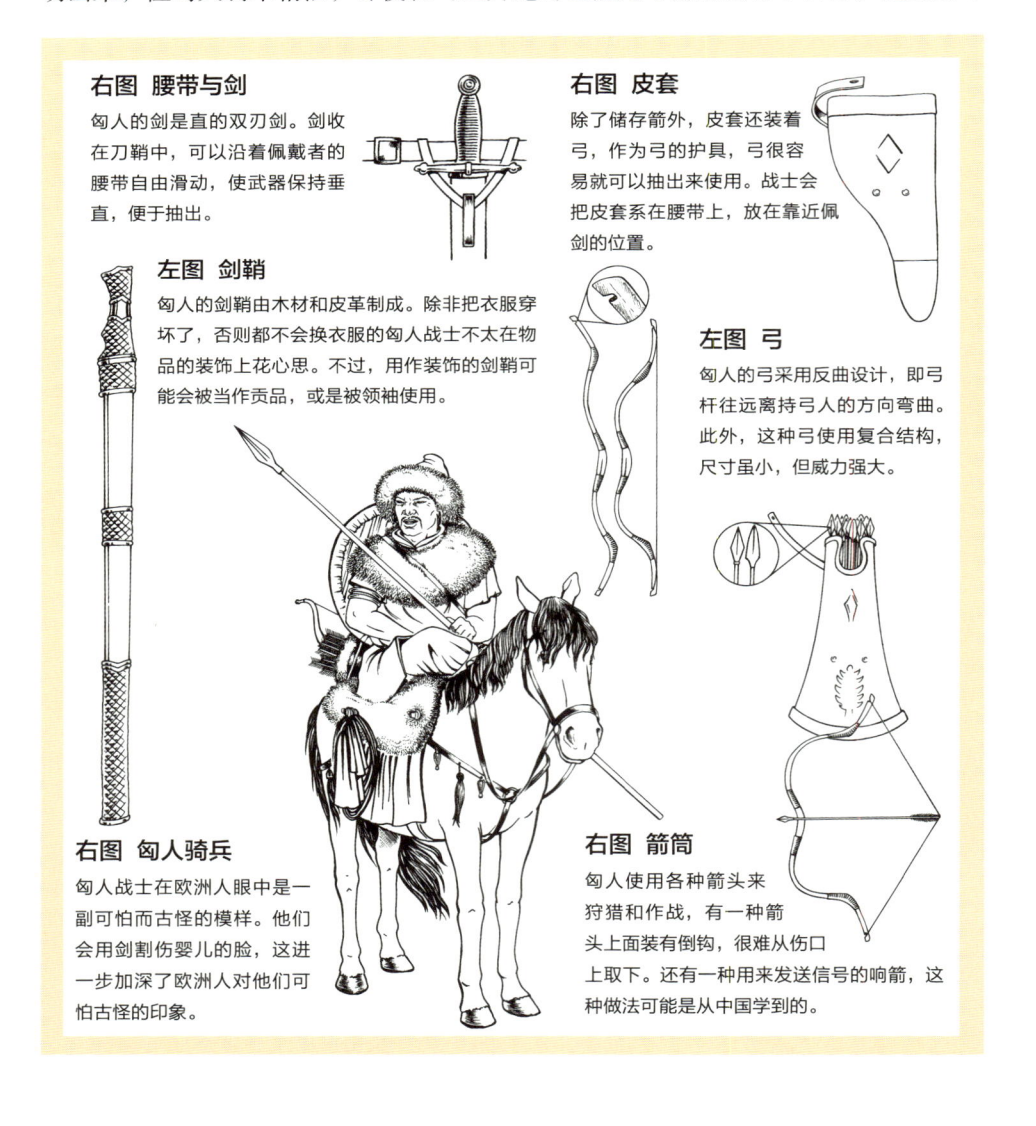

右图 腰带与剑
匈人的剑是直的双刃剑。剑收在刀鞘中，可以沿着佩戴者的腰带自由滑动，使武器保持垂直，便于抽出。

右图 皮套
除了储存箭外，皮套还装着弓，作为弓的护具，弓很容易就可以抽出来使用。战士会把皮套系在腰带上，放在靠近佩剑的位置。

左图 剑鞘
匈人的剑鞘由木材和皮革制成。除非把衣服穿坏了，否则都不会换衣服的匈人战士不太在物品的装饰上花心思。不过，用作装饰的剑鞘可能会被当作贡品，或是被领袖使用。

左图 弓
匈人的弓采用反曲设计，即弓杆往远离持弓人的方向弯曲。此外，这种弓使用复合结构，尺寸虽小，但威力强大。

右图 匈人骑兵
匈人战士在欧洲人眼中是一副可怕而古怪的模样。他们会用剑割伤婴儿的脸，这进一步加深了欧洲人对他们可怕古怪的印象。

右图 箭筒
匈人使用各种箭头来狩猎和作战，有一种箭头上面装有倒钩，很难从伤口上取下。还有一种用来发送信号的响箭，这种做法可能是从中国学到的。

不太能击穿盔甲，但带刺的箭可以给没有穿着护具的敌人造成致命伤。即使敌人装备了盔甲，齐射产生的箭雨也迟早会击中敌人身上防御薄弱的位置。

在近距离作战时，手持武器会作为弓的替代品使用。匈人有时会用长矛作战，但更常见的武器是剑。不过，由于匈人使用的是典型骑射军队的战术，他们会尽可能地避免近身作战。他们会先派出单兵作战的战士以及组成小群体的战士包围敌人，然后朝敌阵射击，攻击完后就立刻撤退，避开敌人的反击。匈人的作战模式与古希腊方阵或罗马军团的模式几乎完全相反。匈人并不追求一次性分出胜负，而是选择慢慢蚕食对手，把敌人消耗至无法作战为止。一大批战士骑马飞奔、射击，然后消失在自己扬起的尘土中，这种场景本身就能给敌人带来心理上的冲击。即使敌人没有因为恐惧而崩溃，他们的兵力也还是会因弓箭的骚扰慢慢减少，最终溃不成军。

良好的机动性也让匈人能骚扰敌人的部队，或通过速攻的方式奇袭占领敌人未派重兵把守的地区。只要能快速撤退，等形势更有利时再回到战场继续作战，就可以避免战败。

安息人和萨珊人

史书第一次提及安息（帕提亚）时，对它的介绍是波斯帝国的领土之一。安息一直是波斯的一个省，后来在塞琉古波斯遭受严重失利后，安息才有机会造反。公元前247年，安息独立，但没过多久安息就被发源自里海东南部的帕尼人（Parni）征服了。

公元前209年，安息被重新收回到塞琉古波斯的版图中，但他们在安息王朝的统治下又重新获得了独立，该王朝是帕尼领袖的后裔所建立的。当时实行的是封建制度，安息帝国向安息贵族授土，换取他们对帝国的支持。然而，安息贵族对安息帝国的支持并非全心

下图 安息浮雕描绘了一名正在战斗的弓骑兵。与匈人不同，安息人用重甲骑兵支援弓骑兵。

全意。政治内讧、叛乱和边境部落民族的袭击削弱了安息帝国的实力，而与罗马的战争则使其面临彻底灭亡的危险。

在内乱压力下，安息帝国逐渐开始瓦解。最终，他们被阿尔达希尔一世（Ardashir I）率领的军队征服。阿尔达希尔一世曾是安息帝国的封臣，他趁安息帝国内忧外患之际逐渐控制了帝国的领土。公元224年，阿尔达希尔一世用一场胜利终结了安息王朝的统治。

阿尔达希尔成功重铸了波斯帝国，建立了自己的王朝，这个王朝被称为萨珊王朝。萨珊人是波斯改信伊斯兰教前的最后一批统治者，其在鼎盛时期实力极为强大。在与罗马帝国接壤的所有帝国和国家中，只有他们可以与罗马分庭抗礼。公元230年，萨珊王朝出兵突袭罗马领土，引得罗马起兵报复，但战局一直僵持不下。后来，萨珊又对罗马控制的美索不达米亚地区发起征服，双方不分胜负，在许多年内轮流控制着这一地区。

尽管萨珊王朝的军队还需要应对从边境入侵的阿拉伯部落和其他敌人，但他们还是能抽出人手对罗马东部的土地征战。不过，他们也并不一直能稳操胜券。公元260年，萨珊王朝军在埃德萨（Edessa）大胜罗马军。然而，虽然他们在战场上能战胜对手，但他们往往无法突破城墙、占领城市，战局最后还是只能以失败收场。因此，波斯人虽发动了战役，但并没有取得任何长期有效的战果。

在公元380—500年的这段时期里，萨珊王朝与罗马之间相对比较和平。在此期间，双方虽然爆发过两次小规模的战争（421—422年和440年），但罗马有自己的问题要处理，而萨珊王朝的波斯人也不想和正在衰落但仍然强大的邻国有进一步冲突。

波斯的烦恼之一便是公元483年开始入侵的匈人，这让波斯不得不向他们缴纳巨额的贡品。霍斯劳一世（Khosrow I，531—579年在位）上位后，波斯才成功退敌，使经济得以重新发展。然而，公元502年起波斯又开始与罗马发生冲突。在此后的一百年里，波斯除了与罗马战乱频仍外，还面临起义和内讧的威胁，这些事件削弱了波斯帝国的实力。

> "没有军队就没有权力，没有金钱就没有军队，没有农业就没有金钱，没有正义就没有农业。"
>
> ——阿尔达希尔一世，萨珊王朝建立者

到公元 6 世纪初时，波斯同时遭受阿拉伯部落及东罗马帝国的攻击。公元 626 年，霍斯劳二世围攻君士坦丁堡，于公元 627 年遭到东罗马帝国从侧翼的包抄，在尼尼微吞下了一场惨败。这是萨珊王朝末日的开始。公元 628—632 年间，波斯爆发了一系列政变。政变后，虽然波斯内部迎来了十年的稳定期，但军队却越来越无力应对阿拉伯人的入侵。公元 636 年，阿拉伯军队在卡迪西亚（al-Qādisiyyah）击败了一支波斯军队，并于公元 642 年在尼哈旺德（Nihawand）大败波斯主力军。公元 651 年，波斯最后一位萨珊统治者被杀，此时伊斯兰教已经征服了波斯一带。

装备和军事组织

安息的军队是由封建扈从和雇佣兵组成的。每个大贵族手下都有一支军队，有作战需求时还可以招募更多士兵加入。但这一制度存在封建军队惯有的弊端——能组建什么样的部队，在很大程度上取决于谁与谁产生了纠纷。安息面临相当严重的军事问题。除了需要派驻军队保护贸易和维持国内稳定之外，安息还需要派出更多兵力，以应对西方罗马军队进攻和东方波斯部落入侵的持续威胁。

安息军队需要很强的战略机动性，能根据需要从一个地区转移到另一个地区。如此推断，不难理解为什么安息军队以骑兵为主，步兵则主要充当驻军的角色。如果附近有合适的部队，步兵也可能进入部队中，但他们的军事地位并不高。

安息人有两种类型的骑兵。其中一种是轻骑兵，他们不穿盔甲，以反曲弓为武器，这种弓虽然短小，但威力巨大；他们还配备有一把剑，在迫不得已进入近身作战时使用。轻骑兵以典

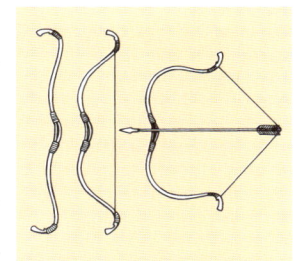

安息骑射手

安息骑射手使用类似于匈人的反曲弓。他们会用左手持准备上弓的箭，这样会比伸手进箭筒取箭更快。骑射手可以在马背上随时射箭，在马匹小跑、四只蹄子都离开地面时，是射箭的黄金时刻，这时候准确率最高。

型的骑兵模式作战，凭借高超的技巧闻名。"回马箭"一词已是惯用表达，它可以用作比喻，指在临别时说一些尖刻的话；也可以按字面意义理解，即在临别时转身射出一箭。它的词源是安息人的一种战术，即转身向身后穷追不舍的敌人射出一箭。

轻骑兵会骚扰并消耗敌人，而最后的致命一击则是由全副武装的重甲骑兵完成的。重甲骑兵从人到马都被由小块金属板组成的鳞甲保护。他们的武器包括弓、重矛或长矛，以及剑或匕首等副武器。重甲骑兵可以消耗单个敌人甚至整个步兵部队，他们会引诱敌人散开阵型，鲁莽进攻，然后轻易将落单的敌人击败。

按照当时的标准，安息长矛算得上是又长又重了。尽管没有马镫，但当时人们认为，安息的重甲骑兵能同时刺穿两个敌人。然而，重甲骑兵首选的战术是用弓箭退敌，因为在近身战斗中难免会受伤，他们只有在给敌人最后一击时才会使用长矛。

骑兵有时会坐在骆驼上射箭。骆驼的身高和耐力是一种优势，敌军的马匹若不习惯骆驼的长相，也能成为骆驼优势之一。骆驼叫声怪异，气味难闻，会让马匹受到惊吓。如果敌人以前没有见过这种长相奇怪的动物，也一样会受到惊吓。骆驼还经常辅助后勤工作，为士兵运送

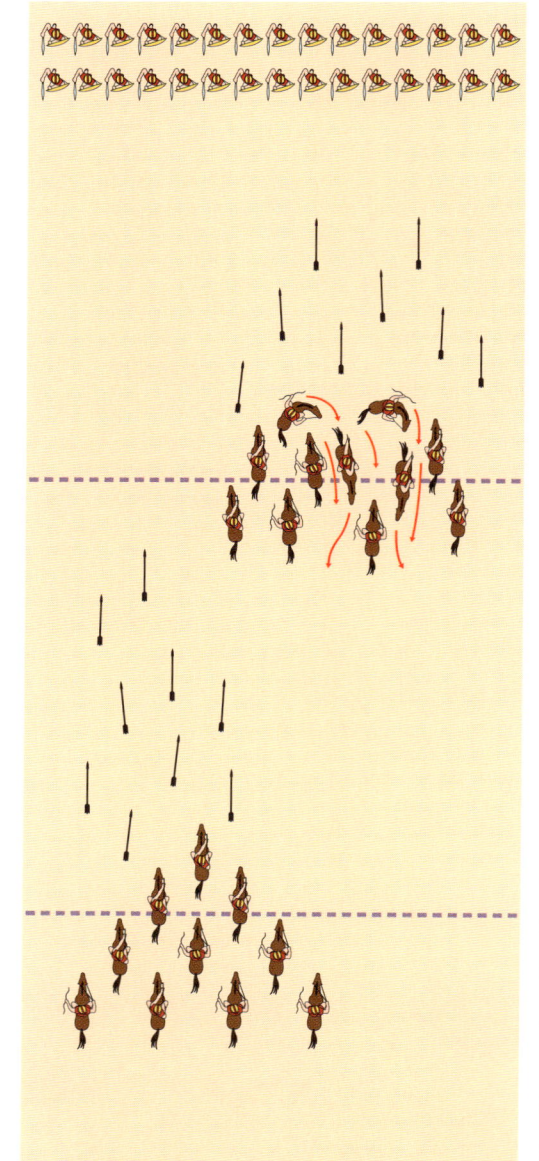

骑射手战术

面对无法迅速拉近距离的步兵，骑射手会在接近敌人时，一齐多次射击，然后转向右侧撤离，执弓臂会保持朝向目标。骑射手最接近敌人时，也是射得最准的时候。在面对骑兵时，骑射手无法靠得那么近，以防敌军突然发起冲锋冲破自己的防线。

食物、水和备用箭矢。

安息军队既不适合长期作战，也不善于围城作战。但他们能将军事力量从一个地区迅速转移到另一个地区，灵活应对各种威胁。

萨珊王朝的波斯军队自然也与安息军队相当类似。在王朝早期的几年时间里，重甲骑兵被广泛使用。不过，在与匈人接触后，装甲骑兵的重要性就降低了，因为使用成群弓骑兵的战术效果在匈人身上展露无遗。

萨珊王朝的波斯军队广泛使用弓骑兵，和他们搭档的还有装备投枪和盾牌的轻骑兵，这些轻骑兵通常从同盟的阿拉伯人或匈人那招募而来，使用的骚扰战术与其他国家的轻骑兵部队基本相同。尽管步兵并不被看好，但萨珊王朝还是比安息王朝更多地使用这一兵种。波斯军队中的长矛兵不穿盔甲，但会用轻质柳条盾牌作为防具。他们与其他不穿盔甲的弓箭手和弹弓兵共同作战。步兵主要能在围城作战中发挥作用，被视为战场上的消耗品。波斯人还把从印度引进的大象投入战场。这些野兽可怕但不可靠，战术价值难以预测，如果一切进展顺利，它们可以冲破敌人防线，但在面对已经懂得如何反制大象的敌人时，它们则可能会变为负担。

骑兵战

一般说来，骑兵部队分成两种。一种可以说是"匈人"型的，即几乎全由骑射手组成。正如此前提到的，骑射手主要进行远程攻击，并在进攻后迅速撤退到安全地带，避免敌人反击。如此反复，不断消耗敌人，直到搅乱敌人阵型为止。

骑射是一项非常难以掌握的技能，需要多年的练习才能学会。对于定居民族来说，组建一支骑射手部队是不可能的。因此，大多数定居民族都组建

西哥特重甲骑兵
给坐骑穿戴盔甲的方式逐渐在西方野蛮人中流行开来，这和东方重甲骑兵保护马匹的方式十分相似。这种进步逐渐催生出中世纪的装甲骑士。

> "重甲骑兵,浑身是铁。"
> ——撒路斯提乌斯

了一支不一样的骑兵部队,部队使用手持武器为主武器而不是弓箭作战。

在民族大迁徙初期,大多数军队都以步兵为基础,骑兵则作为侦察兵和辅助部队。然而,随着时间的推移,骑兵的重要性逐渐增加,最后它几乎成为所有军队的主要战力。

骑兵逐渐取代步兵的原因有很多。拥有一匹战马本就十分威风,而在马背上作战更有许多实际优势。骑兵可以穿着更多盔甲而不感到疲惫,也能让敌人更难接近和攻击。此外,马匹能提供机动性,这在与机动性强的敌人作战时至关重要。比如,士兵需要有很高的机动性,才能与民族大迁徙初期入侵欧洲的"骑马蛮族"以及派出骑兵作战的邻近部落一战。在某种程度上,使用骑兵是当时军备竞赛的结果:如果某个部落周围的其他部落拥有骑兵,该部落就需要具有同等力量,否则就有可能在战斗中落败。

就重甲骑兵而言,这一兵种之所以能出现,和马镫的发明并没有关系。在马镫出现前,重甲骑兵就已经握着长矛,在敌

下图 一幅19世纪的画作,描绘了匈人向欧洲迁徙的场景。匈人的到来是欧洲历史上重要的事件之一。

阵中冲杀了几个世纪之久。骑马长矛兵和骑射手在没有马镫的时代使用的许多技术后来已经荒废失传，但士兵确实可以在没有马镫的情况下持长矛冲锋刺向敌人。中世纪时，大多骑马长矛兵会将武器紧握在手臂下方。但中世纪之前，骑马长矛兵使用武器的方式有些不同，比如当时的长矛通常质量较轻，但仍可以刺穿盔甲，杀敌制胜。他们可以把长矛举过头顶然后朝下刺击，也可以平握着从手臂下方刺出。技艺精湛的骑马长矛兵不仅可以攻击身前的敌人，还可以攻击周围的敌人，拿着长矛进入敌阵冲杀。因此，骑兵使用长矛作战有相当多的巧妙之处，但在奔跑的马上用枪尖瞄准对手，还要克服枪杆随着移动而弯曲带来的困难，对士兵来说殊为不易。

长矛在战斗中可能会折断或丢失，所以士兵还需要携带备用武器。剑是很受欢迎的备用武器，主要原因是它们比大多数武器都更方便携带，而且威力十足。骑兵使用的剑要有一定距离的攻击范围，所以即使在步兵崇尚使用短剑的罗马军队中，罗马骑兵的剑也比较长，以便从远距离攻击对手。

在骑兵大规模冲锋时，有时敌军会仅仅因为恐惧阵型大乱、四散而逃。如果敌军确实被吓得崩溃奔逃，或者在战败之后逃跑，骑兵这个兵种非常适合追击，因为他们不仅移动速度更快，并且即使长时间追击也不会感到疲惫。这便是传统骑兵的另一个作用：通过攫取胜利果实提升自己的战术价值。

一般说来，轻骑兵比重甲骑兵更适合追击，而且也能更好地执行侦查和搜寻粮秣任务。因此，骑兵队中通常会有一些轻骑兵承担这些任务。轻骑兵有时会用弓箭或投枪提供远程火力支持，有时则会用手持武器震慑对手。有这么一种战术，就是让重甲骑兵首先发动冲锋，然后派出轻骑兵跟进，增加攻击火力，加速进攻。

一些骑兵军团会将轻重骑兵结合在一起，还常常和掌握骑射技能的部落取得联系，让骑射手以雇佣兵或盟友的身份加入自己。这样一来，军团就可以采用联合作战的方式，派轻骑兵通过远程攻击消耗敌人（同时也承担侦察等任务），让重甲骑兵负责冲击敌阵，击溃敌人的部队。

另外，许多将重甲骑兵作为主要战力的军队也会派步兵协助作战。这些步兵情况各异，有的是未经训练的征兵，拿着长矛就被赶到了战场上；有的则是训练有素的专业部队，在战局告急时，可以依赖他们出色的表现。

这种混合兵种的作战方式有几个优点，尤为突出的一点就是灵活性强。拥有混合兵种的军队可以在骑兵施展不开的狭窄地形上作战，也可以应对战场上千变万化的情况。在骑兵被逼退的情况下，骑兵可以先行撤退，然后再在步兵的支持下重新集结起来；或者让步兵拖住敌人的追击，趁机逃跑。

卡莱战役（前53年）

公元前54—前53年，罗马入侵安息。这场战争的主要导火索，是马库斯·李锡尼·克拉苏（Marcus Licinius Crassus）的勃勃野心。他想建立战功，取得能与盟友庞培和恺撒声誉相当的地位。克拉苏麾下有七个军团（以及辅助部队）和约7000名骑兵。在长途跋涉穿过今天的土耳其后，他率军进入了安息领土。战争才几乎刚刚开始，几个城市就在克拉苏强大实力的威慑下投降了。之后，被大量战利品所累的罗马人选择在他们攻下的城市里驻扎下来，稳坐营中等待冬天雨季的到来。

罗马人自信满满，因为他们曾战胜过各种各样的敌人。然而，罗马人对这个新对手知之甚少，完全不熟悉安息人的作战方式。亚美尼亚国王本可以成为罗马人重要的盟友，因为国王了解安息事务，也有一支能够以安息方式作战的军队。然而，安息国王奥罗德斯二世（Orodes II）决策精明，派军挥师亚美尼亚，使对方忙于应战，将罗马向他们求援的可能性排除在外。罗马人穿过沙漠，向塞琉西亚推进，遭遇了安息派驻该地的骑兵队。克拉苏先是命令军队排成一条长线作战，但又发现这样明显没有任何可以保护侧翼的方式，于是又修改命令，让部队重新排成中空方阵状。几个世纪以来，这一阵型一直被与骑兵作战的步兵和被大量轻甲部队包围的士兵使用。然而，罗马军团缺乏攻击距离比敌人远的远程武器。他们使用的短矛通常在距离敌人15米左右的地方投掷。如果安息人冲向方阵，罗马人就可以用他们习惯的方式作战；但如果安息人没有这样做，那罗马人几乎就成了待宰的羔羊。

在费尽精力排成无翼阵后，罗马人重新开始缓慢行军，恰在此时遭遇了安息军队。两军刚刚相遇，克拉苏麾下7000名骑兵中，就有6000人扭头从战场匆忙溜走了。这些人是

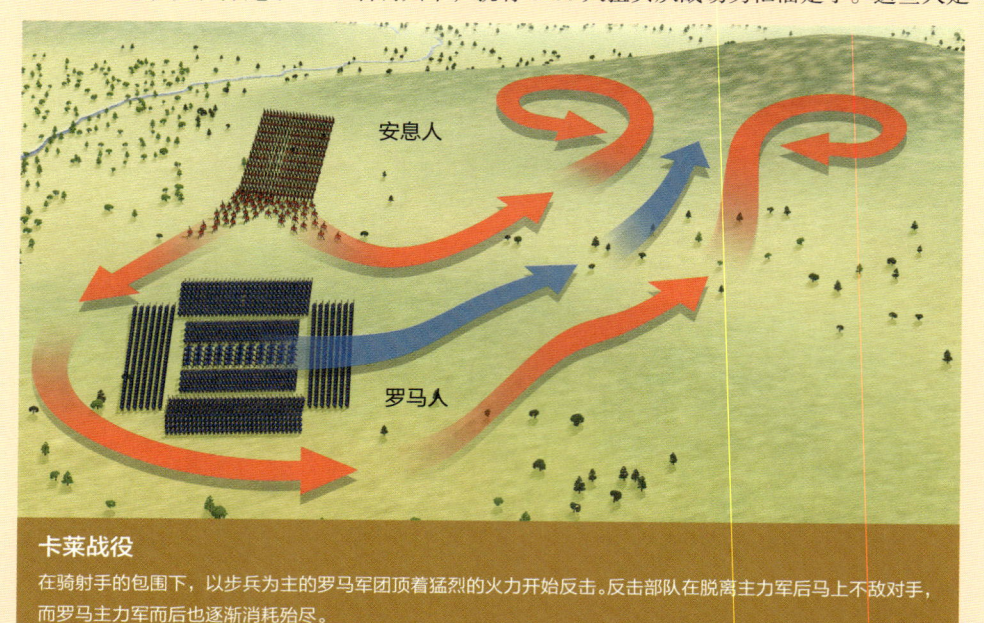

卡莱战役

在骑射手的包围下，以步兵为主的罗马军团顶着猛烈的火力开始反击。反击部队在脱离主力军后马上不敌对手，而罗马主力军而后也逐渐消耗殆尽。

阿拉伯雇佣兵，尽管他们愿意冒险，但他们也很清楚安息士兵的可怕，罗马的失败似乎已经近在眼前，这些阿拉伯人不希望跟着陪葬。

安息部队由大约1000名全副武装的重甲骑兵组成，且有1万名骑射手提供支援。重甲骑兵和骑射手包围了罗马人的方阵，并开始向阵中射击。在罗马阵营中，约有1500名轻甲部队装备了弓箭。尽管这些士兵尽力回击，但他们不管在人数上还是在弓箭的威力上，都远远不敌对手。此外，罗马弓箭手射击的目标是快速移动的骑兵，而安息人面对的则是面前的巨大方阵，几乎不可能失手。

在这种情况下，罗马人试图发动反击。他们的反击起初似乎非常顺利：安息人开始逃跑，边跑边向后射箭。在把剩余的罗马骑兵及负责支援的步兵从主力部队中引开后，"逃跑"的安息人转而又开始战斗，而且还有更多的援军前来加入他们。罗马反击部队随即被击溃，余下的罗马骑兵竭力掩护自己的战友撤退回主力部队中。他们与安息重甲骑兵交战，但完全打不穿对方的盔甲，还被对方的武器打得落花流水。在参加反击的5500人中，有500人成为俘虏，其余的士兵全都丧命。

与此同时，安息骑射手还在继续射击罗马主力部队，令其疲于应付。重甲骑兵则开始分组进攻，向方阵的某个局部发动攻势，然后在战局似乎对他们不利时撤走。他们之所以能做到这一点，主要是因为他们强大的机动性。

夜幕降临，罗马人摸黑撤离了战场，避免了更多惨剧的发生。他们来到了有罗马驻军的卡莱避难。然而，物资的短缺迫使他们只能继续向亚美尼亚撤退。在卡莱作战的42000名罗马军和联军中，只有约5000人最后得以逃出生天，其余的人均在战斗中或在撤退到安全地带的过程中被杀或被俘。

上图 中世纪对卡莱战役的描绘。克拉苏企图在安息获得军事荣耀，但他考虑不周，军队不敌机动性比自己更强的敌人，战争带来了灾难。

拜占庭帝国

拜占庭帝国（又称东罗马帝国）最终认命，认为自身不可能重新收回西罗马帝国的疆土。关于拜占庭究竟是在哪个时间点放弃收回西罗马疆土，人们有很多猜测，但随着阿拉伯军队从公元634年开始占领拜占庭土地，人们将更多的注意力集中在了拜占庭境内。

尽管拜占庭帝国内忧外患，但它在之后几个世纪的时间内仍然是一股强大的势力。公元1025年起，帝国开始衰落，但即使如此，帝国的实力也仍有过恢复期。然而，拜占庭的财力逐渐下滑，终于在公元1453年，首都君士坦丁堡被奥斯曼土耳其人占领。随着拜占庭最后一位统治者康斯坦丁十一世的逝世，拜占庭帝国终于彻底成为历史，罗马帝国的最后残存也随之而逝。

在罗马帝国东部成为拜占庭帝国后的很长一段时间内，拜占庭的军事系统仍然有鲜明的罗马特点。尽管在这一军事系统下，拜占庭的部队与罗马经典的步兵军团有着相当大的不同，但仍在漫长而动荡的历史中一直保存着罗马帝国的痕迹。

装备和军事组织

拜占庭帝国被划为多个行省，称为"行政区"，每个行政区都有一名指挥官负责监督防御任务。指挥官还有权处理一些民事事务，以确保地区防御不受其他因素影响。

每个行政区的部队都是在全民征兵制度下组建的。士兵一旦被征召，就会被分配到300~400人的队伍中，组成一个基本战术单位，相当于罗马的一个营。五到八

卡塔隆平原之战（451年）

匈人对欧洲的入侵最终定格在卡塔隆平原。那是一场艰苦的"士兵间的战斗"。虽然这一仗并没有造成决定性的失败，但自这场战斗之后，匈人的势头开始下降，骑兵队无法恢复曾经的战斗力。

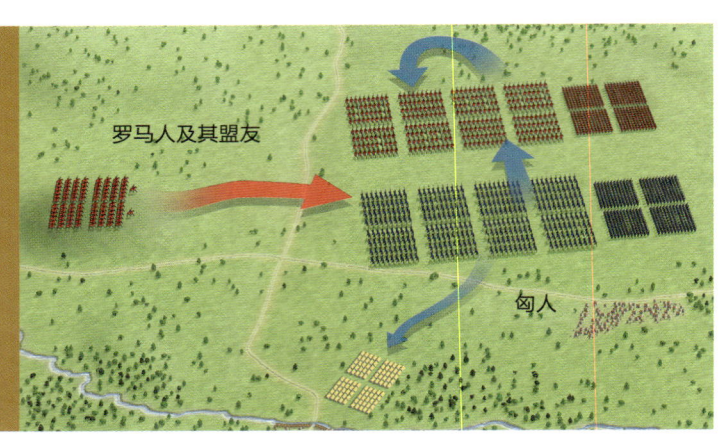

个战术单位组成由将军指挥的一个师，两个或三个师再组成军团。

各省组建的军队可能并非是正规军，更多情况下是半职业的民兵或地方自卫队，他们在一般收入之外还能得到一笔补助。这些军队曾多次成功抵御入侵，但不时也会爆发叛乱，而且很难镇压。

此外，拜占庭还组建了名为"皇家近卫军"的专业部队。皇家近卫军一开始是宫廷卫队，无法上战场战斗，但随着时间推移，他们慢慢演变成了一支真正的战斗部队，会进行高规格的训练，使用精锻的武器装备。自公元8世纪起，皇家近卫军成为拜占庭的核心战力。

拜占庭重甲骑兵（300年）

拜占庭重甲骑兵也许是盔甲骑兵最重要的一次发展。装备弓箭、长枪和剑的重甲骑兵几乎可以应对任何情况，利用马匹的机动性带来令敌人望而生畏的战斗力。

骑兵和步兵的单位规模相同，且整个帝国内步兵和骑兵的数量基本相等。步兵纪律严明，使用长矛作战，且有弓箭手提供战术支持，在拜占庭军队中地位很高。步兵能有如此地位，或许与先前罗马的影响有关。拜占庭军队出色的后勤系统是罗马帝国留下的财富。

与经典的罗马军团不同，重甲骑兵才是拜占庭的主要战力。随着新技术的发明和新战术的尝试，拜占庭部队使用的重甲骑兵装备也因时而异：他们有时装备盾牌，有时则不带盾牌作战，他们还曾尝试装备一种正面极重但背面轻盈的盔甲。

然而，重甲骑兵的作用从未改变。他们具有良好的机动性和出色的防御力，在战场上的任务就是冲击敌阵，击败面前的任何敌人。重型盔甲使他们能够在最激烈的战斗中生存下来，而纪律性则使他们在遭受重大挫折后仍能团结一致。

一些重甲骑兵会用弓箭为战友提供火力支援。如果敌军步兵排成了足以抵御冲锋的队形，那么这些骑兵就可以从远处射击。话虽如此，但重甲骑兵的主要武器还是长矛。一旦敌人被震慑住，或者说阵型中出现缺口，重甲骑兵就会大举进攻，冲锋陷阵。

尾声：迈向中世纪
ENDNOTES: TRANSITION TO THE MEDIEVAL PERIOD

　　在民族大迁徙开始之初，步兵在大多数地区扮演军事中坚力量的角色。这些步兵虽不一定像罗马军团那样训练有素、能排成如棋盘形一样作战，但同样能力过硬。一般来说，大多数国家和部落都存在军事阶层，其中又包括人数较少的统治阶层。

　　出身于军事阶层的贵族会率领同样来自这一阶层的职业士兵作战。在危机来临时，会通过征兵等方式进一步充实兵力。虽然这些人并非职业士兵，但他们可能有一定的作战经验。在统治者觉得有必要的情况下，甚至还可能为他们提供一定的军事训练。

　　随着时间的推移，大多数地区的军事阶层开始越来越频繁地使用马匹。最初，马匹也许只是往返战场的交通工具，但很快贵族们就开始在马背上作战。这样一来，在和步兵交手时，他们便能在高度上占据优势。除了这一最明显的优点外，骑兵即使穿上更为笨重的盔甲，也不至于有太大的负担，机动性也比步兵更强。此外，骑兵的外表很有威慑力，对蛮族步兵的震慑效果尤为明显。比起单凭臂力攻击，从上而下施展重击，或从奔跑的马匹上用长矛刺击，攻击力也要更强。这些优势逐渐造就了精英骑兵的出现。精英骑兵在作战时，有时还会派出装备稍差的另一队骑兵作为后援。不过，精英骑兵的出现并没有给军事阶层本身带来重大的变化。军事阶层仍然只是社会的一小部分，肩负着提供社会大部分战力的责任。

为骑士提供全副武装虽耗费巨大，却能集合各种强大的作战能力，以至于大量步兵在战场上变得越来越可有可无，至少许多当时的古代是这样认为的。将作战能力集中于小规模的统治阶层还有其他优势：由于普通民众既缺乏军事经验，也没有适合作战的武器，所以普通民众的任何起义都不太可能成功。

军事系统向新的体系转型，新体系的基础是小规模的精英阶层，他们骑马作战，装备精良，需要相当巨额的军费。不过从上述来看，从贵族领导的步兵系统向新体系转型确有道理。这一转型也使少数战士替代职业士兵，成为军事系统的主导。

不过，少数战士对职业士兵的替代并不彻底。大多数国家除骑兵外，还会派出受过专业训练的步兵（通常是弓箭手和其他远程作战部队），并招募装备简陋的长矛兵或其他类似的兵种进一步充实兵力。步兵也是围城和卫戍任务中必不可缺的兵种，有时还需要为他们提供专业的训练及良好的装备。此外，装甲骑兵并未彻底取代蛮族步兵，取代的速度也有快慢之别。

然而，随着时间的推移，贵族重骑兵成为中世纪大多数国家军事系统的基础，这些骑兵更像是战士而不是士兵。在战斗中，保持军团或方阵凝聚力所需的不再是练习和纪律，而是个人的战力和勇气。

从某种程度上来说，这种转变是开了历史的倒车。人类从游猎采集者变为战士，再成为士兵，并把战斗艺术发展到极高的水平，结果又变回一群战士中的个体，进行最基本的单位变化。不过，随着社会需求继续变化，这种循环仍会继续。

现今的武装部队由士兵组成，由职业军官领导，取代了以往由战士组成、由社会任命的贵族或英雄领导的模式。然而有些时候，士兵也必须是一名战士，要能作为战团的一部分作战，甚至还要能单独作战。特种部队的突击队、小型巡逻队、检查站卫戍队、狙击队和其他小单位部队，经常要在远离支援的地方行动，因此必须既是纪律严明的士兵，也是能独当一面的战士。

当然，古往今来，战士和士兵的分野似乎一直都不甚明朗。

图书在版编目（CIP）数据

古代战士 /（英）马丁·J.多尔蒂著；郑泽麟译. — 广州：广东人民出版社，2024.8

ISBN 978-7-218-17533-1

Ⅰ.①古⋯ Ⅱ.①马⋯ ②郑⋯ Ⅲ.①战士—世界—古代—通俗读物 Ⅳ.①E15-49

中国国家版本馆CIP数据核字（2024）第081981号

Copyright © 2009 Amber Books Ltd., London
Copyright in the Chinese language translation（simplified character rights only）© 2024 Beijing Creative Art Times International Culture Communication Company

This edition of Warriors of the World: The Ancient Warrior published in 2024 is published by arrangement with Amnber Books Ltd. through Copyright Agency of China. Originally published in 2009 by Amber Books Ltd.
本书简体中文版专有版权经由中华版权代理有限公司授予北京创美时代国际文化传播有限公司。

GUDAI ZHANSHI
古代战士

［英］马丁·J.多尔蒂 著 郑泽麟 译　　　　版权所有 翻印必究

出 版 人：肖风华

责任编辑：陈泽洪　唐　芸
责任技编：吴彦斌　马　健

出版发行：广东人民出版社
地　　址：广州市越秀区大沙头四马路10号（邮政编码：510199）
电　　话：（020）85716809（总编室）
传　　真：（020）83289585
网　　址：http://www.gdpph.com
印　　刷：北京中科印刷有限公司
开　　本：710毫米 × 1000毫米　1/16
印　　张：16.5　　字　数：267千
版　　次：2024年8月第1版
印　　次：2024年8月第1次印刷
定　　价：78.00元

如发现印装质量问题，影响阅读，请与出版社（020-87712513）联系调换。
售书热线：（020）87717307

出 品 人：许　永
出版统筹：林园林
责任编辑：陈泽洪
　　　　　唐　芸
特邀编辑：张春馨
封面设计：墨　非
内文制作：万　雪
印制总监：蒋　波
发行总监：田峰峥

发　　行：北京创美汇品图书有限公司
发行热线：010-59799930
投稿信箱：cmsdbj@163.com

创美工厂
官方微博

创美工厂
微信公众号

小美读书会
公众号

小美读书会
读者群